基于绿色增长的西北城镇密集区空间演进及调控机制

余侃华 李 晶 谢更放 著

中国建筑工业出版社

图书在版编目（CIP）数据

基于绿色增长的西北城镇密集区空间演进及调控机制/余侃华，李晶，谢更放著. —北京：中国建筑工业出版社，2020.12

ISBN 978-7-112-25527-6

Ⅰ.①基… Ⅱ.①余…②李…③谢… Ⅲ.①城镇-城市发展-研究-西北地区 Ⅳ.① F299.274

中国版本图书馆 CIP 数据核字（2020）第 185754 号

本书从绿色增长概念出发，阐明城镇密集区绿色增长的基本定律与共同特性，在此基础上透析当代城镇密集区空间绿色增长的核心特征及演化机理，以绿色生态可持续的解构方式对西北城镇密集区空间演进进行全方位审视，进而从多个角度界定绿色空间增长的构成要素及基本内涵，最后从机制层面对西北城镇密集区空间网络的形成过程及调控效应给予深度解析。

本书可供城乡空间、城乡一体化等领域的研究者，城乡规划设计人员以及其他相关领域大学生、研究生等参考。

责任编辑：许顺法
责任校对：李美娜

基于绿色增长的西北城镇
密集区空间演进及调控机制

余侃华　李　晶　谢更放　著

*

中国建筑工业出版社出版、发行（北京海淀三里河路9号）
各地新华书店、建筑书店经销
北京鸿文瀚海文化传媒有限公司制版
北京建筑工业印刷厂印刷

*

开本：787毫米×1092毫米　1/16　印张：11¾　字数：290千字
2021年12月第一版　2021年12月第一次印刷
定价：**55.00元**
ISBN 978-7-112-25527-6
（36541）

版权所有　翻印必究
如有印装质量问题，可寄本社图书出版中心退换
（邮政编码 100037）

前　言

建设生态文明，是关系人民福祉、关乎民族未来的长远大计。党的十八大报告指出："把生态文明建设放在突出地位，融入经济建设、政治建设、文化建设、社会建设各方面和全过程，努力建设美丽中国。"如何推动绿色发展，促进人与自然和谐共生？促进城镇化绿色发展转型是实现发展战略的关键一环。"绿色增长"作为一种"不仅追求经济增长，同时可以防止环境恶化、生物多样性丧失和不可持续地利用自然资源"的增长方式，"绿色"是基于过去"灰色增长""黑色增长"后城市转型发展的新方向，其内涵可以引申为生态优先引领下的理性、创新、高效、平衡、融合、安全发展等，针对区域空间系统来讲，旨在引导区域整体空间的协调拓展、构筑生态空间的多级保护、实现产业结构的创新发展、统筹协调人地关系等。2020年，习总书记向国际社会做出了"碳达峰、碳中和"的郑重承诺，党的十九届五中全会和中央经济工作会议也都做出了相关工作部署。向第二个百年奋斗目标进军的新发展阶段，明确提出城乡人居环境明显改善的目标。中国的城乡建设迫切需要基于绿色理念的城乡规划与建设技术的引领支撑，助力和推动绿色发展模式、路径更新升级，探索绿色发展与新型城镇化深度融合之路。

从十八大以后，我们国家的未来城市化进程就慢慢步入了都市区化为主导的新时代，即"以19+2城市群为国家新型城镇化推进的主体形态"。毫无疑问，19+2城市群或城镇密集区将成为"十四五"之后支撑中国未来经济增长、区域协调发展、参与国际竞争与合作的重要平台。从国际视野出发，目前我国公认发展前景最好的三个城市群——长三角城市群、珠三角城市群、京津冀城市群已经具备了一定的尺度和规模，其人口、经济、交通等方方面面的联系程度非常强。其内部的"城市群—都市圈—中心城市—大中小城市协同发展—特色小镇—乡村振兴"统筹发展格局和全尺度空间组合较为成熟。但我国都市区化下发展水平也是参差不齐的，西北城镇密集区如关中平原城市群、呼包鄂榆城市群、兰州-西宁城市群等均受限于社会经济发展水平，各城镇空间的区域发展密集性相对有限，空间普遍呈现以城镇为节点的片段化特征，发展和研究速度与发达地区相比显得较为滞后，尚处于培育或发展阶段。在实证演绎与应用中发现，中东部发达地区的城镇化经验禀赋往往无法指导仍处于网络化、连绵化发展初期且地形复杂、多呈带状集聚的西北城镇密集区的空间发展。

基于此，本书通过研究绿色产业、区域经济、资源与环境科学、地理学等在理论和方法上的研究进展，融贯绿色增长理论、区域空间规划、景观生态规划、生态承载力等学科理论与方法，有助于推动西部地区城镇密集区的可持续发展，促进城乡规划学科从观念上、技术上和方法上的更新和改进，弥补绿色增长理论在区域管理及城乡规划领域应用的不足。本书坚持生态优先、绿色发展的规划建设探索，从"绿色增长"概念出发，阐明城镇密集区绿色增长的基本定律与共同特性，在此基础上透析城镇密集区空间绿色增长的核心特征及演化机理，以绿色生态可持续的解构方式，从机制层面对西北城镇密集区空间网络的形成过程及调控效应给予深度剖析。揭示城镇密集区空间绿色增长观的演变脉络，论证以系统理论为核心的城镇密集区绿色空间网络方法论架构，并在追溯西北典型城镇密集区及城乡空间结构绿色演进经典理论的基础上，建立关于绿色增长基础理论的城镇密集区研究框架。通过对城镇密集区空间绿色演进的历史过程及发展趋势的考察，提出当代城镇密集区空间绿色生态网络趋势性凸显、绿色生态关联性增强、绿色生态适宜性确立的基本观点。从测算、能源、产业、技术、低碳城市、区域协同、操作策略等方面深入研究关中西部城镇密集区实现绿色增长的可行性、代表性、时序阶段和实施路径。最终从功能分区、生态环境、产业结构、交通体系及制度管理五方面，提出了实现绿色增长的关中城镇密集区空间整合的对策。

  本书参考了国内外绿色增长及绿色发展的规划建设相关领域众多资料文献及研究成果，引用了长安大学蔡辉教授团队的研究成果作为典型案例展开研析，西安市规划院规划师刘舒茜参与本书部分章节的撰写。在此谨向有关文献及研究成果的作者致以诚挚的谢意，如有疏漏之处，敬请谅解。本书稿得幸付梓，尤其要感谢西安建筑科技大学张沛教授、张中华教授，长安大学侯全华教授、蔡辉教授、武联教授、霍小平教授、张炜教授、林高瑞副教授、井晓鹏副教授等在研究过程中、学术交往中的关心与帮助。硕士生赵韦、王静等协助主编完成了多轮次初稿修改、插图绘制与终稿提升等繁杂性工作，在此向参与撰著有关人员致以诚挚的谢意！

  本书的出版得到了以下基金资助，特此表示感谢：国家自然科学基金青年科学基金项目"秦巴山区'空心村'绿色演进机制及协同规划方法研究"（51808042）；2021年陕西省科技计划项目"关中平原城市群绿色生态城区适宜性规划技术与优化模式研究"（2021SF-458）；教育部人文社科青年基金项目"基于绿色增长的西北城镇密集区空间演进及调控机制研究"（16YJCZH140）。

  从实践中来，到实践中去，绿色中国的发展与建设，离不开每个人的努力。青山常在、绿水长流。尚需吾辈产学研用协同继续前行，于国土空间规划体系重构的时代事业中，进一步探索符合中国国情的城镇化与城乡发展建设绿色化路径。

  鉴于学力、见识和时间所限，谬误浅显，在所难免，恳请专家、学者及读者批评指正并不吝赐教。

目 录

前言
第1章 引言 ··· 1
  1.1 研究背景 ·· 1
  1.2 目的意义 ·· 7
  1.3 研究界定 ·· 9
  1.4 研究体系 ··· 13

第2章 绿色增长内涵探究 ··· 16
  2.1 绿色增长的概念及深度化解析 ·· 16
  2.2 城镇密集区绿色增长的基本特质解析 ·· 22
  2.3 绿色增长理念的历史演进分析 ·· 24
  2.4 绿色城镇密集区规划 ··· 26
  2.5 本章小结 ··· 28

第3章 城镇密集区相关理论及实践综述研究 ·· 30
  3.1 相关基础理论研究 ·· 30
  3.2 城镇密集区发展研究历程 ·· 45
  3.3 城镇密集区空间整合的发展必然趋势 ·· 49
  3.4 有关绿色增长的城镇密集区空间规划实践 ····································· 54
  3.5 本章小结 ··· 63

第4章 西北城镇密集区的总体特征解析 ··· 64
  4.1 西北城镇密集区的典型区域特征解析 ·· 64
  4.2 西北城镇密集区的空间格局现状 ·· 66
  4.3 西北城镇密集区的外在表现特性解析 ·· 72
  4.4 西北城镇密集区的多维审视 ·· 75
  4.5 本章小结 ··· 78

第5章 城镇密集区绿色增长规划论 ·· 79
  5.1 城镇密集区空间结构的绿色增长探索 ·· 79

	5.2	城镇密集区绿色增长规划的目标阐释	87
	5.3	城镇密集区绿色增长规划的目标导向	94
	5.4	城镇密集区绿色增长规划的系统内容	96
	5.5	本章小结	99

第6章 西北地区城镇密集区空间格局与特征总结 100

6.1	发展概况	100
6.2	发展动力机制	114
6.3	特征总结	119
6.4	本章小结	124

第7章 基于绿色增长的关中西部城镇密集区空间整合路径 125

7.1	绿色增长的城镇密集区的空间整合内涵	125
7.2	绿色增长的城镇密集区空间整合框架	131
7.3	绿色增长的城镇密集区空间整合目标导向	133
7.4	本章小结	140

第8章 基于绿色增长的关中西部城镇密集区空间整合模式建构 141

8.1	绿色增长的城镇密集区空间整合模式研究	141
8.2	绿色增长的城镇密集区空间整合逻辑	143
8.3	绿色增长的关中西部城镇密集区空间整合模式选择	147
8.4	绿色增长的城镇密集区空间整合驱动机制	152
8.5	重点地区实证演绎	155
8.6	本章小结	158

第9章 实现绿色增长的关中西部城镇密集区空间整合途径 160

9.1	空间系统整合："拼凑成群"到"精明增长"	160
9.2	生态环境整合："空间胁迫"到"理性增长"	161
9.3	产业结构整合："条块分割"到"创新增长"	169
9.4	交通体系整合："滞后拥堵"到"高效增长"	172
9.5	制度管理协调："矛盾冲突"到"统筹增长"	175
9.6	本章小结	178

第10章 结论与展望 179

10.1	研究结论	179
10.2	创新点	179
10.3	不足及展望	180

第1章 引言

"绿色增长"作为一种"不仅追求经济增长,同时又防止环境恶化、生物多样性丧失和不可持续地利用自然资源"的增长方式,在强调经济和环境协调发展的同时,还强调通过"改变消费和生产模式完善社会福利、改善人类健康状况、增加就业并解决与此相关的资源配置问题"。绿色增长系指在确保自然资源能够继续为人类幸福提供各种资源和环境服务的同时,促进经济增长和社会发展。

——经合组织(OECD)

1.1 研究背景

1.1.1 时代背景

随着全球经济的飞速发展及工业化进程的不断加快,环境的压力日益增大,资源约束趋紧、污染加重、生态退化等问题频发。绿色增长作为连接经济恢复与环境可持续发展的纽带,成为一种"追求经济增长和发展,防止环境恶化、生物多样性丧失和不可持续地利用自然资源"的新型增长方式。

生态城市是一个经济高度发达、社会繁荣昌盛、人民安居乐业、生态良性循环四者保持高度和谐的城市。城市人居环境清洁、优美、舒适、安全,失业率低、社会保障体系完善,高新技术占主导地位,与自然环境充分融合,最大限度地发挥人的创造力和生产力,是一个有利于提高城市文明程度的稳定协调持续发展的人工复合生态系统。

联合国环境规划署(UNEP)、经济合作与发展组织(OECD)和亚太经合组织(APEC)等机构均将"绿色增长"列为优先议题,我国领导人也多次指出中国要发展"绿色经济"、开展"生态文明建设"、创新"低碳经济",实现"绿色增长"。2015年环保部政策研究中心和全球绿色增长研究所联合发布"十三五'中国绿色增长路线图'"研究报告,确定中国在"十三五"期间绿色增长的系统战略和路径,指出中国需在以发展总方针作为指导下加快转变经济发展方式,走绿色发展和绿色转型的道路。党的十九大报告明确指出要加快转变经济增长方式,着力推进绿色发展、循环发展与低碳发展的道路,建立绿色生产与消费的法律制度和政策导向,建立健全绿色低碳循环发展的经济体系,改变以往"高碳"的发展方式。

在2015年巴黎气候大会上,习近平主席发表重要讲话,向世界承诺将于2030年左右中国二氧化碳排放达到峰值并争取尽早实现,2030年单位国内生产总值二氧化碳排放比

2005年下降60%～65%，森林蓄积量比2005年增加45亿立方米左右。这一目标奠定了我国绿色生态发展的战略基础[①]。

相关研究显示，2015年中国绿色增长的空间格局呈现T字形，陕西处于中等水平发展区内，与东部沿海和沿江地区相比绿色经济效率、科技创新能力以及经济发展水平和增长速度等相对较低。走绿色增长的道路已成为中国特别是西北地区的必然选择。因此绿色增长是实现可持续发展的必经之路，将绿色和生态的理念优先考虑并运用到未来社会经济发展中，以保护生态作为底线，在此基础上不断优化和持续更新系统结构。在社会经济发展中要优先考虑到绿色、生态，最低的限度是保持生态底线，要保持生态系统结构不断优化和持续更新演替，保持规划建设与生态环境的和谐，为未来城市规划工作切实贯彻生态文明建设理念指明方向。

1.1.2　现实诉求

20世纪中叶，伴随着西方发达国家工业化的浪潮，城镇密集地区发展迅速，相继形成如美国东海岸城市群、日本东海道太平洋沿岸地区城市带、西北欧沿莱茵河城市带等多个城镇密集区。与发达国家相比，我国的城镇密集区虽然形成时间较晚，但成长迅速。自21世纪以来我国进入城市化快速发展期，逐步向组团式城市群跃升，出现了"群体"的城镇化现象。新的城市不断涌现，城市空间不断拓展，城市数量由少到多，并由分散孤立到形成网络，出现若干都市区、都市连绵区和城镇密集区。其中城镇密集区作为一种独特的地域空间形式和一种高层次的城市空间组织形式，呈现出以城乡互动、区域一体为特征的城市发展高级演替形态，在区域生产力布局中起着战略支撑点、增长极点和核心节点的作用，发挥着区域各种生产要素流的汇聚和扩散功能，是区域经济发展格局中最具活力和潜力的核心地区。因此，有关城镇密集区发展的相关研究一直都是国内外的研究热点。

近年来我国各地开始加快进行的城镇密集区开发建设，以土地的粗放使用换取经济总量增长的做法，加速城镇密集区建设空间的低效外延式扩展。城镇规模的迅速扩展与经济增长的片面追求，加之各自为政的开发建设，缺乏区域之间的良好协调，使得山、林、湖、河等景观优质区域往往成为城镇建设开发的首选之地。以各地区"削山建城"为典型代表，地区生态安全受到严重威胁，生态资源的有效保护面临前所未有的压力。

在生态可持续发展的条件下，我国各大城镇密集区总人口数均已经超过最大可承载人口规模。意味着虽然生态环境具备生态系统自我修复、调节、增长及维持的能力，但这种能力存在阈值，仅能保证一定人口的生产、生活的需求。2019年中央城市工作会议提出，城镇空间发展要建立在城镇群发展的主体上，科学布局城镇空间形态，走高效利用、土地集约紧凑的发展道路。因此要实现城镇密集区高效集约地整合与利用，必须构建科学适度有序的用地开发格局并实现绿色增长。深入研究城镇密集区高密度集聚的资源环境效应，定量揭示高密度集聚的资源环境荷载能力、保障潜力、预警响应能力与资源环境保障程度，成为摆在我们面前的一道难题。

---

① 巴黎气候大会中国承诺. 中国社会科学网 http://ex.cssn.cn

1.1.3 政策背景

（1）《国家新型城镇化规划（2014—2020）》

2014年《国家新型城镇化规划（2014—2020）》正式出台，依据当前我国面临的资源危机和生态环境危机，提出应从分析资源环境承载能力出发，构建科学合理的城镇化布局，科学地规划建设城市群。将生态文明理念全面融入城镇化进程，着力推进绿色发展、循环发展、低碳发展，强化环境保护与生态修复，推动形成绿色低碳的生产生活方式和城市建设运营模式。西北城镇密集区要抓住国家新型城镇化的发展机遇，妥善处理好城乡互动关系，加快经济转型升级，实现城乡一体化和经济绿色发展。

（2）"一带一路"经济带规划

2017年国家发展改革委、外交部、商务部联合发布了《推动共建丝绸之路经济带和21世纪海上丝绸之路的愿景与行动》。关中地区区位优势明显、科教实力雄厚、产业基础良好、文化积淀深厚，是西北地区最具活力和潜力的经济区，也是建设丝绸之路经济带的起点。要以关中地区建设为重点，抓住机遇、扩大开放、深化区域合作、促进互利共赢，努力把关中城镇密集区打造成为丝绸之路经济带的交通物流商贸枢纽、文化科教交流核心区、承接产业转移示范区、高端生产要素集聚区。作为西北城镇密集区发展的重要支撑部分，关天西部城镇密集区必将在未来拥有更广阔的发展前景。

（3）关中—天水经济区发展规划

关中—天水经济区是西部地区经济基础好、自然条件优越、人文历史深厚、发展潜力较大的地区。规划提出着力转变经济发展方式，提高区域综合竞争力，率先建成内陆开放型经济区；着力推进自主创新，优化经济结构，率先构建创新型区域；提出加强生态环境保护与建设，推进资源综合利用，着力建设资源节约型、环境友好型经济区。关中西部地区作为关天经济区的重要组成部分，起到衔接陕甘两省的桥梁作用，其发展对关天经济区的建设具有重大意义。

（4）《关中平原城市群发展规划》

规划提出，以建设具有国际影响力的国家级城市群为目标，以深度融入"一带一路"建设为统领，加快高端要素和现代产业集聚发展，提升人口和经济集聚水平，打造内陆改革开放新高地，充分发挥关中平原城市群对西北地区发展的核心引领作用和我国向西开放的战略支撑作用，构建与资源环境承载能力相适应的空间格局。关中西部地区处于重要的战略发展轴线上，要加强区域内外联系，整合资源优势，优化产业结构，发展低碳经济，保护生态环境，推进城镇化建设，推进绿色增长的建设。

（5）《陕西省国民经济和社会发展第十三个五年规划纲要》

规划提出，"坚持以创新、协调、绿色、开放、共享的发展理念为引领，坚持以追赶超越、转型发展为主线，大力实施创新驱动、绿色惠民、协同共享、开放融合战略。在推动区域协调发展方面，坚持强关中、稳陕北、兴陕南基本思路，推进关中协同创新发展，推进产业合作布局优化，构筑关中生态格局"（表1-1）。推动关中西部城镇密集区协同发展，寻求合理可循的空间整合方式，构筑生态化的城镇空间环境，成为开展研究的当务之急。

《陕西省国民经济和社会发展第十三个五年规划纲要》中关于绿色增长的主要内容　　表1-1

指标名称		2015年	2020年	属性
单位生产总值能耗降低（%）		—	15	约束性
单位生产总值二氧化碳排放强度降低（%）		—	18.5	约束性
单位生产总值用水量降低（%）		—	10	约束性
新增建设用地规模（万亩）		—	110	约束性
耕地保有量（万亩）		—	5413	约束性
主要污染物排放降低（%）	化学需氧量		10	约束性
	氨氮		10	约束性
	二氧化硫		10	约束性
	氮氧化物		10	约束性
非化石能源占一次能源消费比重（%）			13	约束性
空气质量	设区市可吸入细颗粒物年均浓度下降（%）[不含榆林、延安和商洛]	—	20	约束性
	各设区市空气优良天数比例（%）	—	>78	约束性
地表水质量	好于Ⅲ类水体比例（%）	—	>70	约束性
	劣Ⅴ类水体比例（%）	—	<5	约束性
国土绿化	森林覆盖率（%）	43	45	约束性
	森林蓄积量（亿m³）	4.7	5	约束性

来源：陕西省人民政府.陕西省国民经济和社会发展第十三个五年规划纲要[R].2016.

1.1.4　地域机制

目前我国已经发展形成10个城市群，包括京津冀城市群、长三角城市群、珠三角城市群、山东半岛城市群、海峡西岸城市群、辽中南城市群、中原城市群、长江中游城市群、关中城市群、川渝城市群。这10个城市群面积占全国的10%，人口占全国的39.44%，GDP占全国的67.68%。

这些城市群相继开展了一系列城镇密集区规划实践，如《京津冀协同发展规划纲要》《长江三角洲城市群发展规划》《成渝城市群发展规划》。截至目前，有关城镇密集区的研究对象主要聚焦于长江三角洲、珠江三角洲、京津冀等城镇化水平相对较高、大都市密集发展的地区，研究内容也主要集中于区域性的产业协作、管制策略、实施机制等。然而，不同地域范围的城镇密集区所面临的问题总是不尽相同且是多方面的，以传统的长三角、珠三角、京津冀为代表的经济发达地区一直是学界关注的重点，新兴的成渝城市群、中原城市群、哈长城市群等理论实践也渐趋成熟发展。相比之下，西北城镇密集区受社会经济发展水平限制，各城镇空间的区域发展密集性相对有限，空间普遍呈现以城镇为节点的片段化，发展和研究速度显得较为缓慢。

在实证演绎与应用中发现，中东部发达地区的经验禀赋往往无法指导西部地区还处在网络化、连绵化发展初期且因复杂地形多呈带状集聚的城镇密集区空间发展，无法适应西北欠发达地区独有的生态环境与发展基础,更无法指导西北次区域城镇密集区的空间协同发展,现有研究更显得不够详尽。然而实际上,在生态环境保护、基础设施共建共享等方面,欠发达地区具有与发达地区相类似的发展困境与迫切性,并呈现与其发展阶段相匹配的独特发展特征(表1-2);同时,作为上一层级城镇体系的重要支撑,对西北地区次区域地区城镇密集区的研究具有未雨绸缪及引导关中城市群良性发展的先导意义。因此,为了引导西北地区城镇密集区的平稳发展,2018年国家发改委继《长江三角洲城市群规划》和《成渝城市群发展规划》后,公布了国家层面又一重大规划——《关中平原城市群发展规划》,倡导立足于特定地域环境,针对区域的存在和扩展对周边景观生态格局和区域生态安全的现实问题,做好关中城镇密集区的空间研究和规划,探索实践上可依循的方法体系,尽快将其建成西北地区区域经济发展的战略前沿阵地,从而带动西北内陆地区乃至全国经济社会持续、健康、快速发展。

中国中西部五大城镇群主导产业比较一览表　　　　　　　　表1-2

城镇群	中心城市	主导产业
中原城镇群	郑州	高新技术、制造业、汽车、铝工业、煤化工、石油化工、电子电器、生物医药、新型材料、化纤纺织、电子装备、食品、重化工业等
武汉城市圈	武汉	汽车整车及零部件制造、光电信息、钢铁有色冶金、石油化工、盐化工、纺织服装、建材建筑、运输机械制造、装备制造业、食品饮料烟草及农副食品加工
成渝城市群	重庆	汽车、摩托车、化工医药、建筑建材、金融业、食品和旅游业等
	成都	食品、医药、机械、电子信息产业、机械产业等
长株潭城市群	长沙	新材料、电子信息、生物科技、制药等高新技术产业、轻工纺织、化工、机械、建材、冶金、创意产业、轨道交通设备制造、现代工程机械装备制造、电动汽车关键零部件制造、卷烟、农产品加工
关中天水城市群	西安	航空航天及配套产业、装备制造、专用设备、维修配套产业、数控机床、汽车、机械制造、特高压输变电设备、电子及通信设备、工程机械设备、太阳能电池、历史文化旅游产业、现代服务业

来源:周亮,白永平,刘扬. 新经济版图成型背景下关中—天水城市群定位及发展对策[J].经济地理,2010,30(11):1810–1820.

2019年12月山西省运城市、临汾市,河南省三门峡市和陕西省渭南市政府共同签署了《晋陕豫黄河金三角区域生态保护和高质量发展宣言》[①]。"黄河金三角"作为黄河流域便利之地、黄河文化传承之地、黄河旅游代表之地、黄河发展活力之地和黄河通道开放之地,最终向西融入大西安、以产业融通协同谋求高质量发展的"重手棋",以深化供给侧结构性改革实现"内优"切入(图1-1)。2020年提出做强关中平原城市群产业承载地,为西北城镇密集区发展尤其是做强关中城镇群的发展奠定基础。

1.1.5 行业导引

(1)绿色增长是科学城乡规划工作的必然

当前全球气候及低碳可持续发展问题备受关注,而这些问题解决的关键在于"绿色发

---

① 第六届黄河金三角投资合作交流大会暨2019黄河金三角区域高质量发展合作交流大会在京举行,会上签署此宣言。

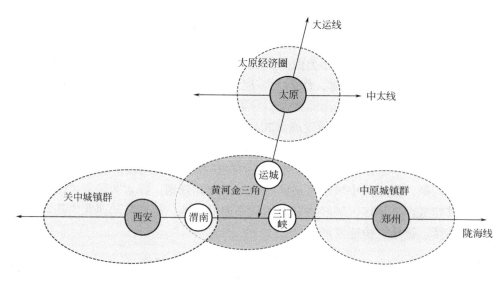

图1-1 中国西部"金三角"经济圈格局关系示意图
来源：作者自绘

展"。城乡规划作为城市与区域发展的重要手段，应通过"绿色增长"来转变规划设计理念。近年来，低碳化发展已经成为各界关注的核心气候问题之一[①]。碳排放是人类社会发展过程中出现的环境问题，从城市与区域发展视角来看，气候变化是自然环境的局部变化，但是究其根本是人类城乡栖居环境系统的变化，是人地关系互动上表现出的系统性问题[②]，因此，城乡规划与设计必须适应环境变化所带来的"发展理论与范式"的科学转变。在应对全球气候变化的大背景下，绿色增长已经成为基本的共识[③]。仅仅通过节能减排来实现绿色增长还不够，还需更加多元化的"绿色标准"来衡量城市与区域规划，通过绿色城乡规划寻求城市与区域的可持续发展方向，探索基于"绿色增长"的城乡发展模式，绿色城乡规划理论与方法是必然的核心技术（图1-2）。

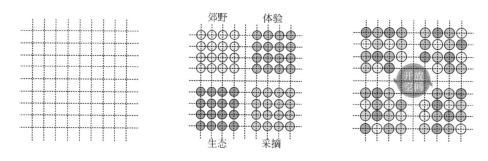

图1-2 绿色增长模式示意图
来源：作者自绘

---

① 汪光焘. 积极应对气候变化，促进城乡规划理念转变[J]. 城市规划，2010（1）：9-14，28.
② 李浩. 基于"生态城市"理念的城市规划工作改进研究[D]. 北京：中国城市规划设计研究院，2012.
③ 中国城市科学研究会. 中国低碳生态城市发展战略[M]. 北京：中国城市出版社，2009.

（2）绿色建设兴起迫切需要城乡规划、建设技术支撑

国内多个城市同样提出绿色增长、绿色城市、绿色生态、绿色低碳或类似概念的发展目标，例如中新天津生态城、上海东滩等的规划建设都充分体现了对绿色生态、人本主义发展的追求。中国的城乡规划建设正以最快的速度向世界上绿色城市最多的国家迈进。但与此同时，有关绿色经济、绿色增长、绿色规划建设的基础理论、规划方法、规划技术和实践经验等仍处于探索和初步发展阶段，并没有真正形成完全系统的绿色城市[1]。规划编制是实现城市与区域绿色增长发展的关键手段，积极探索绿色增长视角下的城乡规划编制的改进（创新）思路、方法和技术标准对推动当前绿色城市发展具有极其重要的作用和意义[2]。

（3）生态文明建设带来城乡规划理念和方式的变革

2012年召开的党的十八大是我国生态环境保护的重大历史转折点。生态文明建设写入党章，提出生态文明一系列新理念新思想新战略，顶层设计和制度体系建设加快推动，出台了纲领性文件，制定40多项涉及生态文明建设的改革方案。2017年召开的"十九大"提出人与自然是生命共同体、推进绿色发展、落实减排承诺等目标和要求。2018年宪法修正案纳入生态文明建设相关条款[3]。

1.2 目的意义

1.2.1 研究目的

目前西北城镇密集区正处于快速转型发展的阶段，国家层面上先后出台了《关中经济区发展规划》《关中城镇群发展规划》《天山北麓城镇群发展规划》等。西北城镇密集区承担着"一带一路"核心支撑区及新一轮西部大开发的桥头堡的功能。传统以单个城镇或者仅仅以大城市为首位的城镇体系规划思维模式已经很难再满足未来区域经济发展的诉求了。从国际城镇密集区的发展经验可以看出，西北地区城镇密集区要想发挥和增强自身的吸引力与竞争力必须谋求解决城乡之间、不同等级城镇之间的矛盾，必须走绿色化的发展路径，进而引导城乡空间结构的绿色化转型，建立区域绿色基础设施体系，引导绿色生产要素流动和集聚。基于以上的认识，本书在借鉴国内外区域城镇绿色发展转型的基础上，坚持绿色与生态、历史与逻辑、城镇与乡村、核心与边缘、宏观与微观相结合的原则，对西北地区城镇密集区进行城镇绿色空间结构、绿色产业发展体系等进行模式创新化研究。

（1）绿色基底支撑。以绿色增长理论为基础，比较分析西北地区城镇密集区的差异性背景与机制，总结西北地区城镇密集区绿色发展的潜力，以现代城乡规划理论、区位经济规律、绿色产业理念等为主导，解析西北地区城镇密集区特殊的地理环境因子和社会经济因子，凝练西北地区城镇密集区绿色城镇体系空间结构构建的现实性和可行性。

（2）遵循规律，量身建模。解析西北地区城镇密集区城乡空间绿色结构体系的变化规

---

[1] 顾朝林，谭纵波，等.气候变化与低碳城市规划[M].南京：东南大学出版社，2009.
[2] 仇保兴.我国低碳生态城发展的总体思路[J].建设科技，2009（15）：12-17.
[3] 王凯，陈明.中国绿色城镇化的认识论[J].城市规划学刊.2021（01）：10-17.

律，提出以"绿色基础设施+绿色产业廊道+绿色城镇节点+绿色生态网络"的理想城镇结构体系模式。

（3）绿色植入，重构方向。以城镇空间绿色核心竞争力的提升为目的，在对传统城镇职能定位理论进行完善的基础上，通过解析绿色增长的潜力因子，对西北城镇密集区城镇发展的职能、性质、产业、结构等进行重构研究。

（4）绿色管制、协调管制、适宜管制。引入西方区域空间管治的理念，在对国外城镇密集区区域空间管治模式进行解构研究的基础上，提出有助于西北地区城镇密集区区域空间绿色协调发展的管制机制和管治模式[①]。

1.2.2 研究意义

（1）理论意义

我国经过40多年的快速城镇化过程，大多数城镇空间的粗放扩张模式已难以为继，城镇空间发展如何从粗放向有序、从外沿向绿色精明增长转变显得尤为紧迫。研究吸收绿色产业、区域经济、资源与环境科学、地理学等在理论和方法上的研究进展，融贯绿色增长理论、区域空间规划、景观生态规划、生态承载力等学科理论与方法，有助于推动西部地区城镇密集区的可持续发展，促进城乡规划学科从观念上、技术上和方法上的更新与改进，弥补绿色增长理论在区域管理及城乡规划领域应用的不足。

（2）实际应用价值

西北城镇密集区相对于东部地区而言，具有生态环境脆弱、规模扩张无序、市场发育度较低、产业结构粗放、城乡体系不合理、行政分割严重等诸多问题，同时还不可避免地要受到全球化和其他城镇密集区的有力竞争影响。因而，以关中城镇密集区这一典型的西北内陆型城镇密集区为例，探索适合西北城镇密集区绿色增长发展的主要模式，增强生态经济的核心竞争力，积极加快绿色经济循环，促进区域生态经济、城乡健康发展等具有重要的现实意义。以西北地区城镇密集区为例来开展研究还具有如下几点实际应用价值：

1）关中西部城镇密集区是指西安都市圈以西、关中平原城市群和关天经济区内具有一定影响力的次区域城镇密集区，是连接关中地区城镇空间体系核心层与开放层的重要廊道，是沟通大西安都市圈与关中城市群六大周边中心城市之一宝鸡的桥梁，在关中区域经济发展中占有重要地位，是关中西部地区经济和社会活动的主体及核心。在其城镇密集区连绵化发展的初期阶段，构建相对成熟完善的空间发展机制，对于培育合理的关中城镇等级规模、刺激经济协调发展方面具有重要的实际应用价值和战略意义。

2）西北地区城镇密集区是我国维护国家安全、保持社会稳定、促进经济发展、维育生态环境的重要区域，其生态资源禀赋和中东部地区差异较大。随着陕西省经济的快速发展，特别是以关中平原城市群为中心的区域在全国经济板块中的迅速崛起，关中西部地区区域内外经济社会发展的联系将更加紧密，区域城镇发展也将更加迅速。如何减少城市环境压力，恢复生态系统弹性，是保障西北地区经济、社会持续稳定发展亟待解决的问题之一。有针对性地对关中西部城镇密集区空间发展的相关问题进行梳理，为其发展、建设、规划及管理提供针对性的指导，是本书的实际应用价值。

---

① 夏显力. 陕西关中城镇体系协调发展研究[D]. 咸阳：西北农林科技大学，2004.

3）本书的研究可为广域范围内欠发达地区、生态脆弱性地区的城镇空间系统生态转型发展及调控机制提供理论比较和借鉴参考，也可为国家在"西北区域发展与扶贫攻坚计划""一带一路"建设的落实提供参考咨询。

1.3 研究界定

1.3.1 核心概念

（1）绿色增长

绿色增长作为城镇密集区发展的一种指导理念，目的是让绿色增长包容性、可持续性与渐进性的特点贯穿于城镇密集区空间整合的过程中，进而将自然、经济、文化生态发展与城镇密集区发展相互协调起来。"绿色"是基于过去"灰色增长""黑色增长"后城市转型的新方向，其内涵可以引申为生态优先引领下的理性、创新、高效、平衡、融合、安全发展等，针对区域空间系统来讲，旨在引导整体空间的协调拓展、构筑生态空间的多级保护、实现产业结构的创新发展、统筹协调人地关系等。

2009年，经合组织意识到环境问题将使发展中国家面临巨大的成本负担，绿色和增长不能再被孤立考虑，需要寻找新的"绿色增长"范式，并开始不断深化对绿色增长概念和绿色增长评估框架的研究。而"增长"则强调经济主导的发展方式，追求以经济与资源、生态、环境的协调性发展为目标，将环境、生态和自然资源视作经济增长的内生变量，强调区域空间的经济系统、社会系统、环境系统、生态系统、资源系统协调共生，从而实现经济增长与资源利用、生态建设、环境保护的良性互动。

绿色增长实质上在保证经济稳定增长的前提下，保证生态资源可满足人类所需要的生产、生活资料，本质上是以最小的资源投入取得最大的经济发展。对绿色增长的衡量包括过程导向和结果导向两种方法，前者可称为相对绿色增长，后者可称为绝对绿色增长。

（2）城镇密集区

城镇密集区是区域城市化高级化发展的产物，是一个国家和地区竞争力的城乡空间特征的表达。伴随全球区域一体化发展趋势的日益深入，城镇密集区在全球化经济发展中日益形成一种核心竞争力的抓手。从"城镇密集区"的字面上看，其主要指的是"城镇分布较为集中的区域"，表达了某些地理区域范围内城镇的集中程度、发育质量、发展水平、结构效能等[①]。目前，城镇密集区已经成为城市与区域经济学、城市地理学、城乡规划学界等研究重要热点问题之一，众多国内外学者对其概念都做出了系统的阐释。

1）国外对城镇密集区的相关研究

现代城乡规划先驱学者埃比尼泽·霍华德（Ebenezer Howard）最早提出了与城镇密集区较为有关联的理念——"城镇组群"（Town Cluster）。他在1898年出版的《明日：一条通向真正改革的和平道路》（Tomorrow: A Peaceful Path to Real Reform）一书中指出，城市及其周边的各类城镇应统一纳入城市规划的范围，形成中心城市与周边城镇、城市与乡村

---

① 刘荣增. 城镇密集区及其相关概念研究的回顾与再思考［J］. 人文地理，2003（3）：13–18.

相互融合的一个地域综合体,这个地域综合体即为"城镇组群"。

在霍华德之后,城乡规划学者盖迪斯(Patrick Geddes)在1915年出版的《进化中的城市》(Cities in Evolution)一书中,提出"城镇集聚区"(urban agglomerations)的理念,又称为"组合城镇"。盖迪斯认为,在一些区位优良、交通发达、产业集聚的地区已经形成了城镇组合集中发展的格局,有的呈现带状发展,有的呈现圈层式的外延,从而使这些城镇形成相互依赖共生的发展格局,如英格兰中部、苏格兰,德国的鲁尔区等。

后来,西方不同学科领域的学者还从不同角度针对"城镇密集区"的相关理念进行进一步的分析研究。如城市地理学家戈特曼(Jean Gottman)在其论文《大城市连绵区:美国东北海岸的城市化》中正式提出了"大都市连绵区"(megalopolis)的概念,认为城镇由于某些原因通常会集中在某些区域,形成连绵不断发展的格局[1]。彼得·霍尔(Peter Hall)于1966年在《世界大城市》一书中提出"世界大城市"(World Cities)的概念[2];约翰·弗里德曼(Friedman Miller)于1965年提出"城镇群"概念[3];麦吉(McGee)则提出了"城乡融合区"(Desakota)以及"城市功能区"(City-Region)概念[4]。

2)国内对城镇密集区的相关研究

国内学术界关于城镇密集区的研究起步较晚,主要是1980年以后开始了相关研究。孙一飞在其论文《城镇密集地区的界定——以江苏省为例》中,认为城镇密集区是在一定地域范围内,以多个大中城市为核心,城镇之间及城镇与乡村地域之间具有相互作用、相互关联、相互影响、城镇化水平高、连续密集分布的区域[5]。

董黎明(1989)认为,城镇密集区和"城市群""城市连绵带"等概念具有相似的内涵,将其阐释为:"在区域经济发展水平较高,城镇化水平也较高的地区内,形成由大、中、小城镇相互紧密联系的城镇组合体系。"[6]

尹强(1999)认为,城镇密集区是指"在一定的地理空间范围内,由一个或者多个大城市为核心,周边若干中小城镇紧密组合、相互联系、相互融合发展的区域"[7]。

王学峰认为,城镇密集区是指"由若干在地域上进行连绵分布的、不同等级城镇所组合而成的一种地域聚落综合体,在这当中,城镇之间相互联系较为紧密,城镇化水平较高、城乡融合性较强,以发达交通条件和基础设施等为支撑,是城市化发展的高级阶段"[8]。

通过国内外不同学者对"城镇密集区"的相关概念界定可以看出,城镇密集区具有某些相似性的特征,即都是高度城镇化发展的地区,城镇之间形成一种组合化的发展模式,产业、交通、设施等协作网络化发展,社会文化联系也较为紧密,是区域经济发展中的主旨单元,并具体表征在发展水平、人口密度、空间结构、功能联系、设施布局、绿色生态等不同方面。

---

[1] 戈特曼.大城市连绵区:美国东北海岸的城市化[J].李浩,陈晓燕,译.国际城市规划,2007(5):2-7.
[2] 彼得·霍尔,邹德慈.西方城市规划的先驱思想家们[J].城市规划,1983(4):60-63.
[3] 约翰·弗里德曼,罗震东.区域规划在中国:都市区的案例[J].国际城市规划,2012,27(1):1-3.
[4] YU F, ZHANG XX. Megalopolis and Desakota: the Comparative Analysis of Urban Theory between Gottmann and McGee[J]. Urban Studies, 2010(1).
[5] 孙一飞.城镇密集区的界定——以江苏省为例[J].经济地理,1995(3):36-40.
[6] 转引自:贺艳华,周国华.长株潭城镇密集区范围的界定[J].热带地理,2007,27(6):41-67.
[7] 转引自:张帆.中国城市密集地区的协调发展研究[D].天津:南开大学,2004.
[8] 王学峰.发达国家城镇化形式的演变及其对中国的启示[J].地域研究与开发,2011,30(4):54-60.

根据国内外学者对城镇密集区概念及内涵的理解，结合本命题的研究范围，笔者认为：本书所界定的研究对象与传统意义上的城镇密集区相比，是具有一定影响力的"次区域"城镇密集区，主要表现为该区域往往是上一层级城市群或城镇连绵区（如关中平原城市群）的重要组成部分，属于城镇密集区的初级发展阶段，其中包含一到两个大城市（如宝鸡），以及周边一定范围内相当数量的不同性质、类型和等级规模的中小城镇，具有培育和完善区域合理的城镇等级规模、连接城市与城镇群体、刺激该地区经济发展的重要作用和战略意义。

（3）空间整合

在社会学、经济学以及地理学领域，整合包括社会整合、城市整合、经济整合、文化整合、空间整合等很多方面。从空间的角度来讲，"整合"是从空间的视角来考虑发展战略性问题，是基于系统观念基础上的关系整合。它区别于一般机械性和简单的集合、拼合，而是有条理、有规律、系统地并有某种目的的整理、合并和重组，旨在对现状空间进行研究的基础上，分析地区发展的潜力及其局限性，明确提出空间未来的发展趋势和总体构架并进行整合，从而实现资源共享和协同工作，最终形成有价值有效率的一个整体，是一个动态而又有联系的过程，也是社会、经济和环境效益的平衡。

本书所界定的城镇密集区空间整合是指：对构成区域内的城镇空间、产业、交通、生态空间等物质性空间要素及社会关系等内在要素、其相互间作用机制等进行挖掘并合理组织与优化的过程，同时对生产过程中的不合理因素进行调整、重塑，从而实现区域内部各种发展要素的优化配置，经济与社会结构的优化调整，各项功能的优化组织，经济、社会、环境等效益和效应的高度和谐，促使城镇密集区健康发展，并在更大的区域范围内发挥重要的牵引与推动作用。

1.3.2 空间研究范围

"西北地区"是常见的地理区划名词，各学科领域根据研究目标以及问题的不同，划分方法与划分结果存在着一定的差异。这种差异主要表现在自然区划概念下、行政区划概念下以及发展政策导向下的差异。

自然区划概念下的"西北地区"又称西北区、西北干旱区域等，广义的"西北地区"称为西北干旱区，即气候干旱、荒漠景观为主的一个高级自然区，具体包括大兴安岭以西、昆仑山—阿尔金山以及祁连山以外的新疆，甘肃北山山地和河西走廊内蒙古阿拉善高原，大致包括内蒙古中西部、新疆大部、宁夏北部、甘肃中西部以及和这些地方接壤的少量边缘地带。行政区划概念下的"西北地区"常被称为西北五省（区）或西北三省二区，包括：陕西省（陕、秦）、甘肃省（甘、陇）、青海省（青）、宁夏回族自治区（宁）和新疆维吾尔自治区（新）。实际上，内蒙古自治区和西藏自治区并不在行政概念下的西北地区，而是在"西部大开发"概念下的扩展。发展政策导向下的"西北地区"是基于我国"西部大开发"战略范围而言的，该范围除了"西北五省"之外，还包括具有政策倾向的内蒙古自治区和西藏自治区。考虑到研究的针对性，本书研究的西北地区主要指陕、甘、宁、青、新等5个省级行政区以及从属于自然区划范畴的内蒙古中西部地区。其中行政区划上的西北地区总面积315万km^2，占全国总面积的32.58%。

相对我国其他区域而言，西北大部分地区贫困偏远、不适宜人类长期生存和居住，如新疆南部的南塔克拉玛干大沙漠地区和新疆北部的准噶尔盆地地区，青海北部的柴达木盆地和南部横断山区，甘肃的定西地区、陇南山地，陕西的北部和南部山区，宁夏的西海固地区等。这些地区多呈现海拔高、温差大、高寒、干旱少雨，自然环境恶劣，灾害多、生态环境脆弱、土地贫瘠等地理特征。但西北地区仍有一些适宜生产与人口集中的典型区域，地理位置优越、区域人口稠密，基础设施完善、工农业生产发达、周边资源蕴藏丰富、腹地广阔，如陕西关中平原、宁夏银川平原、甘肃兰州盆地、青海河湟谷地、新疆天山北麓绿洲等。近年来，基于这些区域逐步形成了城镇（区）带、城镇群、都市圈等快速城镇化区域，如关中—天水经济区（城镇带）、兰青线经济带、银川平原城镇带、天山北麓城镇带等，为西北地区城镇密集区的协调发展提供了重要的支撑（表1-3）。

西北地区城镇密集区发展现状及产业体系　　　　　表1-3

典型地区	依托地域	区域发展现状	产业体系
关中—天水城镇带	关中平原	总面积6.96万km²，以"西咸"为核心，包括陕西省西安、咸阳、宝鸡、渭南、铜川、杨凌五市一区和甘肃省天水市，东起陕西的潼关、西到函谷关的天水市	电子产业，仪器仪表制造，新型材料及集成电路开发与制造，煤及其深加工产业、食品深加工与制造、医疗药物与器械制造，天然气及化工产品制造，民用飞机开发与制造，棉纺织及相关轻纺产业，旅游产业，粮食、蔬菜、水果、禽类产品的储藏、保鲜剂深加工
兰青线经济带	河西走廊	东起乌鞘岭，西至古玉门关，南北介于南山（祁连山和阿尔金山）和北山（马鬃山、合黎山和龙首山）间，长约900km，宽数公里至近百公里。主要是河西五市：武威、张掖、金昌、酒泉、嘉峪关	优质林木生产与深加工，毛纺织产业，天然气化工产业，转机及油田设备制造，石墨及碳素产品制造，马铃薯及玉米的深加工，有色金属的开采及加工，中药、藏药的生产与加工，旅游产业，粮食、蔬菜、肉类产品加工
	兰州盆地	面积1.251万km²，西起岸门村，东至桑园峡，北界凤凰山、九州台，南邻关山、大尖山和兴隆山、马爵山，属黄河河谷盆地。东西长40余公里，南北宽8～15km。主要以兰州市为中心	
	河湟谷地	指青藏高原大坂山与积石山之间，黄河与湟水流域肥沃的三角地带。从东往西包括：民和县、乐都县、平安县、互助县、西宁市、大通县、湟中县、湟源县、海晏县，以及黄河流域的循化县、化隆县、尖扎县、贵德县	
银川平原城镇带	银川平原	总面积2.87万km²，包括银川市、吴忠市、石嘴山市、青铜峡市	以优质大米为主的粮食生产，蔬菜、水果等农产品生产，林木产业，葡萄种植及葡萄酒生产，铌冶炼与深加工，蚕养殖及其深加工
天山北麓城镇带	天山北麓绿洲	总面积9.54万km²，包括乌鲁木齐市、昌吉回族自治州、石河子市、沙湾县、乌苏市、克拉玛依市、奎屯市以及在这一地区的兵团单位	优质葡萄、番茄等农产品的种植及葡萄酒生产，粮食、蔬菜、水果等农产品的生产、储藏、保鲜与深加工，棉纺织工业品的开发与制造，风能开发与利用、煤炭工业应用研究、开发与深加工，旅游产业

续表

典型地区	依托地域	区域发展现状	产业体系
柴达木经济区	青藏高原腹地柴达木盆地	以格尔木为中心	铜、锌、铝矿的综合开采与深加工，钾资源的开发与深加工，盐湖资源的综合开发利用与产品生产，新型建筑材料的研究、开发与生产，中药藏药产品研发与生产，天然气化工产品研发与生产，旅游产业发展，循环经济主导产业

来源：根据相关资料整理

1.4 研究体系

1.4.1 研究内容

（1）从绿色增长概念出发，阐明城镇密集区绿色增长的基本定律与共同特性，在此基础上透析当代城镇密集区空间绿色增长的核心特征及演化机理，以绿色生态可持续的解构方式对西北城镇密集区空间演进进行全方位审视，进而从多个角度界定绿色空间增长的构成要素及基本内涵，最后从机制层面对西北城镇密集区空间网络的形成过程及调控效应给予深度解析。

（2）在梳理绿色增长及城镇密集区空间演进的当代理论思潮前提下，揭示了城镇密集区空间绿色增长观的演变脉络，论证以系统理论为核心的城镇密集区绿色空间网络方法论架构，并在追溯西北典型城镇密集区及城乡空间结构绿色演进经典理论的基础上，建立了关于绿色增长基础理论的城镇密集区研究框架。

（3）通过对城镇密集区空间绿色演进的历史过程及发展趋势的考察，提出当代城镇密集区空间绿色生态网络趋势性凸显、绿色生态关联性增强、绿色生态适宜性确立的基本观点，进而通过国内外城镇密集区空间绿色增长实践的经典案例及对国内城镇密集区绿色增长战略的深入分析对上述观点给予进一步验证，最后结合关中西部城镇密集区绿色增长及其规划实践提出区域未来空间结构体系发展的对策。

（4）以绿色可持续发展视角下的关中西部城镇密集区历史演变过程及空间结构现状分析为基础，通过绿色生态空间网络和结构体系的优化，深入解析并整合适用于西北地区特色的绿色空间网络研究的各类数理模型分析方法，建立绿色空间增长的规划策略体系。

（5）在以关中西部城镇密集区为基础，以各类空间地域绿色基因为依托的指导思想下，提出绿色增长的城镇密集区空间整合思路、原则和目标；通过对城镇密集区空间整合阶段研究重点和整合模式类型的具体分析，建构绿色增长的城镇密集区空间整合模式的六大要素；根据现状分析结果及关中西部城镇密集区城镇空间联系强度分析，提出绿色增长的关中西部城镇密集区空间整合模式，并对空间整合模式机制及重点地区具体分析。

（6）在整体策略和整合途径上，通过分析全球绿色生态协作分工及中国对外开放格局的演变，以绿色增长的城镇密集区空间整合目标为导向，坚持绿色增长的城镇密集区空间整合的思路与原则，从功能分区、生态环境、产业结构、交通体系及制度管理五方面，提出了实现绿色增长的关中西部城镇密集区空间整合的对策。

本书逻辑框架如图1-3所示。

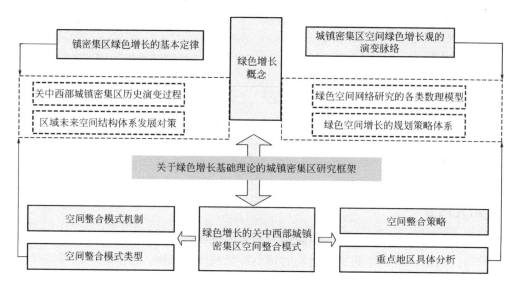

图1-3 研究内容逻辑框架图
来源：作者自绘

1.4.2 研究方法

基于新的时代背景趋势、新的规划实践需求、新的理论创新要求的分析，为保证研究成果的学术水平与应用价值，本书主要采用的研究方法如下：

（1）文献收集与调查研究相结合

通过对国内外已有城镇密集区空间整合的相关阐述与论证研究，对与之相关的不同概念、理论流派、研究方法、研究成果的文献进行收集、梳理与比较，以确立本书整体的研究内容、思路和方法。并通过大量的调查工作获第一手资料，如关中西部城镇密集区人口分布、经济现状、交通网络、自然生态、城市化进程等，确保资料的客观性、全面性和准确性，为本书的撰写奠定坚实的基础，同时提高研究的针对性及有效性。

（2）定量分析与定性分析相结合

为了更好地揭示现状空间组织的发展机理，本书基于关中西部城镇密集区近年来各地社会经济数据与自然影像数据，计算区域各类指标并进行全面系统的对比、整理，总结出区域空间形态、分布格局及演化趋势并进行定性归纳概括，主要包括发展动因的总结、发展阶段的概括、空间特征的提取以及整合基础要素的凝练，从而为后续的理论抽象与演绎奠定坚实的认知基础。

（3）科学隐喻与模式归纳相结合

科学隐喻方法是横向思维的基本方法，隐喻可以通过再概念化和理论间的链接与转换，不断提出新的科学研究方向，创造出新的科学理论。而所谓模式是指对事物内在机制及其外部关系高度凝练、直观的抽象和概括[①]。通过总结归纳相对稳定和统一的空间网络联系及演化模式，可以使问题阐述得更为清晰，增强本书的技术指导与研究思路对后续研究的引导能力。

（4）系统研究与比较分析法相结合

城镇密集区是一个多种因素相互关联，各种要素协作制约的地域共同体，复杂系统是其空间的本质特征。因此在对西北城镇密集区的研究当中，系统思维势必贯穿整个研究过程，应从多层次、多角度审视发展中的空间组织关联及内在基因关系。同时运用比较研究方法，从密集区发展的纵向和横向分析中发现空间结构规律。表现在从区域发展的纵向时间脉络入手，结合国内外城镇密集区的相关规划实践，研究空间自然、人文要素如何推动、制约区域发展等；此外，通过同一时期不同区域发展现象的横向比较，发现区域发展中经济、产业、空间等方面的问题，以差异化组合视角寻求区域空间整合，实现和谐区域规划的目的。

（5）多学科交叉分析法与对策研究相结合

本书在对关中西部城镇密集区空间的格局、尺度、功能、组成、特征等进行理论界定与分析的基础上，力图以对策研究为手段，对城乡规划、交通工程、生态环境、地理科学等多学科进行有效的交叉渗透、技术方法的集成和融贯研究，提出关中西部城镇密集区空间整合的策略。

---

① 王伟．中国三大城市群空间结构及其集合能效研究［D］．上海：同济大学，2008．

第2章 绿色增长内涵探究

2009年6月，来自34个国家的部长签署了一项绿色增长宣言，将"进一步努力实施绿色增长战略，作为应对危机及更长期的政策回应，认识到环保与增长可以相辅相成"。他们同意授权经合组织拟定一项绿色增长战略，提出融经济、环境、社会、技术及发展于一体的全面综合框架。"后危机"时代，"绿色"成为全球重要议题，中国在2015年提出"绿色化"发展战略，表明中国生态文明建设的紧迫性和坚定性，也表明"绿色化"成为中国可持续发展的基础和实现经济转型的可操作路径[①]。

——《迈向绿色增长报告》

2.1 绿色增长的概念及深度化解析

2.1.1 绿色增长的概念界定

关于绿色增长并没有形成统一的定义，有很多类似的概念，如绿色经济、循环经济、绿色发展、可持续发展等。1972年罗马俱乐部的报告《增长的极限》利用计算机技术预测表明，如果不采取措施遏制全球经济体系的零增长，那么人口增加、资源紧缺、环境污染和社会危机等问题将导致在下一世纪内人类的灭绝。1987年，世界环境与发展委员会发表《我们共同的未来》的报告，打破了"零增长"理论的生存危机与"环境末端治理"的僵局，该报告首次提出"经济增长与环境保护协调发展"的可持续发展战略思想。可持续发展和绿色政策成为政策和管理的重要部分。2005年，在联合国亚太经社会第五届亚洲及太平洋环境与发展问题部长级会议上，首次在政治文件中提出"绿色增长"一词。"绿色增长"一词最早可追溯到科尔比（M.E. Colby）1989年关于环境管理方式演变发展的文章中。

2003年，英国发布能源白皮书《我们的能源未来：构建一个低碳社会》，首次提出"低碳经济"的理念。2005年，在联合国亚太经合组织第五届亚洲及太平洋环境与发展问题部长级会议上，首次在政治文件中提出"绿色增长"一词。"绿色增长"一词最早可追溯到Colby关于环境管理范式演变发展的文章中。

2009年经合组织意识到环境问题将使发展中国家面临巨大的成本负担，绿色和增长不能再被孤立考虑，需要寻找新的"绿色增长"范式，并开始不断深化对绿色增长概念和绿色增长评估框架的研究。2012年的"里约+20"联合国可持续发展大会将绿色增长作为一

---

① 刘奇.树立"绿色化"新理念构建乡村治理现代化体系[J].中国发展观察，2015（5）：57-60.

个关键主题,提出"在经济范式改革基础上推进绿色增长"这一新理念。这次会议将绿色增长推向高峰,并使之逐步渗透到各国的政治、经济以及环境政策之中。除经合组织外,国内外学者亦从多个角度对绿色增长内涵进行探讨。如迈耶(B.Meyer)等人将绿色增长看作是一个环境政策战略,其核心是"将经济增长与资源消耗解耦"[①]。莱利(J.M.Reilly)则从目标的角度阐述了绿色增长的"经济增长、创造岗位和降低环境影响"的目的[②]。概括而言,绿色增长要求在促进经济增长的同时,确保自然资产持续提供人类福祉所依赖的资源和环境服务,其根本内涵在于以最小的能源资源投入取得最大的经济增长绩效。

伴随全球化的推进以及工业化、城镇化进程,城乡空间发展的环境压力日益增大,城市空间规模的无序扩张、环境的污染、生态系统的恶化等问题频现,人们开始反思以往快速城镇化背景下的经济、空间的增长方式是否合理?城镇密集区作为区域绿色增长的重要空间载体,已成为一种追求城乡和谐增长与发展,同时防止区域生态环境恶化、生物多样性丧失及不可持续的城乡空间发展的关键着力点。联合国环境规划署(UNEP)、经合组织和亚太经合组织(APEC)等机构均将绿色增长列为重点议题。2015年环保部政治研究中心和全球绿色增长研究所联合发布了"十三五'中国绿色增长路线图'"研究报告,该报告确定了中国在"十三五"期间绿色增长的系统战略和路径,指出中国需加快转变经济发展模式,走绿色发展和绿色转型的道路[③]。

随着"绿色化"研究的不断深入,在不同学科领域已经呈现出相互交叉、特色各异的趋势。部长级理事会会议(Council Meeting at Ministerial Level,MCM)在官方声明中对绿色增长下了比较明确的定义:"绿色增长是一种区域政策,指在促进区域可持续发展及增长的同时,确保生态环境能够不断提供人类的福祉或服务,其具体包含的内容分为短期和长期两个方面,在短期内代表鼓励实现经济复苏的绿色投资,在长期内代表建设环境友好型的基础设施。"[④]

从生态经济学视角而言,绿色增长需要从产业视角促进其从原有的依赖资源的模式中脱离出来,进而转向资源的可持续利用以及使用效率的可持续化方面,形成一个可持续发展的高效增长模式。由此可以推导出,在区域规划与发展层面,针对一个区域的空间结构整合、产业结构的重组、基础设施的高效布局及利用是绿色增长研究必然的结果[⑤]。绿色增长因为连通区域空间环境与外部社会经济增长而成为国家城镇化政策中的新范式。

绿色增长的相关规划策略是以一系列的战略目标为导向,从空间重构层面来讲,绿色增长追求紧密、紧凑的空间结构,避免未来出现较高的生产、生活空间成本;从产业发展角度而言,绿色增长追求生态资源可持续利用、使用清洁能源的产业布局组织;从区域基础设施布局角度而言,绿色增长追求基础设施的生态化、经济化、高效化布局,对绿色基础设施的整合重构进行研究;从国民生活的层面而言,绿色增长致力于科学地改善居民的

---

① Meyer B, Meyer M. Distelkap M. Modeling green growth and resource efficiency: New results [J]. Mineral Economics, 2012, 24 (2-3): 145-154.
② Reilly J M. Green growth and the efficient use of natural resources [J]. Energy Economics, 2012, 34: S85-S93.
③ 周英男,杨文晶,王学先.绿色增长政策研究述评与展望[J].中国人口资源与环境,2016(S2):91-94.
④ Hallegatte S, Heal G, Fay M, et al. From growth to green growth — a framework [R]. Policy Research Working Paper, 2011.
⑤ Kim S E, Kim H, Chae Y. A new approach to measuring green growth: Application to the OECD and Korea [J]. Futures, 2014, 63: 37-48.

生产与消费过程，在社区生活中促进社会、经济、环境和文化社区的福祉，最终实现环境友好、经济稳定、社会持续发展的和谐空间①。

我国正在加快产业结构调整，转变经济增长方式，使经济向绿色增长方向迈进。参照"十三五"规划的相关指标和目标设定，采用能源、水、建设用地等要素的产出效率来反映相对绿色增长，采用能源资源消费总量和环境质量状况来反映绝对绿色增长状况（表2-1）。

"十三五"时期绿色增长相关指标影响因素　　　　　　　　　表2-1

类别	指标	2015年水平	2020年目标（十三五规划）	2020年目标（趋势外推）
相对绿色增长	能源生产率（元/t标准煤）	15737	18515	19346
	水资源生产率（元/m³）	110	142	138
	建设用地生产率（亿元/km³）	1.60	2.08	2.05
绝对绿色增长	能源消费总量（亿t标煤）	43	<48	47.92
	用水总量（亿m³）	6180	<6700	6716
	建设用地总量（万km²）	38.60	<40.77	42.30
	地表水优于Ⅲ类水质的比例（%）	66	>70	—
	空气质量优良天数比例（%）	76.7	>80	—

来源：根据相关资料改绘

绿色增长作为城镇密集区发展的一种指导理念，目的是让绿色增长包容性、可持续性与渐进性的特点贯穿于城镇密集区空间整合的过程中，进而将自然、经济、文化生态发展与城镇密集区发展相互协调起来。"绿色"是基于过去"灰色增长""黑色增长"后城市转型的新方向，针对区域空间系统来讲，旨在引导整体空间的协调拓展、构筑生态空间的多级保护、实现产业结构的创新发展、统筹协调人地关系等②。"增长"则强调经济主导的发展方式，追求以经济与资源、生态、环境的协调性发展为目标，将环境、生态和自然资源视作经济增长的内生变量，强调区域空间的经济、社会、环境、生态、资源系统协调共生，从而实现经济增长与资源利用、生态建设、环境保护的良性互动。

2.1.2 绿色增长的特征与类型

（1）绿色增长的特征

1）可持续性

绿色增长是一个具有可持续的经济发展模型。当有限的生态资源无法支撑人类生存的无限需求时，有限供给会限定人类的生产、生活空间。若不能正确处理人类生产活动与资源、环境的关系，会导致资源的枯竭和环境的恶化，最终会影响人类生产活动的进行。绿色增长强调经济增长的同时兼顾资源和环境，避免资源枯竭、环境恶化和零增长的发生。

---

① Vazquez-Brust D A, Sarkis J. Green Growth: Managing the Transition to Sustainable Economies [M] // Green Growth: Managing the Transition to a Sustainable Economy. Springer Netherlands, 2012.

② Chris Huhne M P. Green growth: the transition to a sustainable economy [M]. Springer Netherlands, 2010.

2）协调性

绿色增长的"绿色"指环境，"增长"指经济，强调了经济与环境的协调性发展。彭红斌指出，与传统经济增长方式不同，绿色增长将环境作为经济增长的内生变量，把环境融入了经济增长之中，经济与环境的协调性发展是绿色增长的目标。从另一方面来看，经济活动的主体是人类，经济与环境的失调问题从本质上来讲是人与自然关系的失衡，生态环境恶化的本质原因在于人追求经济增长过程中对自然资源的过度索取和浪费。

3）包容性

包容性增长是绿色增长的本质。在自然资源、生态环境受到限制的前提下，经济增长需关注所有国家尤其是发展中国家能够公平地享有经济增长、生态环境改善、摆脱贫困和提升社会福祉等基本权利。经合组织指出，包容性绿色增长培育出了涉及经济、环境和社会发展的多种经济结构、生产和生活方式，是发达国家及发展中国家缩小贫富差距、确保公平性、解决资源短缺和减缓环境恶化等诸多社会问题的最佳选择。

4）相对性

人类生产活动对资源和环境的依赖性表明经济增长不可能实现"零消耗"和"零污染"，而是在资源、环境承载能力的范围内进行的生产，因此绿色增长是相对的，强调在一定的生产能力、科技水平及资源、环境的承载能力范围内，实现最快的经济增长。

（2）绿色增长的类型

本书从以下六个层次上来理解"绿色增长"内涵：系统层次、社会文化层次、哲学层次、经济层次、空间系统层次、美学概念层次。

绿色增长的系统层次：绿色增长包括各种城市与区域空间的系统，如绿色基础设施、绿色产业、绿色金融、绿色空间结构、绿色人居环境、绿色生产空间等。

社会文化层次的绿色增长：从宏观意义上讲，整个人类社会的和谐观就是一种绿色增长发展理念，构成这个社会和谐的基础就是以人为本的社会结构网络和以社会人际关系和谐、公平、公正等为基础的逻辑结构关系，它们之间相互促进和相互制约，绿色增长是人类社会的主体结构单元不断向高级化发展的必然。

作为哲学概念的绿色增长：绿色增长概念的演进序列与哲学思想发展过程基本一致。大体上呈现出从简单到复杂、从物质到信息、从实体到关系、从个体到群体（整体）、从静态到动态、从绝对性到相对性、从分析到综合的趋势。绿色增长哲学不仅满足于绿色发展是普遍联系的，还必须具体分析和解释绿色增长是如何产生的，如何推进的，如何支撑的。"绿色空间环境中充满了熵——能量从一个系统中耗散时出现的无序状态的能量。其中熵定律是自然界的最高定律，熵增原理反映了非热能与热能之间的转换具有方向性。"[①] 因此如何维持能量守恒则是一种绿色发展的动能观。

作为经济学概念的绿色增长：在不同地域、不同城市、不同产业内部及其之间通过信息、金融、物资、交通、科技、文化等多个方面的联系，从而形成一种错综复杂、相互关联又相互牵制的网络关系。

区域视角下的绿色增长：城市与城市之间、城市与城镇之间、城市与乡村之间存在密切的互动关系，这种依赖性决定了它们之间的相互依赖关系，绿色增长寻求的就是这些不

---

① 黄江，季蕾. 从熵谈起——浅谈全球化语境下地域文化的生存之路[J]. 江苏城市规划，2007（9）：34-39.

同城镇之间是如何生态绿色协同发展的？它们之间的物质流、信息流、生态流等遵循节能型的交流原则，区域内部城市之间、城市与乡村之间构成紧凑的地理空间形态。

美学视角下的绿色增长：城镇群的区域大地景观格局的构建不仅要考虑景观的生态美学价值，还要考虑景观的生态资源特性，作为可以被人们直接所感知的绿色景观形态，还要考虑城镇群之间的大地美学价值。就城镇群而言，绿色增长的价值就是自然的或人工规划设计的相互联结的绿色生态格网。城镇群的绿色增长网络可以是城镇连绵区域乃至国土层面上的绿色景观或生态绿色网络。

2.1.3 绿色增长的相关概念

"绿色"本是一种纯天然的自然色彩，伴随人类社会经济的发展和演化，绿色被赋予了更加深刻的内涵。绿色包含着和平、健康、希望、生动、生命、能量等象征。伴随人类对环境保护意识的增强，人们在不同视角对绿色的概念形成了深刻的认识。人们逐渐认识到，传统的以高耗能、高污染、高消费、高成本为代表的"粗放式"发展模式已经难以为继，绿色化、健康化、自然化、绿色经济、绿色发展、绿色转型等理念逐渐被人们所认识并接纳（图2-1）。

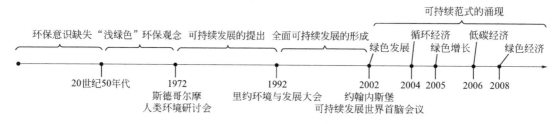

图 2-1 绿色增长理念的历史演进背景
来源：张旭，李伦.绿色增长内涵及实现路径研究述评［J］.科研管理，2016，37（8）.

（1）绿色发展

绿色发展是联合国开发计划署（UNDP）在2002年提出的，牛文元在《2010中国科学发展报告》中将绿色发展定义为"生态健康、经济绿化、社会公平、人民幸福"四者的有机统一[①]。胡鞍钢在《中国创新绿色发展》中认为，绿色发展是建立在新型城镇化发展背景基础上，寻求生态环境、社会和谐、经济发展为一体的新型道路。并以低碳、低消费、低耗能等为主要特征，以生态资本的不断累积以及绿色新动能的不断增加为目标，绿色创新发展是城镇密集区和谐发展的新途径，绿色财富和绿色福利是未来城镇密集区发展的根本目的，最终就是要实现人地之间、人居环境之间的和谐发展[②]。

绿色发展本质上是一种新型、创新的发展模式，在生态环境容量的前提下，摒弃传统发展过程中问题，将生态环境保护作为社会经济发展的重要影响因素之一，将环境、经济、社会三者综合作用下可持续发展作为主要路径与发展目标，并将发展"过程化"考核纳入整体发展的内容之中。

---

① 牛文元.绿色设计是启动绿色发展的第一杠杆［J］.中国科学院院刊，2016（5）：491-498.
② 胡鞍钢，周绍杰.绿色发展：功能界定、机制分析与发展战略［J］.中国人口·资源与环境，2014，24（1）：14-20.

《2017中国绿色发展指数年度报告》指出，绿色发展指数共包括三个一级指标：经济增长绿化度、资源环境承载潜力和政府政策支持度，分别反映经济增长中生产效率和资源使用效率、资源与生态保护及污染排放情况、政府在绿色发展方面的投资、管理和治理情况等。

（2）绿色经济

绿色经济概念最早出现在20世纪90年代初，由大卫·皮尔斯（David Preece）等撰写的《绿色经济蓝图》一书中，但是该书并没有对"绿色经济"进行严格的定义，只是提到绿色经济的说法。联合国环境署（UNEP）认为，绿色经济是一种可减轻生态环境风险又能实现经济社会发展的经济模式。张叶、张国云等认为，绿色经济就是在生产和经济的各个环节中不对生态环境和人体健康造成损害，又能实现经济效益的经济活动[①]。廖福霖认为绿色经济就是生态环境友好、节约资源的经济，与绿色科学技术和绿色科学管理密切相关[②]。张春霞认为绿色经济是以实现经济系统的可持续发展为目标，强调环境保护和节约资源的经济发展模式[③]，是一种新型经济形式，将产业经济绩效及人类生存环境适宜、生命健康安全综合考量。

绿色经济是当前全球各国达成共识的发展方式，不仅仅经济发展更加高效，社会发展更加和谐。本质上依然是以资源节约型和环境友好型经济为主要发展内容，经济发展高效可持续，有助于扩大就业及内需。社会发展和谐公正，有助于缩小城乡二元差异。并推进我国高能耗、高物耗、高污染、高排放的发展方式转型，从而以绿色经济、循环经济进行替代，有利于推动我国经济集约式发展和可持续增长。

（3）绿色转型

绿色转型是一种发展范式的转型思维，通常和绿色化具有共生关系，强调区域经济发展应由"黑灰色"向"绿色"动态的转化机制。通过绿色循环经济发展、绿色金融及管理保障，以生态文明建设为核心，最终向生态环境、经济发展、社会发展相协调，实现环境容量承载下发展动态平衡，使绿色转型内涵更加立体化、直观化（图2-2）。

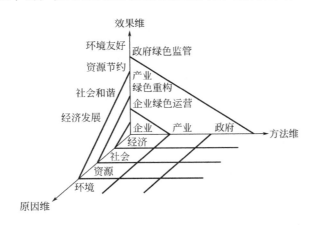

图2-2 绿色转型效果评价体系

---

① 张叶.绿色经济问题初探[J].生态经济：中文版，2002（3）：59-61.
② 廖福霖.生态文明建设的理论和实践[M].北京：中国林业出版社，2003.
③ 张春霞.绿色经济发展研究[M].北京：中国林业出版社，2002.

刘纯彬等认为，绿色转型其本质是从传统的粗放式发展模式走向现代科学的发展模式。李平等[①]认为，绿色转型是环境耗能低、资源高效利用、生态组合效益高、循环利用强、持续发展能力强的过程；蓝庆新等[②]认为，绿色转型是以创新科技为支撑，以区域生态可持续的承载能力为依托，走产业绿色化布局，空间紧凑发展的新型城镇化道路。绿色转型是国家治理现代化的必由之路，也是重构经济绩效的应有举措。应树立绿色治理理念、创建绿色制度体系、以法治推动绿色发展、创新绿色科技，将绿色转型进行到底。

（4）绿色化

绿色化是2015年《关于加快推进生态文明建设的意见》中首次提出，赵建军等[③]认为，绿色化就是把绿色发展观念和思想充分融入区域经济、区域空间的发展过程中，融入生产、生活、生态的过程中，融入产业组织、产业布局、产业更新的过程中，融入区域空间管制或治理的过程中。刘奇等[④]认为，绿色化是新型城镇化、工业化、信息化、现代化的核心价值理念。黎祖交等[⑤]认为，绿色化是城镇密集区域动态发展的过程，是区域经济、城乡空间、三生融合、空间管制等不断从黑灰色走向深绿色的发展过程。

总体来看，城镇密集区的绿色增长是以新型城镇化理念为基础，以绿色化发展为核心方法，强调区域经济、社会、空间、产业、设施等的共生性，促进城镇密集区空间结构发展模式的绿色化过程。绿色增长过程是一种兼顾城镇密集区空间结构体系和区域生态经济效益模式的发展范式，是各城镇之间、城乡之间空间协调、紧凑精明、绿色生态的发展模式。

2.2　城镇密集区绿色增长的基本特质解析

通过对以上相关概念的辨析以及对相关文献的梳理总结，研究归纳出城镇密集区绿色增长的基本特征包括：

（1）绿色增长的可持续性

区域可持续性强调的是区域发展过程中人与自然之间和谐永续发展的一种模式，强调人地关系和谐、人居环境和谐、城乡发展融合的战略范式，这种模式也是当前国际绿色增长浪潮中的核心战略理念。区域发展的绿色可持续性要求城镇化发展过程中城市与区域空间结构模式的泛绿色化转型，绿色化的空间增长模式要求把资源环境因素作为城镇密集区空间结构动能高效转化的内在要素。绿色增长模式通过将生态承载力和资源环境承载力概念引入区域发展潜力评定中，推动城镇体系的空间结构、职能结构、规模结构等向可持续发展转型。因此，城镇密集区空间演进的精神内涵就是绿色增长的可持续性，目的就是推动区域空间结构发展模式和发展成果的绿色增长化，是实现区域可持续发展的有效路径。

---

① 李平. 中国工业绿色转型研究[J]. 中国工业经济，2011（4）：5-14.
② 蓝庆新，韩晶. 中国工业绿色转型战略研究[J]. 经济体制改革，2012（1）：24-28.
③ 赵建军，王治河. 全球视野中的绿色发展与创新[M]. 北京：人民出版社，2013.
④ 刘奇. 树立"绿色化"新理念 构建乡村治理现代化体系[J]. 中国发展观察，2015（5）：62-66.
⑤ 黎祖交. 准确把握"绿色化"的科学涵义[J]. 绿色中国，2015（7）：40-43.

（2）绿色增长的包容性

当前城市与区域发展的过程中，面临着城乡差异日益扩大、区域之间发展不平衡的问题，这些问题其本质就是绿色增长的包容性问题。绿色增长的包容性反对传统区域经济发展模式中的非包容性增长，诸如黑色资源经济模式、高耗能、高碳排放模式、单一GDP考核模式等。包容性的城镇密集区绿色增长模式是指以绿色资源、绿色潜能为基础，以绿色产业、绿色空间为支撑，实现绿色目标与绿色路径，从而实现生态效益、社会效益和经济效益。

（3）绿色增长的效率性

区域发展模式不仅注重区域发展的效率性，还强调发展的公平性。绿色增长是以区域发展的效率为导向的，强调城镇组群之间、城乡聚落之间的高效协作和统一。绿色增长模式要求城镇密集区的空间发展必须摆脱粗放式的用地模式以及产业发展的粗放型模式，必须从低效能向集约的高效能转换，从而提高区域城镇体系的空间生产效率。如果忽略了城镇组群之间的协作效率，单纯地从城镇体系之间的职能和人口规模分布来推进绿色增长，那么就很难产生高效创新的绿色动能。所以绿色增长的目标是实现城镇密集区空间发展的效率、公平和资源之间的统一，效率性是城镇密集区空间绿色增长得以在时空上推进的关键。

（4）绿色增长的规模性

城镇密集区生态、资源的承载能力有限。因此，城镇密集区的无限扩张是不可持续的。基于规模性的绿色增长观认为城镇密集区的空间拓展具有发展边界，空间内部系统增长呈现阶段性发展的规律。当区域开发强度小于区域生态资源的承载能力时，城镇密集区的空间物质结构可以大幅扩张，城镇建设用地规模就会扩大，但是城镇建设边界一旦超出区域生态资源承载力，城镇密集区的增长边界就要得到有效控制，就理应从传统用地粗放扩张的城镇化模式走向精细增长的模式，从追求量的经济走向追求质的经济。

（5）绿色增长的公平性

由于城镇密集区内部不同的功能区域中生态环境、资源体量的客观差异性即自然地理环境多维性存在，导致不同功能区域中城镇发展的质量存在异质性，过于强调城镇密集区的效率性和规模性从而引起地区发展的公平性的缺失。国外发达国家城镇密集区的战略规划中都十分强调生态足迹在区域经济发展中的应用分析，认为发达地区的物质资本消耗和人均生态足迹均高于欠发达地区，因此，如果单纯地以城镇体量、人口规模等来限制这些地区的发展将会导致城市与区域之间的绿色增长难以向前推进。基于此，城镇密集区的绿色空间演进必须强调公平性，不管是生态脆弱的城镇密集区还是生态盈余的城镇密集区，都具有公平使用自然资本的权利。

综上所述，"绿色"是一个综合概念，代表生态文明、绿色宜居、资源节约、环境保护等含义，本书所构建的城镇密集区的绿色增长涵盖绿色空间结构、绿色产业结构、绿色城镇体系结构、绿色基础设施、绿色空间管治以及绿色经济政策保障等多维方面。城镇密集区的空间演进发展核心是以绿色增长为发展方式，以绿色治理为保障，实现绿色高效的城镇体系结构、低耗能的产业体系与区域空间生态管治系统协调。

因此，绿色增长是城镇密集区空间、产业、设施、环境等系统逐渐从浅绿色到深绿色的动态转变过程。在城市与区域规划的视角下，绿色增长的规划内涵更加强调在区域空间生态承载能力、增长边界和自然资源限定下，实现存量空间中各规划要素优化配置，从粗放式用地模式转向保护和拓展自然资本及集约用地的发展模式；绿色增长的内涵也是实现区域空间发展绩效和成果的公平调配，区域间共享、生态、生产、生活空间；城镇密集区生态空间管制的内涵则是将绿色增长理念充分融入城镇密集区空间规划的各个方面，进而构建生产、生活、生态互动共有的生态红利模式。

2.3 绿色增长理念的历史演进分析

中国城镇密集区绿色增长的进程受到国际绿色化发展浪潮的影响，因此，在研究城镇密集区空间演进机制之前，对国际绿色化浪潮视野下的城镇密集区空间绿色增长的演进与发展进行梳理与回顾。18世纪中叶工业革命带来了社会的快速发展，剩余劳动力被释放，生产力得到快速提升，但快速发展却是以环境污染、资源消耗为代价。当人类继续扩大再生产却又面临生态恶劣的环境，因此开始需要保护环境、低能耗的可持续发展道路。绿色增长正是在这种发展背景下产生，低碳城市、有机规划、精明增长、生态规划、韧性城市、绿色基础设施等概念出现，环境保护意识逐步提升。

2.3.1 环境保护意识的兴起

工业革命以来传统的区域空间发展模式在全球范围内得到快速蔓延，伴随城镇化的日益积累，开始形成以攫取自然资源、粗放利用土地为导向的空间消费主义模式，以过度消费各类资源来拉动空间发展绩效的一种粗放式发展模式。

1962年美国科普作家卡逊（Rachel Carson）《寂静的春天》出版，唤醒了人们对生态环境保护的意识，也促使人们开始反思，从之前疯狂地追求经济增长到关注经济增长与生态环境之间的协调问题[1]。各个国家开始相应成立与环境保护有关的组织。20世纪70年代联合国召开斯德哥尔摩人类环境会议，并通过《人类环境宣言》。宣言阐述"人是环境的产物，也是环境的塑造者"等，并在此基础上形成了与环境保护相关的26项原则，以促使世界各国共同行动，保护和改善人类赖以生存的自然环境[2]。在此次会议的倡导下成立了联合国环境规划署，把每年6月5日定为"世界环境日"。同年罗马俱乐部发表《增长的极限》，运用系统动力学等方法对人类社会和地球生态环境发展演变进行了科学研究，提出经济增长的环境极限理论，呼吁转变经济发展模式，从无限增长到可持续性增长，把增长限制在环境承载能力之内[3]。超前性地对传统经济发展模式提出了质疑，掀起了世界环境保护运动的高潮[4]。

党的十八大报告将建设生态文明纳入中国特色社会主义的价值体系和方法体系——依靠制度保护生态环境；将资源消耗、环境损害、生态效益纳入社会经济发展评价体系。积

---

[1] 俞海. 发达国家环保道路的经验与启示[J]. 环境保护, 2010（11）：80-81.
[2] 郑积源.《人和自然——抗争·报复·协调》评介[J]. 中国人民大学学报, 1994, 8（2）：121-122.
[3] 曾德聪, 肖杰生.《21世纪议程》与我们的创新[J]. 福建行政学院福建经济管理干部学院学报, 1997（1）：6-7.
[4] 李涛. 30年前的极限与30年后的增长[J]. 商务周刊, 2006（18）：95-95.

极开展各类基于生态建设的实践措施试点。现阶段生态文明建设的重点在于城市及城市密集区。

2.3.2 从"单向价值规划"走向"多元价值规划"

多元价值规划有别于传统的线性规划的发展模式,其思想可以追溯到20世纪60年代的多种主义的范式及思潮,如循环经济主义、生态主义、绿色主义、环保主义、人本主义、新马克思主义、女权主义等,尤其在环境保护和环境治理层面。1996年美国人鲍尔丁受到宇宙飞船设计原理的启发,提出了著名的"宇宙飞船经济理论"[①]。强调地球可以看成飞船,拥有定量的资源。人类经济系统靠消耗地球资源得以运转,若想实现永续发展,需要对有限资源循环利用[②]。

鲍尔丁提出以"循环式经济"代替"单向线型经济",但这种理论在当时发展背景下无法验证可行性,循环式经济的循环更多体现在末端废气、废物的利用上[③]。受到经济学思想的影响,在区域规划领域,20世纪80年代人们开始意识到区域循环化发展是一种更为可持续的经济发展布局模式。20世纪90年代人们为了降低废弃物的排放,开始注意在区域产业布局中不再强调对资源的依赖性,更加强调对地区生态资源潜力的挖掘,随后又将生态规划、低碳规划等理论融入区域循环经济的发展应用当中,最终形成一个以产业的高效布局、资源的高效利用、废物的减量化和再利用为核心的多元价值规划模式(表2-2)。

单向规划与多元规划对比一览表　　　　表2-2

	传统单元发展观	多元发展观
发展模式	速度型	质量型
动力机制	工业化	服务业、新兴产业、信息化
主导力量	政府主导	市场主导
参与主体	各级政府	政府、企业、居民
推进方式	自上而下为主	自下而上为主
资源环境	不可持续	可持续
公共服务	低成本公共服务	公共服务均等化
城乡关系	二元分治	一体化发展

来源:向建,吴江.城乡统筹视阈下重庆新型城镇化的路径选择[J].现代城市研究,2013(7):82-87.

2.3.3 从"传统区域观"走向"永续发展观"

20世纪80年代"永续发展观"的概念由国际自然保护联盟共同倡议提出,并记录在《世界自然资源保护大纲》中。1981年学者布朗(Browm)提出:"可以通过控制区域人口

[①] 侯纯光.中国绿色化进程与绿色度评价研究[D].济南:山东师范大学,2017.
[②] 李兆前,齐建国.循环经济理论与实践综述[J].数量经济技术经济研究,2004,21(9):145-154.
[③] 杨春平.发达国家发展循环经济的基本经验[J].求是,2005(18):61-63.

的规模、保护生态环境、合理利用资源等方式来实现区域的永续发展目的。"[1] 1983年世界环境与发展委员会成立,主要应对全球化发展过程中环境问题与挑战。以"永续发展"为核心目标准则制定"全球发展战略",该组织通过4年的研究论证于1987年发表了轰动全球的《我们共同的未来》(Our Common Future)的报告[2]。

报告强调人类共同生存的地球资源是有限的,随着各个国家的发展,人口、用地、资源消耗、垃圾产生量的规模不断增加,从而加速地球生态环境危机。因此必须改变以往的发展模式,走永续发展的模式。20世纪90年代世界环境与发展大会通过《里约环境与发展宣言》《21世纪议程》。从此永续发展成为全球发展的共同理念[3]。

2.3.4 由低碳经济观走向低碳规划观

工业革命以来,由于矿产资源开发及技术的提升导致人类对石油、煤炭等各类化石资源过度使用,导致碳排放不断增加,进一步诱发全球气候变暖。为有效防止全球的气候变暖态势,1992年,联合国在里约热内卢制定并签署了《联合国气候变化框架公约》,1997年在联合国的倡导下又签署了《京都议定书》[4]。在此背景下,建筑学、城乡规划学等领域开始探索如何来实现降低二氧化碳等温室气体的排放问题,由此便开始了探索"低碳规划"的技术路线问题。

随着联合国发布气候变化报告和《巴厘岛路线图》决议之后,低碳规划日益受到全球的规划学界的高度重视和关注。2015年,联合国气候大会在法国巴黎召开,与会各国通过艰苦谈判签订《巴黎协定》,明确绿色低碳是未来全球气候治理的核心理念,走绿色发展道路是人类未来发展的唯一选择[5]。低碳发展通过城市整体空间布局节能战略,在保证舒适度的情况下,增加利用自然通风的时间,减少采暖制冷需求,从而减少能源的使用。抑或通过对建筑分布、朝向、结构、体量、外立面的设计,减少使用空调和取暖设备的天数,降低取暖制冷的能源需求。或者通过减小到达交通站点的平均步行距离,以及增加公交系统覆盖率,可鼓励市民使用大运量公交及减少利用私家车,从而减少能源的消耗。这些策略是应对气候变暖、资源短缺、环境污染和实现经济转型、可持续发展的最有效路径选择。

2.4 绿色城镇密集区规划

2.4.1 绿色城镇密集区规划的内涵

绿色城镇密集区规划是一种在传统城镇密集区规划基础上的技术模式创新,是建立在区域生态承载能力及环境容量和资源限制力的条件约束下,实现城镇密集区人居环境空间

---

[1] 马吾艾·沙都拉. 探析生态理念在城镇规划过程中的运用[J]. 经济技术协作信息, 2016 (25): 80-80.
[2] 鞠耀绩, 赵淑英, 郑伟东. 可持续发展系统的协调性研究[J]. 技术经济, 2001 (9): 18-20.
[3] 孔祥敏. 谈可持续发展战略与中国社会的发展[J]. 兵团党校学报, 1996 (6): 26-28.
[4] 骆华, 赵永刚, 费方域. 国际碳排放权交易机制比较研究与启示[J]. 经济体制改革, 2012 (2): 153-157.
[5] 王海波. 气候谈判: 从里约热内卢到巴黎的历程[J]. 中国减灾, 2016 (1X): 50-53.

和谐发展的一种永续发展模式。基于生态可持续发展及区域经济协调发展的城镇密集区空间绿色增长模式是解决城镇密集区空间无序扩张及人口增长与区域生态环境脆弱、资源环境承载能力弱等之间矛盾的有效规划策略。绿色城镇密集区规划模式更加强调在传统规划模式的基础上进行城镇等级体系的创新，旨在生态环境容量和资源承载约束的条件下，实现城镇与城镇之间、城市与乡村之间的和谐共生发展模式。绿色城镇密集区规划分为狭义和广义的视角。

（1）狭义的绿色城镇密集区规划

狭义的绿色城镇密集区规划主要从生态可持续发展的角度进行界定。绿色增长是一种环境友好型、资源节约型的发展模式，绿色城镇密集区规划应充分利用区域有效资源，提高资源的利用效率，应挖掘城镇密集区域内部的资源潜力，进而依托资源进行开发利用。绿色城镇密集区规划强调绿色发展与区域空间结构、区域产业结构、区域基础设施等之间的高度统一，协调城镇密集区发展与生态环境承载能力之间的相互耦合关系，以生态规划的技术创新为支撑，旨在建成以科技、清洁、绿色、环保、低碳等为特色的中国绿色城镇密集区。因此，狭义的绿色城镇密集区规划是一种基于生态平衡，兼顾人与自然的和谐相处，取得空间效益、产业效益、生态效益、设施效益等多重价值的新型城镇规划范式。绿色城镇密集区规划的基本内涵就是绿色标准、绿色技术、绿色空间、绿色体系，不应盲目扩大绿色城镇密集区的规划内涵，应突出绿色城镇密集区的"绿色基因"。

（2）广义的绿色城镇密集区规划

广义的绿色城镇密集区规划包括了对空间结构、产业发展、基础设施等体系的全面绿色化。魏后凯等认为，绿色区域规划是一种区域集约开发及产业绿色发展布局相结合的发展模式，区域城乡人口、产业、资源、设施等布局与资源环境相协调的方式。城镇密集区作为区域规划的一种重要范式，理应也符合以上规律[1]。罗勇认为，绿色区域规划是一种以提高城镇化发展质量为核心的内涵式发展模式。主要包括：①区域产业布局的绿色化，如产业结构组织的绿色化、产业空间布局的绿色集约化、城镇体系布局的高效化等；②区域社会绿色进步，如绿色城镇化模式、绿色人口结构模式、绿色社区构建及民生改善等；③区域生态空间管治，如区域生态空间规划与建设、区域人居环境体系改善、低碳区域规划等[2]。于静认为，绿色城镇密集区规划是一种创新式的发展模式，它融贯了绿色创新理念，并将其贯穿于城镇体系规划、产业布局规划等的全过程，从而体现低碳、绿色、健康的发展理念，能够更好地满足区域发展规划的要求以及美丽乡村建设的需求[3]。2014年国家新型城镇化建设课题组在《走绿色城镇化道路——新型城镇化建议》中提出了要走绿色区域发展规划的道路，尤其倡导区域规划组织与构建应体现地域特色、资源节约、环境友好、生态文明的发展思想。

2.4.2 新时代绿色城镇密集区规划的思想凝练

2000年10月中共中央十五届五中全会讨论通过的国家十五规划明确提出"实施城镇

---

[1] 魏后凯，张燕. 全面推进中国城镇化绿色转型的思路与举措[J]. 经济纵横. 2011（9）.
[2] 罗勇. 城镇化的绿色路径与生态指向[J]. 辽宁大学学报：哲学社会科学版，2014，42（6）：84-89.
[3] 于静，周静海，许士翔. 绿色生态小城镇可持续发展研究及评价指标体系建立[J]. 建设科技，2014（15）：26-29.

化战略，促进城乡共同发展"，由此也开启了绿色城镇密集区规划的探索之门。绿色城镇密集区规划是以新型城镇化为核心理念，相对于传统的城镇化模式而提出的一种创新的区域规划模式。传统的区域规划往往以空间的规模增长及城市化率作为检验区域发展质量及水平的依据，重视城镇体系中的城镇数量规模和人口城镇化指标，尤其是城镇建设用地规模的指标考核。新时代绿色城镇密集区规划则以多元化的空间发展目标作为检测区域发展质量和水平的重要标准，规划理念体现创新、人本、绿色、文明的发展道路，遵循城市与区域的发展规律，着力提升区域发展的质量（图2-3）。

新时代的绿色城镇密集区规划应以提高区域发展"质量"和"品质"作为规划目标。《国家新型城镇化规划》为新时代的绿色城镇密集区规划指出了一条集"以人为本""四化同步""优化布局""生态文明""文化传承"的中国特色区域空间发展规划之路，以期提高城市与区域发展内涵与品质。新时代绿色增长视角下的城镇密集区规划应体现绿色空间、智能体系、人文价值三大目标，旨在实现城市与区域发展的绿色化，推动城镇体系网络之间的智能化协作以及彰显地域特色，传承区域发展文明，加快建设美丽中国，实现中华民族永续发展——这也是绿色城镇密集区发展的核心要素。

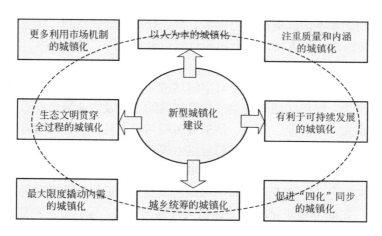

图2-3 新型城镇化核心引擎
来源：作者自绘

2.5 本章小结

新时代的背景下，中国的区域规划必须谋求考虑以"绿色健康""生态文明""以人为本"等要素为前提。本章的主要内容是：

（1）探讨绿色增长的概念及内涵，对绿色增长的类型释义进行深度化解析，认为绿色增长作为一个纯系统性的专业术语，包括各种城市与区域空间的系统，如绿色交通、绿色基础设施、绿色游憩、绿色产业、绿色空间结构、绿色人居环境、绿色生产空间等。城市与城市之间、城市与城镇之间、城市与乡村之间存在密切的互动关系，绿色增长就是这些不同城镇之间实现生态绿色协同发展，它们之间的物质流、信息流、生态流等遵循节能型的交流原则，区域内部各城市之间、城市与乡村之间构成紧凑的地理空间形态。

（2）在新时代背景下，尝试性对绿色城镇密集区规划进行界定和理念阐释。绿色城镇密集区规划模式更加强调在传统规划模式的基础上进行城镇等级体系的创新，旨在生态环境容量和资源承载约束的条件下，实现城镇与城镇之间、城市与乡村之间的和谐共生发展。

第3章 城镇密集区相关理论及实践综述研究

西北城镇密集区的绿色发展必然要与区域绿色化发展共同推进，西北城镇密集区绿色化发展意味着西北城镇密集区发展质量与速度的并重、西北城镇密集区与其他板块的绿色协调发展、西北城镇密集区各省市之间发展过程的绿色化、西北城镇密集区城乡统筹的绿色发展、西北城镇密集区产业结构的绿色发展、西北城镇密集区经济发展与生态环境间的绿色协调，以及西北城镇密集区的教育、社会保障等方面的绿色发展。近年来，西北城镇密集区各方面发展取得了巨大成就，整体经济综合发展能力明显增强，随着基础设施的建设和现代网络体系的完善，西北城镇密集区市场流通性显著增强，区域一体化进程和经济转型不断加快。但西北城镇密集区在绿色创新发展中也存在诸多问题，各省份间发展、城乡发展和产业发展等仍旧存在传统粗放"非绿色化"发展的障碍，相关法律法规体系也需要进一步完善。西北城镇密集区整体的绿色增长进程受到地理环境、人力资源、科技发展水平以及资本市场等因素影响，从而需要采取相关政策消除发展壁垒，补齐短板，推动各领域实现绿色增长发展。

——《中国西部发展报告（2018）》

3.1 相关基础理论研究

3.1.1 区域空间结构理论

区域空间整合的理论基础是空间结构理论。空间是区域经济活动在地域范围内实施的载体，空间不仅是经济活动的"盛器"，也反映了区域经济系统中各系统、各要素的特征和相互之间的组织关系，合理的空间结构还是区域发展的"调节器"和"助推器"。关于区域空间结构的研究始于20世纪20~30年代，其理论系统主要包含空间相互作用理论、空间扩散理论、增长极理论、点轴发展理论等（表3-1）。此处仅对与本书有关的理论作相关阐述并予以借鉴：

（1）增长极核理论

区域经济增长极理论在20世纪50年代初由法国经济学家佩鲁（F. Perrox）提出。所谓经济增长极，是指在一个经济系统中，在非均衡的发展条件下，具有潜在或现实较高经济增长率、并对整个经济增长起举足轻重作用的经济支撑点。在区域经济系统中，增长极与辐射圈之间存在谐动关系，产生往复的集聚效应和扩散效应，形成极点—区域互动机制。所谓集聚效应，是辐射圈的劳动力、资金、技术等各种生产要素不断向极点集聚，产生地

区域空间结构理论借鉴　　　　　　　　　　　　　　　　表 3-1

	理论	本书借鉴
区域空间结构理论	增长极核理论	空间结构上，增长极的形成会导致区域经济发展出现极差，并打破原有空间均衡稳定的状态
	点轴开发理论	区域进一步发展后，城镇之间由于交换生产要素而建设的交通道路、能源供应线、通信线等逐渐会形成轴线，并吸引周边人口、产业向轴线集聚形成新的增长点
	中心地理论	在城镇密集区的空间结构中，中心地发展受行政、交通、市场等因素的制约，形成各个级别功能作用不同的中心地空间模型
	核心-边缘理论	革新在核心与边缘之间来回传播，并随着核心与边缘间交易、咨询、知识等交流的不断增加，推动边缘区乃至整个地域空间系统的发展

资料来源：笔者自绘

域的极化，形成规模经济效益，促进极点进一步发展壮大，增强集聚要素的能力。所谓扩散效应是极点通过产品、技术、资金、人才、信息的流动，向腹地提供生产要素和各种服务，对其他地区的促进、带动作用，提高其他地区的就业机会，增加农业产出，提高周围地区的边际劳动生产率和消费水平，引发周围地区的技术进步，组织区域的生产和产品流通，辐射带动区域发展[①]（图 3-1）。

增长极理论是建立在非均衡发展基础之上，实质是一种区域内部发展理论，强调区域内部增长中心本身的形成与发展，带动区域经济发展。但增长极理论的形成主要针对经济发展步入成长阶段或成熟阶段的区域而言，其前提是发达的市场经济和市场的有效需求。当增长极的扩散效应大于集聚效应，就会带动周边经济发展，但由于累积循环因果关系，集聚效应往往大于扩散效应，形成地理上的二元经济，区际经济差距日益增大，会形成独立于周边地区的"飞地"[②]。在我国改革开放初期，国家政策向东部倾斜，资金、劳动力等要素大量流向东部地区，东部经济快速发展起来。而西部地区就成为资金、劳动力等要素的流出地。东部对西部的回波效应大于扩散效应，东西部经济差距日益扩大。

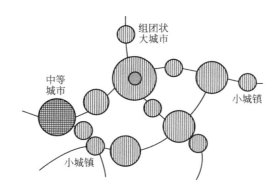

图 3-1　长三角地区城乡空间结构示意图
来源：作者自绘

---

① 张沛. 区域规划概论［M］. 北京：化学工业出版社，2006.
② 王晓雨. 中国区域增长极的极化与扩散效应研究［D］. 长春：吉林大学，2011.

(2) 点轴开发理论

点轴开发理论是由中国学者陆大道先生提出的,其理论思想被视为是对增长极理论的延续,点轴开发模式也是增长极发展模式的扩展。具体表现在,点轴理论中的点一般呈据点状分布,拥有条件良好的区位优势,点轴理论中的发展轴线是由交换生产要素而逐渐形成,在拥有增长极部分特点的基础上,辐射作用的空间范围更大①。该理论是增长极理论强调的据点突破与梯度转移理论强调的线性推进的完美结合。

点轴开发理论中"点"是指区域中的各级中心城市,它们都有各自的吸引范围,是一定区域内人口和产业集中的地方,有较强的经济吸引力和凝聚力②。"轴"是联结点的线状基础设施束,包括交通干线、高压输电线、通信设施线路、供水线路及其他工程线路等,实质是依托沿轴各级城镇形成产业开发带,通过城镇点和轴带的等级确定和发展时序的演进,带动整个区域的发展,是空间一体化过程中的必然要求。

点轴开发模式是地域开发的有效方式之一。点轴开发模式顺应经济发展在空间上集聚成点,沿轴线渐进扩展的客观要求,有利于发挥聚集经济的效果;突出城镇的地位和作用,在空间结构上是点和带的统一,点、线、面的结合呈现出一种网络的趋势,能较好地转化城乡经济二元结构,促使整个区域逐步向网络系统发展③。有利于把经济开发活动,尤其是城镇发展、工业布局与交通、能源、水源、通信线路等区域经济发展的支撑力量紧密结合为有机整体,使工业、农业、城镇的发展和布局与区域线状基础设施的发展相融合,统一规划,同步建设,协调发展,互相配套,避免实践中常常出现时空上的相互脱节;有利于区域生产力要素的流通,使区域经济开放式发展④。

(3) 中心地理论

中心地理论是由德国地理学家克里斯泰勒于1993年提出的。通过对德国南部所有城市及中心聚落的研究,他发现中心地具有鲜明的低、中、高等级划分,多数中级中心地以及更多的低级中心地一般都依附于一个高级中心地而存在⑤。且中心地的数量随着等级的增高而减少、服务半径随着等级的增高而扩大,所提供的商品与服务类别也越多,其商品和服务供给的半径大小取决于经济距离的长短。

(4) 核心—边缘理论

美国学者弗里德曼(J.R.Friedmann)于1966年提出了著名的"核心—边缘"模型⑥。该模型认为,核心区是一个次系统,能产生和吸引大量革新,而它周围的地域则组成了边缘区,边缘区的发展依赖且主要取决于核心区⑦。随着扩散作用加强,边缘区进一步发展,有可能形成较高层次的核心。

---

① 刘甲金,孙新安.运用点轴开发模式突出发展天山北麓经济带的增长极[J].开发研究,2001(3):51-54.
② 黄敏行.论区域经济发展的点轴开发和重点开发轴线[J].求索,1995(3):23-25.
③ 孟仁振.试论苏中地区经济发展的点轴开发模式[J].山东社会科学,2011(s2):5-7.
④ 陆大道.工业的点轴开发模式与长江流域经济发展[J].学习与实践,1985(2):37-39.
⑤ 葛本中.中心地理论评介及其发展趋势研究[J].安徽师范大学学报(自然科学版),1989(2):80-88.
⑥ Friedmann J R. Regional development policy: a case study of Venezuela [A].Combridge: The MITpress,1966:77.
⑦ 江曼琦.我国大城市边缘区的现实功能和发展方向——以天津市为例[J].未来与发展,2006,27(9):47-50.

3.1.2 区域产业结构理论

（1）理论内涵

区域产业结构理论认为，产业结构的全面转换是现代经济增长的本质特征，经济的高增长导致了生产结构的高转变。英国经济学家威廉·配第（William Petty）在其《政治算术》中描述[①]，制造业比农业，商业比制造业能够得到更多的收入，这种不同产业收入的相对差异，促进了劳动力向能够获得更高收入的部门移动，即由第一产业向第二、三产业移动。克拉克（C.G.Clark）在《经济进步的条件》一书中通过开创性的统计分析和研究，揭示了人均国民收入水平与结构变动的内在关联，重新发现了这些规律[②]。

美国著名经济学家、"GNP之父"西蒙·库兹涅茨（Simon Smith Kuznets）从国民收入和劳动力在产业间的分布入手，对伴随经济增长中的产业结构变化进行了深入的研究[③]，认为农业部门实现的国民收入，随着年代的延续，在整个国民收入中的比重以及农业劳动力在总劳动力中的比重均不断下降；工业部门国民收入的相对比重大体上是上升的，然而，如果综合各国的情况看，则工业部门中劳动力的相对比重是大体不变或略有上升；服务部门的劳动力相对比重呈现上升趋势，但国民收入的相对比重却并不必须与劳动力的相对比重的上升趋势同步，综合起来看是大体不变或略有上升。

克拉克、库兹涅兹等人研究表明，产业结构高度化是世界各国经济发展到一定阶段之后所出现的共同趋势，表现为第一产业向第二、三产业升级演进，由劳动密集型产业占优势的阶段向资本和技术密集型占优势的阶段演进，表现为产值高度化、资产结构高度化、技术结构高度化、劳动结构高度化等特征[④]。我国一些学者通过对城镇化与产业结构调整的关系研究，认为城镇化首先是产业结构优化过程，第二产业和第三产业在整个国民经济构成中所占的比例越高，则城镇化水平越高[⑤]。

（2）理论应用

产业结构演进经历了农业经济—工业经济—服务经济—知识经济的不同发展阶段，与产业结构演进的趋势相统一，区域经济空间及城镇化的发展也表现出相应的演变趋势[⑥]。

农业经济时代，受制于传统的城乡二元结构，资金、市场、技术、劳动力等生产要素在城乡之间流动不畅，城镇化进程是在简单的农业生产中缓慢前行。工业革命促进了城镇大工业的兴起，壮大了原有的城镇并开发培育了一批新城镇，促使现代工业产品、工厂化生产方式和现代企业管理技术不断渗透到农业经济各个领域，加速了农村城镇化[⑦]。从农业经济到工业经济的转换是城镇密集区演化进程的第一个重要转折点。第三产业的发展是社会分工细化的产物，也是社会分工发达程度的标志。当城市发展进入服务经济时段时，

---

① 周诗. 经济增长视角下的产业结构演进研究[D]. 上海社会科学院，2010.
② 赵瑾璐，郑婷予. 中国产业结构调整：与巴西的比较及启示[C]// 中国经济规律研究会全国马克思主义经济学论坛. 2013.
③ 赵艳花. 重庆产业与就业结构演变关系的实证研究[D]. 重庆：西南大学，2009.
④ 邵明波. 产业结构与经济发展理论的实证[J]. 统计与决策，2009（14）：110-112.
⑤ 付红丹. 城镇化进程与产业结构协调发展研究[D]. 石家庄：河北经贸大学，2012.
⑥ 殷宇宁. 经济增长速度与产业结构关系研究——对中国不同区域经济增长速度趋势性变化的分析[J]. 中山大学学报：社会科学版，2014，54（2）：174-193.
⑦ 杨芳. 二元经济社会结构下山西省城乡义务教育差异研究[D]. 太原：山西财经大学，2010.

城市服务业开始作为一个独立的第三产业逐步走上自我发展、自我完善的高级阶段。从工业经济到服务经济的转换是区域城镇化高级化进程的第二次重要转折，带动城镇化第二次加速和城镇功能的全方位拓展[①]。

知识经济作为一种全新的经济形态或模式，具有信息化、网络化、智能化、创新经济、可持续型经济等特征，使得集聚不再是影响城镇化进程的主要因素，城镇可以小型化、分散化[②]；城镇经济向知识经济的转化，也使得一部分传统劳动密集型产业趋于衰退，其余传统产业因高新技术改造获得新的发展空间，成为高新技术产业，如钢铁、汽车、化工等资本密集型产业转变成技术密集型产业，金融、信息、咨询服务等演变为知识型服务业；在知识产业和知识经济的多元作用下，城镇的功能主要体现为居住场所，服务功能衰退。因此，传统经济向知识经济的转换是城镇化进程的第三次重要转折，标志着城镇化走向成熟和高级化，城镇化速度降低。

西部的广大地区，除部分大中城市外，城乡二元结构仍然占主导地位，工业经济发展进程缓慢落后，农业经济的成分仍然比较大，城镇化的进程自然也就比较缓慢[③]。在当今社会逐步向知识经济社会过渡的时期，西北城镇密集区的发展要善于利用知识经济所带来的信息、技术、市场能量，不断加强绿色产业和生态经济的发展，逐步改进西北城镇密集区的城乡二元化结构，加快城镇化的进程。

3.1.3 城镇体系理论

20世纪20年代克里斯塔勒（W.Christaller）、廖什（A.Lösch）、哈里斯（C.D.Harris）、乌尔曼（E.L.Ullman）、维宁（R.Vining）就开始了对区域城镇体系的研究，然而，城镇体系概念的正式提出是在20世纪60年代，主要研究集中在城市经济增长与发展，城镇体系的空间相互作用，城镇规模的规律性，城镇体系的互相依存性、扩散性等方面的理论与实践探讨。到了20世纪70年代，国外城镇体系的研究达到了一个新高潮。但进入20世纪80年代以后，对城镇体系的研究开始衰落下来。

我国对城镇体系的研究兴起于20世纪70年代末至80年代初。但限于当时的体制和经济发展理论与方法，城镇体系研究的着眼点仅在于确定城市性质和规模。20世纪80年代中期以后，我国引入国外的"国土规划理论"，开始了由点到面的，以资源开发、生产力布局和环境整治为中心的国土规划工作，市场机制对经济和社会发展作用越来越明显，城镇的发展方向呈现了多元化趋势，关于城镇体系的研究也逐渐向纵深方向发展[④]。

城镇体系也称为城市体系或城市系统，是指在一个相对完整的区域中，由不同职能分工，不同等级规模，联系密切、互相依存的城镇的有机集合。城镇体系是区域的骨架，区域内经济活动主要是在城镇体系中进行的[⑤]。它以一个区域内的城镇群体为研究对象，而不是把一座城市当作一个区域系统来研究，通过合理组织体系内各城镇之间、城镇与体系之间以及体系与其外部环境之间的各种社会经济等方面的相互联系，在开放系统条件

---

① 王履宣. 试论我国第三产业发展的特点、问题及其对策[J]. 社科纵横，1993（6）：61-63.
② 刘智慧. 面向知识经济构建中国特色的产业发展道路[J]. 中国行政管理，1999（8）.
③ 苏建军，武海荣. 西部地区产业结构变迁与城镇化协调性研究[J]. 未来与发展，2016，40（7）：86-92.
④ 周军. 中国城镇体系研究：综述与展望[J]. 城市问题，1995（4）：2-6.
⑤ 居玲华. 西部民族地区城镇体系结构优化研究[D]. 兰州：西北师范大学，2010.

下,强化体系与外界进行的"能量"和物质变换,引导城镇的发展方向,确定城镇的职能分工,控制城镇的规模等级,架构城镇的空间布局,促使体系走向有序化,达到社会、经济、环境效益最佳的总体发展目标[①]。

3.1.4 城镇密集区域的演化理论

区域演化理论是在古典区位理论基础上发展起来的动态的区位理论,是关于一定区域范围内社会经济各组成部分及其组合类型的空间相互作用和空间位置关系的学说。任何一个区域或国家,在不同的发展阶段,有不同特点的空间结构[②]。完善、协调、与区域自然基础相适应的空间结构对区域社会经济的发展具重要意义。

伴随着区域生产力的发展,在不同的发展阶段,区域空间结构的演变一定程度上也会表现为阶段性的特征。一般说来,一个区域的空间结构的演变大体上要经历四个阶段:

初始的均质结构阶段,在农业社会或前工业化社会的漫长历史时期,区域空间结构表现为均质的农业区域散布着一些农村居民点。随着商品经济的发展,少数地点或为原料生产地,或地处要冲,或因历史原因,成为人口集聚中心,并逐渐发展为城市,但城市与乡村之间缺乏有机的联系,基本上处于相互分割的隔离状态。

早期发展的集中化阶段,产业革命后,开始了工业化和城镇化的过程。近代工业在早期的一些人口较密集的中心聚集,形成区域的首位城市,城市及其周围地区往往成为区域经济的核心地带,对整个区域经济的发展起着支配性的作用。其空间结构的特征表现为人口高度集中在比较狭小的地域空间,城市高度密集地经营着各种经济活动特别是制造业活动。

集中后的分散化阶段,随着城镇化的推进,人口和产业活动在经历早期发展的集中化阶段后,开始出现分散化的新趋势。首先,首位城市出现了郊区化的趋势;其次,区域次位、三位城市等次级中心逐渐开始兴起。

空间结构均衡阶段,这是分散后的地方中心增长阶段。首位城市的郊区化导致了城市中心人口和产业活动的减少。然而,这一郊区化过程同样受到其区域承载力的限制,城市中心区和郊区人口最终都将趋于减少,整个城市出现负增长或衰退[③]。同时,首位城市不断增强的扩散效应,使在达到可增长所需的最小发展规模后的次级和地方中心开始加速增长。这样就有可能在整个区域范围内形成一个有机联系的城镇等级体系和城乡复合体,从而促使区域的空间和资源得到更充分合理的利用,空间差异逐渐缩小,空间结构的各组成部分完全融合为有机的整体,整个空间结构系统重新恢复到"均衡"状态[④]。

3.1.5 区域生态经济学理论

区域生态经济学的产生是人类历史文明发展的必然选择。旨在从经济学角度,以社会

---

① 闫卫阳.城市体系空间布局的模型化与智能化方法研究[D].武汉:武汉大学,2004.
② 冯邦彦,叶光毓.从区位理论演变看区域经济理论的逻辑体系构建[J].经济问题探索,2007(4):90-93.
③ 杨艳茹.城市人口郊区化的地理过程研究——以北京市为例[D].长春:东北师范大学,2004.
④ 何伟.区域城镇空间结构及优化研究[D].南京:南京农业大学,2002.

经济系统和自然生态系统复合而成的生态经济社会系统为研究对象，以区域空间内的经济活动必须以生态系统物质循环的动态平衡为前提，解决其相互间矛盾，总结运动规律，强调区域生态与经济发展之间的平衡，在使区域经济的发展建立在自然资源承载力和生态环境容量容许的范围内，实现区域的可持续发展[①]。同时，人的社会经济活动与周围生态环境各因子构建起了区域生态经济复合系统，其结构、功能、机理深化、量化和模式优化是对人地关系地域系统研究的具体化。在此系统中，包括有机体能量流动、营养物质循环、废弃物处理、社会生产的交换和经济消费等活动。区域生态经济学理论创新性地提出了区域生态资产综合评估与生态补偿理论，构建了典型生态经济类型区可持续发展模式，还深入研究了生态经济区划与空间格局、生态经济地域分异规律与生态经济布局优化等（表3-2）[②]。

区域生态经济学理论借鉴　　　　　　　　　　　　　　　表3-2

理论	本书借鉴
区域生态经济学	区域发展研究应分析自然生态系统与人类经济活动之间的相互作用与影响，并将两个系统结合起来，探索建立一个维系二者关系并能达到长期动态平衡的新的系统

来源：笔者自绘

3.1.6 区域整合发展理论

区域整合发展理论包括系统理论、共生理论、协同发展论等（表3-3）。

区域整合发展理论借鉴　　　　　　　　　　　　　　　表3-3

	理论	本书借鉴
区域整合发展理论	系统理论	城镇密集区在带动区域经济发展中的作用远远超过单个城市发挥的作用，强调整体组合会具有大于部分简单相加之和的效应
	共生理论	城镇密集区的发展包含着多种竞争共生关系，共生进化是特定时空条件下的必然进化，其过程通过共生单元之间物质、信息和能量的交换，产生新的共生形态为城镇密集区经济创新、技术创新、制度创新提供动力
	协同发展论	城镇密集区首先要强调协同发展，具体来讲就是要求两个或者两个以上的个体或者不同资源，通过相互协作与协同来完成同一目标，最后达到共同发展、共同进步的双赢或多赢效果

来源：笔者自绘

（1）系统理论

系统理论包含等级层次原理、系统与环境共塑共生原理和系统演化原理。强调若干部分相互联系而组成一个系统，所产生的整体效应远远大于部分简单相加之和的效应。除此之外，系统与环境共塑共生原理强调环境与系统的相互作用与相互联系，指出系统对环境

---

① 沈广启.生态经济学的实际应用案例分析[J].现代商业，2013（26）：276-276.
② 邵波，陈兴鹏.中国西北地区经济与生态环境协调发展现状研究[J].干旱区地理，2005，28（1）：136-141.

的重要作用表现在环境的发展速度随着系统开放程度的增高而加快[①]。另外,系统演化原理认为系统是不断演变的,其演变动力来源于内部与外部两方面,内部动力包含系统内部元素之间、层次之间、子系统之间的相互吸引与排斥等,外部动力包含系统与环境之间的相互作用(图3-2)[②]。

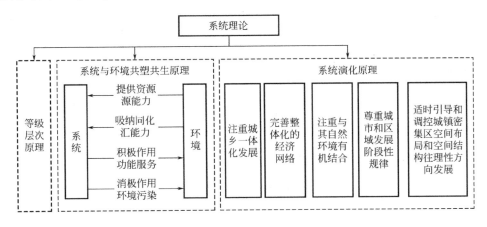

图3-2 系统原理内涵
来源:笔者自绘

(2)共生理论

共生一词最早来源于生态学领域,进入20世纪中期,随着研究的逐渐深入与社会科学的不断发展,全球已进入了共生时代,其思想观念逐步被人类学家、生态学家、经济学家、管理学家、社会学家所关注。表现在区域经济、文化、产业和信息技术发展中,其中合作是共生现象的本质特征之一[③]。

(3)协同发展论

协同发展论以竞争与协作的方法作为研究的重点内容。在区域层面表现为,由多个城市组成的城镇密集区系统,其各个城市子系统相互作用和协作、影响和制约,呈现出某种程度的具有协同规律性的非线性关系[④]。

3.1.7 景观生态学

景观生态学是随着区域经济发展中生态理念被广泛认同而出现的,前期只是为了解决大尺度区域中生物群落之间以及生物群落和环境之间的复杂关系问题[⑤]。此后,在吸收了地理学的整体性思想和空间分析方法、生态学的生态系统理论以及系统分析、系统综合方法的基础上,景观生态学得以在区域空间分析及规划中不断应用。其研究在我国的起步比较晚,近年来,利用生态空间结构语言如景观生态学中的基质、斑块和廊道等描述大尺度

---

① 彭红春,赵飞虎,焦俊英.运用系统论的原理论述生理、病理、药理的内在统一性[J].光明中医,2008,23(11):1680-1681.
② 李微微.基于演化理论的区域创新系统研究[D].天津:天津大学,2006.
③ 刘荣增.共生理论及其在构建和谐社会中的运用[J].中国市场,2006(z3):126-127.
④ 方创琳.京津冀城市群协同发展的理论基础与规律性分析[J].地理科学进展,2017,36(1):15-24.
⑤ 富伟,刘世梁,崔保山,等.景观生态学中生态连接度研究进展[J].生态学报,2009,29(11):6174-6182.

地域空间的景观生态格局和规划管理研究开始出现,如对区域内山水田林、自然保护区等的研究,为研究经济空间结构提供了新的分析方法(表3-4)。

景观生态学理论及借鉴说明　　　　　　表3-4

理论	本书借鉴
景观生态学	可借用景观生态学中的生态系统空间结构的功能区来研究城镇密集区这样大尺度区域的经济空间结构和其中生物群落之间、群落与环境之间的复杂关系,如借用景观生态学中的基质、斑块和廊道等

来源:笔者自绘

3.1.8 可持续发展理论

人类与自然的关系经历了三个阶段:人对自然的惧怕、人对自然的控制、人和自然的和谐发展。当人类与自然应当建立和谐关系,可持续发展成为国际社会的共识,就标志着人类的新觉醒,也就迎来了人类新文明的曙光(图3-3)。

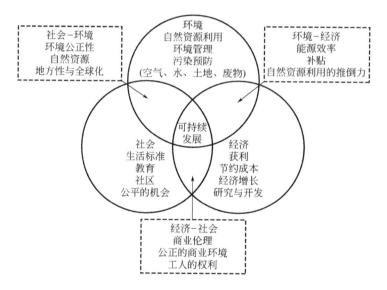

图3-3　可持续发展的内涵
来源:笔者改绘

1972年《增长的极限》一书使全人类意识到人口、资源、粮食、环境等问题的严重性,有限的环境承载力直接威胁到人类长远生存与发展。1987年4月,由挪威前首相布伦特兰夫人(G.H.Brundtland)任主席的联合国世界环境与发展委员会(WCED)发表了题为《我们共同的未来》(Our Common Future)的报告,将可持续发展定义为"既满足当代人的需求,又不对后代人满足其需求的能力构成危害的发展",这一定义得到世界各国政府组织和舆论的极大重视和广泛接受,被1989年5月召开的第15届联合国环境理事会采用于《关于可持续发展的声明》中,并在1992年联合国环境与发展大会上得到了全世界不同经济水平和不同文化背景国家的普遍认同,成为目前世界各国广泛采用的定义,也为《21世纪议程》的制定奠定了理论基础。

区域性的可持续发展指的是从经济、社会、环境、人等角度出发，以保护区域自然生态环境的可持续为基础，保持整体经济发展的可持续作为条件，以改善居民生活水平和质量的社会可持续为目的，强调这三个领域的互动共生、协调与可持续发展，从而提升生活舒适度，促进社会进步（表3-5）。

可持续发展理论及借鉴说明　　　　　　　　　　　　　表3-5

理论	本书借鉴
可持续发展理论	对于城镇密集区的发展，同样应遵循可持续发展的原则。根据不同地域、不同文化背景、不同资源状况和不同的经济发展水平，寻求合理的"城镇等级结构体系"和"城镇密集区"的空间发展模式，实现区域社会经济生活以及生态环境的可持续发展

来源：笔者自绘

（1）可持续发展的基本内涵（图3-4）

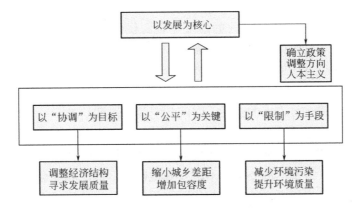

图3-4　可持续发展内涵内在逻辑框架图
来源：笔者自绘

1）以发展为核心

普遍而言，发展的目的是不断满足人类日益增长的物质和精神文化需求。可持续发展的最终目标是不断满足人类的全面需要，而只有发展才能满足人们的需要，也只有发展才有能力来保护自然。因此，可持续发展以"发展"为核心，但与单纯追求经济增长的传统发展观不同，可持续发展强调经济发展、社会发展和生态发展的统一[①]。

经济的可持续发展。可持续发展强调经济增长的必要性，必须通过经济增长提高当代人福利水平，增强国家实力和社会财富。但可持续发展不仅重视数量的增长，更追求质量的改善、效益的提高，要求改变"高投入、高消耗、高污染"的传统生产方式，倡导清洁生产和适度消费，以减少资源的消耗和对环境的压力。

社会的可持续发展。可持续发展认为，世界各国的发展目标可以不同，但发展的目的都是改善人类生活质量，提高人类健康水平，创造一个保障人们享有平等、自由的社会环

[①] 赵媛，郝丽莎，王立山. 可持续发展案例教程［M］. 北京：科学出版社，2006.

境。也就是说，在可持续发展中，经济发展只是条件，社会发展才是目的。

生态的可持续发展。自然资源的高效与永续利用是可持续的基础，因此在经济发展的同时必须保护好资源与环境，包括控制环境污染、改善环境质量、保护生物多样性和地球生态完整性等，特别是保证以持续的方式使用自然资源。

2）以"协调"为目标

协调是可持续发展产生的初衷，也是其追求的目标。协调包括两方面的含义，即人与自然的协调、人与人的协调。

人与自然协调。自然环境是人类发展生产的物质基础，只有人与自然保持和谐，生产的发展才能获得永续的空间。人类在向自然界索取的时候，不能超越自然所能承受的限度，不能违反自然规律。在人与自然关系日趋紧张的情形下，尊重自然、追求人与自然的协调已逐步成为人类社会的共识。全社会树立起"人与自然协调发展"的新发展观、新价值观是实现"人与自然协调"的最根本措施。

人与自然和谐与否可以从如下几方面判断：①经济增长与自然资源供给的关系；②生产结构与资源禀赋结构的关系及其对生态环境的影响；③居民消费需求的增长和基本国情的关系；④居民消费结构和生活方式的演变与资源供给的关系及其对生态环境的可能影响；⑤经济社会发展与资源循环使用的关系。

统筹人与自然协调发展的关键是：在实现经济社会发展的同时，逐步提高资源的利用效率，保护人类赖以生存和发展的生态环境，实现人与自然的携手、生物非生物的共进、过去与现在的统一、现在与未来的对话、时间与空间的协调。

人与人的协调。人是可持续发展的核心与主体，人与人的协调关系到可持续发展的成功与否。人与人的协调关系，从共时性角度看，生活在同一时代的不同国家、地区和社会群体，在自身发展时，最基本的要求是不危及其他国家、地区和社会群体生存和发展的需要。从历时性角度看，当代人必须担负起代际之间的责任，给后代人留下一个可供其持续发展的自然环境和社会环境。

3）以"公平"为关键

可持续发展的关键问题是资源分配问题。资源分配在时间和空间上都应体现公平，追求公平一直是国际社会可持续发展的主旨。时间上的公平是指本代人之间的横向公平，即代内公平，就是要满足全人类的基本需求，让他们有均等的发展机会，以实现他们较好生活的愿望。空间上的公平是世代之间的纵向公平，即代际公平，主要指当代人不要为自己的发展与需求而损害人类世世代代满足需求的条件，从而保证世代公平利用自然资源的权利。没有资源分配的公平，人与自然的协调、人与人的协调只能是空想。

4）以"限制"为手段

相对于人类无穷尽的需求而言，不可再生资源的数量、可再生资源的更新能力以及自然环境的容量都是有限的，人类活动一旦突破生态阈值，就会危害环境、破坏人类生存的物质基础，发展本身也就衰退了。因此，必须将人类活动限制在生态可能的范围之内，保护和加强环境系统的生产和更新能力。由此可见，限制是可持续发展重要的调控手段。

限制与需求的关系。限制的实质是规范和制约"需求"，降低需求负效应，以满足一定区域内自身经济社会发展对资源环境的持续需求，并满足代内其他区域以及代际人类群体发展的共同需求，从而从长远角度更好地满足人类的发展需求。

限制与协调关系。资源环境对人类发展的制约作用不仅表现在自然禀赋上，更多的是由于人类对人口、资源、环境和经济社会的协调能力不高、协调方式不当而引起的。因此，将人类需求限制在生态系统可能的范围内是提高协调性的手段，而协调则是限制的目的。

限制的着力点。量的限制：包括对一定时期内资源开发与利用总量的限制以及对污染物排放总量的限制；对单位产值资源消耗量和废物排放量的限制（如工业的"零投入""零排放"），提高效率、避免浪费；对某一国家或区域，尤其是发达国家的资源过度消耗的限制，以平衡区际资源消费量（当前仅占世界20%的发达国家却享用和消耗80%的地球资源）；对人口总量与增长率的限制，等等。质的限制：包括限制高投入、低产出的粗放型经济增长方式；限制重污染、高消耗的工业结构以及相关企业和工艺的发展；限制以化肥、农药为基础的高投入、大公害的农业生产模式；限制享乐主义奢侈消费模式等。

限制的目标。实现不可再生资源的合理利用、可再生资源的永续利用以及生态环境的平衡与优化演化；实现经济社会发展与生态环境之间的动态平衡和永续发展；既满足当代人共同发展的需求，又不损害后代人满足自身需求的能力。

（2）PRED（PREE）协调发展

P、R、E、D四个字母分别代表人口（population）、资源（resource）、环境（environment）和发展（development）。20世纪70年代以来，世界范围内的工业化进程持续加快、人口急剧增长，其对资源与环境的影响广度和强度空前加剧，人地关系日益失调，世界性的人口问题、资源问题、环境问题和发展问题突显，引起了人们的普遍关注。同时，系统论使人们认识到在人类社会进程中，P、R、E、D彼此依存、互为制约、相互作用，形成了人地发展系统，因而解决上述四大问题、实现可持续发展，就应当对四者加以综合考虑，实现其协调发展。

发展是支持P、R、E三大要素演进并协调PRED的根本动力、途径与手段。应当限制人口增长速度、改善人口结构、提高人口素质、优化经济社会发展方式，降低人口对资源环境的压力，将其控制在生态承载力范围之内。应积极采取措施，实现资源合理开发、永续利用与资源环境有效保护相结合，不断改善资源质量、增大环境容量，提高其对人口、经济与社会发展的承载能力，优化发展的物质基础，最大限度地实现人口、经济与社会的发展。

PRED协调发展，就是要实现P、R、E、D四大要素和谐有序、动态平衡及协同互进，在保全和改善资源与生态环境质量及其持续发展能力的基础上，实现以人为本的经济、社会持续发展，即实现人地系统的高效运行和整体效益最大化。

3.1.9 城市群理论

城镇群的形成和发展是现代化城市的必然结果。关于城市群的概念学界具有不同的解释，有城市空间论、城市体系论、经济区域论、经济网络论、集合体论、城市圈论、区域系统论等。但从它们的共同点来看，城市群是指在一定地域范围内集聚了若干数目的城镇，它们之间大小规模不等，职能各异，彼此保持密切的经济社会联系，而又相对独立，在距离上既相互分离，中间隔有绿带，又易于交往的突破行政限制的经济、社会、空间一体化发展的区域集合体。从目前世界各国的情况看,城市群的空间组织主要有三种形式:一是以大城市为核心,周围伴有若干中小城市的团状群组;二是以若干座规模相仿的城市为中心,组成多中心带状或块状的城镇群;三是若干个大都市区和城镇群相互连接在一起,形成大城市群区。区内各个城市在人口和经济活动等方面彼此密切联系,结成一个庞大的多核整体。大城市群区是城市化进程中高于城市群的一个新阶段,是近代城镇群空间组织的一种新类型。

在我国城镇化持续、快速发展的过程中,城市群在区域经济发展中的重要地位和作用正日益凸现。我国目前已进入城镇化攻坚阶段,城市群的崛起已成为我国区域社会经济发展的新亮点,已成为构成和支撑我国区域社会经济发展的重要社会组织形态[①]。国家国民经济和社会发展规划纲要就明确指出"要把城市群作为推进城镇化的主体形态,目前我国已形成城市群发展格局的京津冀、长江三角洲和珠江三角洲等区域,要继续发挥带动和辐射作用,加强城市群内各城市的分工协作和优势互补,增强城市群的整体竞争力(表3-6)。具备城市群发展条件的区域,要加强统筹规划,以特大城市和大城市为龙头,发挥中心城市作用,形成若干用地少、就业多、要素集聚能力强、人口分布合理的新城市群"。根据区域发展条件,因时因地、适宜地推进城市群的建设与发展,将有利于经济社会发展落后地区的城镇化进程。

全国已形成的城市群和快速发育的新城市群 表3-6

东部沿海	长三角城市群	上海、南京、杭州、宁波、苏州、无锡、常州、镇江、南通、扬州、泰州、湖州、嘉兴、绍兴、舟山等城市组成
	珠三角城市群	背靠香港、澳门,由广州、深圳、珠海、佛山、惠州、肇庆、东莞、中山和江门等九个城市组成
	京津冀北城市群	包括北京、天津和河北的唐山、保定、廊坊、秦皇岛、张家口、承德、沧州等城市
	海峡西岸城市群	以福州、厦门、泉州三大中心城市为核心,以福州、三明、莆田、南平、宁德的发展壮大为闽东北一翼,以厦门、漳州、泉州、龙岩的发展壮大为闽西南一翼,推进海峡西岸经济区与长江三角洲、珠江三角洲紧密对接、联动发展
	半岛城市群(都市连绵带)	包括济南、青岛、淄博、潍坊、东营、烟台、威海、日照辖区及邹平县等,其按六个核心城市节点发展
	济南都市圈	以济南为中心,包括淄博、泰安、莱芜、德州、聊城、滨州在内的都市圈
	鲁南城市带	包括日照、临沂、枣庄、济宁、菏泽五市在内
	浙中城市群	包括金华、义乌、永康、东阳、兰溪和浦江县、武义县、磐安县
	沿江城市群	包括南京、苏锡常和徐州三个都市圈
中部地区	武汉城市圈	以武汉为主中心,襄樊和宜昌为副中心以及黄石、十堰、荆州等大城市为支撑,以县域经济为基础
	长株潭城市群	包括长沙、株洲、湘潭三市,位于湖南东北部,呈品字形分布
	昌九景鹰饶城市群	包括南昌、九江、景德镇、鹰潭、上饶在内的环鄱阳湖城市群
	赣吉抚城市群	包括赣州、吉安、抚州在内的赣中南城市群
	新宜萍城市群	包括新余、宜春、萍乡在内的赣西城市群
	太原城市圈	包括太原市与晋中、吕梁、阳泉、忻州的部分县区

---

① 陈胜昌.发展城市群和城市带——中国城市化的新方向[J].江西财经大学学报,2005(4).

续表

中部地区	长治城市群	以长治市区为核心,构筑由长治县、长子县、壶关县、潞城市、屯留县五县组成的晋东南城市群
	中原城市群	以郑州为中心,洛阳为副中心,开封、新乡、焦作、许昌、平顶山、漯河、济源7个省辖市为支撑,尽快形成各城市间两小时经济圈
东北地区	辽宁中部城市群	以沈阳为中心,由鞍山、抚顺、本溪、营口、辽阳、铁岭等城市组成
	辽东半岛沿海经济区	以大连为龙头,丹东和营口为两翼
	辽西沿海经济区	以港口城市锦州、盘锦、葫芦岛为骨干,包括阜新、朝阳在内
	吉中城市群	包括长春、吉林、四平、辽源和松原
	哈大齐城市群	以哈尔滨、大庆、齐齐哈尔、绥化为中心
西部地区	成渝城市群	包括成都、重庆、德阳、绵阳、眉山、乐山、资阳、内江、遂宁、南充、达州在内,构筑成中国西部最密集的城市群
	关中城市群	包括西安、宝鸡、咸阳、渭南、铜川等城市在内
	大西安都市圈	包括西安、渭南、咸阳、临潼、蓝田、周至、户县、高陵等城市在内
	南宁都市圈	由南宁、玉林、北海、贵港、钦州、来宾、防城、桂平、合山、忻城、大化、上林、宾阳、武宣、金秀、上思、横县、灵山、浦北等城市组成
	昆明都市圈	以昆明市为核心,包括玉溪、曲靖、东川、安宁等城市,在云南高原的中部形成一个强大的都市圈
	贵阳都市圈	以贵阳市为核心,包括遵义、安顺、都匀、凯里等城市,沿铁路形成丁字形布局

来源:张贡生,城市群内涵、外延辨析与新城市群建设[J].经济管理研究,2008(7).笔者结合其他相关资料整合。

西北城镇密集区从政府职能、城乡发展动力机制、政府保障机制、社会保障机制、公共设施配置、城乡发展关系、资源环境保护与人口规模等方面,与国内城镇群区有着较大差距(表3-7、表3-8)。

中国十大城市群综合发展水平分析　　　　　表3-7

城市群	经济实力得分	排序	金融实力得分	排序	科教实力得分	排序	政府实力得分	排序
京津冀城市群	0.351848	3	1.095824	2	1.339351	2	0.469688	3
辽中南城市群	−0.59093	9	−0.44824	6	−0.5413	7	−0.70056	10
长三角城市群	1.678861	1	2.235553	1	2.010769	1	2.110633	1
海峡西岸城市群	−0.36642	6	−0.71963	9	−0.8722	10	−0.37671	5
山东半岛城市群	0.161755	4	−0.35658	5	−0.0606	3	0.047561	4
中原城市群	−0.47049	8	−0.67381	8	−0.65829	8	−0.50142	7
长江中游城市群	−0.41234	7	−0.6135	7	−0.18975	6	−0.49095	6
珠三角城市群	0.521633	2	0.572272	3	−0.16972	5	0.564068	2
川渝城市群	−0.20312	5	−0.31194	4	−0.09873	4	−0.52048	8
关中城市群	−0.6708	10	−0.77994	10	−0.75954	9	−0.60183	9

续表

城市群	经济实力得分	排序	金融实力得分	排序	科教实力得分	排序	政府实力得分	排序
京津冀城市群	0.319303	2	0.090116	5	0.343626	3	0.194665	3
辽中南城市群	-0.09626	5	0.07504	6	0.267823	5	-0.17621	6
长三角城市群	1.651345	1	0.987729	2	0.854146	2	1.416253	1
海峡西岸城市群	-0.1871	7	0.109858	4	-0.6239	9	-0.14408	5
山东半岛城市群	-0.15684	6	0.361384	3	0.304965	4	0.056028	4
中原城市群	-0.04623	4	-0.13292	7	-0.36372	6	-0.3469	7
长江中游城市群	-0.48336	9	-1.40346	10	-0.54438	7	-0.37309	8
珠三角城市群	0.193186	3	1.01877	1	1.194628	1	0.500457	2
川渝城市群	-0.40252	8	-0.9379	9	-0.81256	10	-0.50477	9
关中城市群	-0.79152	10	-0.16861	8	-0.62064	8	-0.62235	10

城市群	资金流量得分	排序	实物流量得分	排序	信息流量得分	排序
京津冀城市群	0.22875	4	0.378393	2	0.821433	3
辽中南城市群	-0.2963	5	-0.21887	6	-0.50554	6
长三角城市群	2.483097	1	1.984685	1	1.983972	1
海峡西岸城市群	-0.54643	6	-0.49661	8	-0.64429	8
山东半岛城市群	0.245585	3	-0.13994	5	-0.39043	5
中原城市群	-0.68694	9	-0.52173	9	-0.7213	9
长江中游城市群	-0.5584	8	-0.34956	7	-0.62137	7
珠三角城市群	0.516822	2	0.095109	3	1.063234	2
川渝城市群	-0.55683	7	-0.11234	4	-0.1289	4
关中城市群	-0.82935	10	-0.61913	10	-0.85682	10

来源：曾鹏.中国十大城市群综合发展水平的多层次因素分析及非均衡差异研究［J］.人文地理，2008（4）.

城镇群与西北密集区的发展类比一览表　　　　表3-8

	京津冀城镇群	长三角城镇群	珠三角城镇群	西北城镇密集区
政府职能与作用	市场与政府共同作用	市场主导，政府协调	市场主导，政府协调	政府主导，协同市场
动力机制	服务业、新兴产业、信息化，但同时存在工业化发展（河北省）	服务业、新兴产业、信息化	服务业、新兴产业、信息化	工业化
政策保障	规划、法律、法规、规范	规划、法律、法规、条文规范	规划、法律、法规、条文规范	规划、法律、法规、条文缺失
设施配备	处于中间阶段	公共服务向均等化迈进	公共服务向均等化迈进	低成本公共服务
社会保障	缺乏完善保障制度	缺乏完善保障制度	缺乏完善保障制度	缺乏完善保障制度
城乡关系	城乡融合、城乡对立同时存在	城乡融合	城乡融合	城乡对立

续表

	京津冀城镇群	长三角城镇群	珠三角城镇群	西北城镇密集区
资源环境	不可持续,已经破坏	不可持续,已经破坏	不可持续,已经破坏	不可持续,正在破坏
空间形态	双核结构	网络化格局	网络式格局	点轴式格局
人口增长	机械增长速度较快	机械增长速度较快	机械增长速度较快	机械增长速度较快

来源：根据相关资料绘制

3.2 城镇密集区发展研究历程

3.2.1 城镇密集区学术研究的思想萌芽

始于18世纪后期的工业革命激发了社会经济范畴的巨大变革和城市空间组织的重新整合，从那时起，对城市的关注重点开始由单一城市走向城镇群体。国际上最早进行城镇密集区探索性研究与实践的是霍华德提出的Town Cluster（城镇群体），树立了把城市和区域作为整体研究的理念，为此后城镇区域思想的发展奠定了基础[①]。同一时期在规划实践方面，针对工业集聚、城市规模扩张所引发的一系列问题，德国编制了《首都柏林扩展规划》，主要研究侧重于对各类空间、设施的区域性协调和对城市周边区域空间的整体规划，同时还关注城乡空间关系协调、地区空间发展平衡等问题，具备了城镇密集区规划的基本架构[②]。

1915年，盖迪斯在《进化中的城市》一书中，预见性地提出了一种新的空间形态——Conurbation（组合城市）或称Urban Agglomerations（城镇聚集区），被看作是城镇密集区发展研究的思想萌芽[③]。不仅如此，他还开创了自然区域作为基本构架的区域规划综合方法，强调区域的承载力限度影响城镇发展。这一系列理论的提出打破了传统意义上仅重视单一城镇或其内部发展问题的城市规划思维观念，将研究中心转移至对城镇与其周边区域的社会、经济联系的研究，开始重视城镇之间的紧密协作与相互联系。

此后，为解决城镇密集区面临的城镇空间随意扩张问题，沙里宁（Eliel Saarinen）于1918年将有机疏散理论模式进一步延展（图3-5）[④]。此外，盖迪斯的集合城市理论、斯泰因（Clarence Stein）的区域城市理论、萨伦巴（Piotr Zaremba）的整体规划等理论的提出，推动了1933年《雅典宪章》的产生。《雅典宪章》明确规定城市要与其周围影响地区作为一个空间整体来研究，促进了接下来城镇密集区理论的进一步发展[⑤]。

---

① 张勤. 关注区域整体及其空间演进机制——读《城镇群体空间组合》有感[J]. 规划师, 2002, 18（12）：51-53.
② 谭敏. 成渝城镇密集区空间集约发展综合协调论[D]. 重庆：重庆大学, 2011.
③ 陈黎黎. 向生态"优托邦"演进——论帕特里克·盖迪斯城市观中的生态意识[J]. 社会科学战线, 2014（12）：83-93.
④ 刘媛媛, 张睿智. 以伯克利为例的生态城市建设实践[J]. 城市, 2014（6）：71-73.
⑤ 张威. 美国区域规划协会研究[D]. 上海：华东师范大学, 2008.

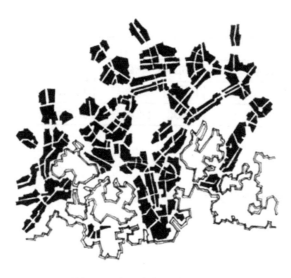

图 3-5 沙里宁有机疏散理论

3.2.2 后工业化时代的国外城镇密集区研究

第二次世界大战后，各国城市如法国巴黎、波兰华沙、德国汉堡等均寻求重建城市与发展经济、实现新的生产力布局的规划措施与手段，区域规划在这些地方先后开展起来。在这一时期，戈特曼提出了大都市带（Megalopolis）的概念并得到了地理学界和规划界的普遍认可，他认为在一个广泛的城市化地域内，已不再由单一的城市或都市区主宰空间经济形式，而是由集聚了若干都市区、人口和经济活动等方面联系密切的一个整体所支配[1]。此后通过进一步的深入研究，戈特曼提出了世界主要六大城市密集带（区），其学术思想更是通过不同领域学者的研究得到了延伸与拓展[2]。

20世纪60年代以后，由于工业化与城市化进程的逐步加快，引发了发达国家内部不均衡的经济发展，城市与区域中的社会矛盾不断升级，迫使城镇密集区规划的重心转移至"加快落后地区发展、消除或减少区域差异、促进区域空间共同发展"[3]。并在随后的20年间，人们开始寻求解决和调和发展矛盾的办法，可持续发展等成为新时期城镇密集区规划的主旨，区域规划进入了一个新的发展阶段。

截至20世纪末期，世界范围内由于经济全球化加剧了区域竞争，掀起了新一轮区域规划的浪潮。理论方面，一些新的理论思想如精明增长理论、紧凑城市理论等不断涌现。实践方面，强调应通过区域空间的整体协调，来实现城市与区域空间的有序发展和城市、区域、国家竞争力的提升[4]。综上所述，国外城镇密集区研究可划分为三个发展阶段，如表3-9、图3-6所示。

---

[1] 史育龙，周一星. 戈特曼关于大都市带的学术思想评介[J]. 经济地理，1996（3）：32-36.
[2] 史育龙，周一星. 关于大都市带（都市连绵区）研究的论争及近今进展述评[J]. 国际城市规划，2009，24（S1）：160-166.
[3] 陈云峰. 主要发达国家城市化经验教训及其对我国的启示[D]. 吉林：吉林大学，2004.
[4] 张红. 城市群空间组织结构演化的内在动力和优化研究[D]. 哈尔滨：哈尔滨工业大学，2016.

国外城镇密集区研究发展阶段　　　　　　　　　　表 3-9

发展阶段	阶段特点	代表人物	主要理论	规划实践	阶段目标
萌芽阶段（18世纪下半叶始）	区域化	霍华德（1898）、盖迪斯（1915）、沙里宁（1918）、克里斯泰勒（1933）、杰佛逊（1939）等	田园城市理论、区域规划综合研究、集合城市理论、组合城市、有机疏散理论、中心地理论等	首都柏林扩展规划	解决工业化引发的经济社会问题
丰收与争鸣阶段（20世纪50年代末到80年代末）	系统化	戈特曼（1990）、刘易斯·芒福德、麦吉等	大都市带理论、类城市混杂体、都市圈、灰色区域等	法国巴黎、波兰华沙、德国汉堡等许多大城市地区区域规划	从以战后地区重建为目标，到促进区域平衡发展与可持续发展
最新研究阶段（20世纪90年代以后）	网络化、信息化、数字化	弗希曼（1990）、阿部和俊（1996）、高桥伸夫（1997）、沃夫（1982）、弗里德曼（1985）、萨森（1991）等	世界连绵城市、世界城市体系、复杂网络取代单一等级结构等	大巴黎空间发展规划、大伦敦规划、第三次纽约区域规划	关注区域空间整体协调、区域竞争力、经济增长、社会公平

来源：根据相关文献资料整理绘制。

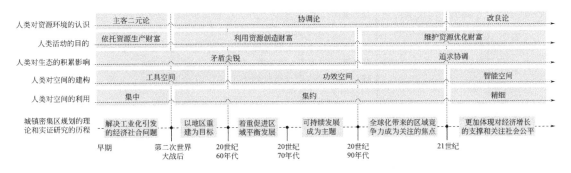

图 3-6　城镇密集区规划的理论和实证研究的历程
来源：笔者自绘

3.2.3　城镇密集区研究的本土化

伴随着改革开放后城市及区域的迅猛发展，有关城镇密集区的研究与实践在国内逐渐升温，其基本概念最早被界定为"在一定地域范围内，以多个大中城市为核心，城镇之间及城镇与区域之间发生着密切联系，城镇化水平较高，城镇密集分布的连续地域"[①]。许多地理学、城市规划学以及社会学等学科的学者在吸收国外经验的基础上，对城镇密集区开展了广泛而深入的研究，其主要内容可概括为三个方面，见表 3-10。

---

① 孙一飞. 城镇密集区的界定——以江苏省为例［J］. 经济地理，1995（3）：36-40.

国内城镇密集区相关研究成果综述　　　　　表3-10

研究方向	重点内容	代表学者及其观点
基础概念研究	提出了（大）都市区、城市群、大都市带、都市连绵（区）带、城市经济区等	周玲强（2000）：国际性城市群。 吴志强（2002）：Global—Region（全球城盟）。 周干峙（2003）："高密集连绵网络状大都市地区"
理论与方法研究	关注城镇密集区的发展与演化机制	顾朝林（2000）借助空间扩散学说解释城市群体空间发展机理。 刘荣增（2003）最早将共生理论与城镇密集区研究结合，构建了评价其发展阶段的指标体系。 夏巍（2006）提出了中等规模城镇密集区的空间发展规划策略。 李浩（2008）将生物群落的演化规律融入城镇密集区研究中，创新性地提出了城镇群落的概念，并提出了城镇群落的调控对策。 谭敏（2011）以集约发展为切入点，针对成渝城镇密集区的空间集约发展提出了相关对策。 朱顺娟（2012）提出了完善长株潭城市群空间结构的具体途径，如空间结构优化整合与产业整合、生态环境建设等
规划实证研究	相关规划实践总体上呈现出空间尺度差异化、规划模式地域化等特点	京津冀协同发展规划纲要（2015）：主要目的为疏散北京非首都的城市功能，从而促进区域协调发展。 长江三角洲城市群发展规划（2016）：规划范围为"三省一市"，建成具有全球影响力的世界级城市群。 成渝城市群发展规划（2016）：由建设部、重庆市政府、四川省政府主导，包含重庆市27个区县和四川省15个地级市，约18.5万km^2。 关中平原城市群发展规划（2018）：包含陕西省6市及杨凌示范区、山西省9个县市及甘肃省6个县市，约10.71万km^2。 呼包鄂榆城市群发展规划（2018）：在全国新型城镇化格局和沿边开发开放布局中占有重要地位

来源：根据相关论文资料概括绘制。

综上所述，在对现状研究结果进行梳理的基础上，可得出如下结论：

（1）理论方法方面：①在研究类型上，针对城镇密集区规划实证的研究较多，相关规划理论与方法的研究相对偏少。②在理论研究的针对性上，从本土区域发展现实角度出发提出理论与方法方面还有待发展。③在研究视角上，从地理学、经济学、区域规划等视角出发的研究较多，其他领域的研究偏少。④在研究的地域性上，针对西部内陆欠发达地区的研究较少，主要研究集中在东部沿海经济发达地区，因此加强西部城镇密集区的针对性研究具有重要意义。⑤在研究对象上，关中西部所处的地理空间中，以关中城市群或关天经济区的整体建设思考为主，缺乏对关中西部这样一个隶属于更高层级城镇体系中的次区域城镇密集区的系统分析及空间发展研究。如张沛（2003）的《关中"一线两带"城镇群发展规划研究》、张俊杰（2006）的《关中"一线两带"产业集群发展问题研究》、王镇中（2009）的《关中城镇区域空间结构的演变、动力机制与优化研究》、董欣（2011）的《网络化：关中—天水经济区空间发展策略及规划模式研究》、段德罡（2012）的《城乡一体化空间共生发展模式研究——以陕西省蔡家坡地区为例》等。

（2）规划实践方面：①空间尺度上，早期的规划实践主要集中于珠三角、长三角等大尺度空间，近年来逐渐开展多种空间尺度的"城镇密集区规划"；②参与部门上，逐渐由早期建设部系统的主导组织编制转向由发改委及国土部门等其他系统的协同规划；③地域范围上,东西部发展差异较大,东部最高、中部次之,西部地区跨省域的"城镇密集区规划"实践起步较晚且数量偏少。

3.3 城镇密集区空间整合的发展必然趋势

3.3.1 国外城镇密集区空间整合的态势

基于对国外典型的城镇群规划、大都市地区空间整合的分析,本书将其视为城镇密集区空间整合的重要组成,归纳出几层面的研究内容,见表3-11。

国外城镇密集区空间整合相关研究综述一览表　　　　表3-11

研究层面	具体研究内容	代表人物	发展特征
空间整合研究层面	整合理论的探讨	Bela Balassa,1961;C. Schmitter,1969	欧洲和美洲等典型区域整合发展的实证研究较多,发展中国家对整合发展的关注较晚
	整合动力的分析	E. Haas,1958;N. Lindberg,1963	
	整合模式的梳理	E. Haas and C. Schmitter,1964;Vincent Cable and David Henderson,1994;Jacques Pelkmans,1997;Lee Tsao Yuan,1991;Min Tang and Myo Thant,1994	
区域化、信息网络化研究层面	提出了世界连绵城市(ecumuno polis)结构理论	弗希曼(Fishman,1990)、阿部和俊(1996)、高桥伸夫等	城镇群体空间研究进一步向区域化、信息网络化的研究方向发展,逐步迈入了数字化时代
	提出了世界城市体系假说	Wolff,1982;Friendman,1982;1985;1993;Moss,1987;Sassen,1991	
生态化研究层面	探索大都市地区的组织管理模式,培育有节制的紧凑区域城镇网络等方面	S. Hymer,1972,1980;Wolff,1982;Friedman,1973,1982,1985,1993;Moss,1987;Sassen,1991;Kunzmann and Wegener,1991;James,1997;M. Douglass,2000;John,2000	规划过程中的社会和生态因素影响开始显现,可持续发展成为主流思想

来源:根据相关研究成果整理

随着西方发达国家工业化的逐步发展,国外城镇密集区空间整合的研究重点逐渐转向人文、生态等对区域的影响,具有如下特征:

(1)鲜明的阶段性和针对性

国外区域空间整合的理论和实证研究发展历程具有鲜明的阶段性特征,表现在每个阶段的研究紧密应对区域经济社会发展的主要问题和发展趋势,并从解决自身关注的焦点问题出发,具有超越空间形态规划以外的广泛内涵。一方面强调对人口、环境、土地利用、基础设施等重要问题的引导和管理;另一方面强调城镇等个体利益与区域利益之间在空间上的相互协调[①]。

---

① 胡序威,周一星,顾朝林. 中国沿海城镇密集地区空间积聚与扩散研究[M]. 北京:科学出版社,2000:142-225.

（2）立足于空间的区域整合研究偏少

国外区域整合的研究主要集中于国家层面的大尺度空间中，且多站在经济学、政治学领域的基础上考虑，已经发展成了较为成熟的理论体系。但是侧重于小尺度空间的整合还较为缺乏，并且对空间方面的整合研究比较少见，在地域上，这类研究多集中于西方经济发达国家，地域特征较为明显。

3.3.2 国内城镇密集区空间整合的态势

（1）研究内容

我国近年来在经济快速发展的过程中，由于区域间发展的不协调，导致经济一体化发展受到阻碍，从而引起了对整合发展问题的关注与研究。相比较而言，我国的城市整合研究始于20世纪90年代，目前理论研究依旧处于摸索阶段，缺乏完整的理论体系。

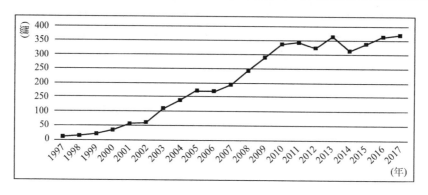

图 3-7 1997～2017 年空间整合相关文献发表数量图
数据来源：中国知网检索

从中国知网检索（中国期刊全文数据库、中国博士学位论文全文数据库、中国优秀硕士学位论文全文数据库）的期刊论文数量可以看出（图3-7），2002年以来空间整合的研究论文数量开始快速增长，2010年研究进入热潮，并且主要从动力机制、模式以及经济、生态等多个方面研究整合发展问题（表3-12）。

国内城镇密集区空间整合相关研究成果综述　　表 3-12

研究方向	代表学者及其观点
整合动力机制	张志斌认为整合动力主要来源于城市群发展与竞争的客观要求、省域经济发展中的相互依赖、城市空间拓展的相向延伸三个方面[①]。 洪苗、段进深入分析城镇之间空间趋近和博弈现象，探讨跨镇域城镇空间整合的影响因素，从整合规划的决策方式、公众参与、文化支撑机制三个方面提出跨镇域空间整合机制[②]
整合模式	吕拉昌提出流域开发模式、点轴开发模式、匹配开发模式、产业转移与互补开发模式、区域分工模式、中心城镇联网辐射与边缘城镇突破模式等整合模式[③]。 佟宝全提出垂直与水平的经济整合模式，"点—点"、轴线、面域的空间整合模式，以及制度整合模式[④]。 吴小舜总结了港区整合发展模式、产业经济整合模式、一体化综合发展模式等近域港口城市整合发展的一般模式[⑤]。 童中贤、曾群华探索了长江中游城市群空间整合的模式与路径，包括环武汉城市圈——极核网络型空间链接模式、长株潭城市群——"成长三角"型空间链接模式、鄱阳湖城市群——"星座"型空间链接模式[⑥]

续表

研究方向	代表学者及其观点
经济整合	刘静玉、王发曾认为城市群经济整合涵盖城市群经济系统整合、城市群经济支撑系统整合和城市群区域协调机制建设等多个方面的内容[7]。 王正新论述了区域经济整合的概念、理论基础、动力机制、类型等[8]。 王圣军提出了政府机制、市场机制和社会机制互为补充的"三位一体"的经济整合机制，认为只有三种机制共同作用，才能实现大都市圈的经济整合[9]。
生态角度	王少剑、方创琳利用城市化与生态环境动态耦合协调度模型，通过交互胁迫关系和动态耦合应用得出京津冀地区的城市化与生态环境的耦合协调度变化趋势[10]。 肖金成、刘通以生态—经济协调关系为主线，将长江经济带划分为四级区域，从生态与经济相结合的角度提出生态优先绿色发展的路径，并提出了实现绿色发展的政策建议[11]。 郭荣朝等基于相互作用、互利共生和协同进化理论提出"廊道组团网络化模式"的城市群发展模式[12]。 楚芳芳建立了基于可持续发展的生态承载力复合模型，并从系统视角、空间视角、规划视角、响应视角提出创新、集约、融合和绿色的策略来实现长株潭城市群的可持续发展[13]。 黄国和等针对内部互动复杂、空间组织紧凑、经济关联密切的城市群复合生态系统，开展城市群生态基底核算与健康诊断、城市群生态安全格局网络设计及生态安全保障技术、城市群生态景观重建与生态空间修复技术等六方面的研究[14]。 陈利顶等在总结京津冀城市群生态安全格局的维持机制与影响因子的基础上，构建了区域协调与空间联动的生态安全保障决策系统和预测预警平台[15]。 方创琳、周成虎等分析了特大城市群系统各自然要素和人文要素交互作用的非线性耦合关系及耦合特征，总结特大城市群地区城镇化与生态环境交互耦合圈理论，构建了多要素、多尺度、多情景、多模块、多智能体集成的时空耦合动力学模型[16]。

来源：根据相关论文内容整理。

注：① 张志斌，张新红.兰州—西宁城市整合与协调发展[J].经济地理，2006，26（1）：96-99.
② 洪苗，段进.经济发达地区跨镇域城镇空间整合机制研究[J].现代城市研究，2017（3）：72-77.
③ 吕拉昌.区域开发与广州旅游形象建设[J].广州大学学报：社会科学版，2002，1（1）：75-77.
④ 佟宝全.区域整合理论体系的构建与实证研究[D].长春：东北师范大学，2006.
⑤ 吴小舜.近域港口城市整合研究[D].长春：东北师范大学，2013.
⑥ 童中贤，曾群华.长江中游城市群空间整合进路研究[J].城市发展研究，2016，23（1）：49-57.
⑦ 刘静玉，王发曾.我国城市群经济整合的理论分析[J].地理与地理信息科学，2005，21（5）：55-59.
⑧ 王正新.区域经济整合理论初探[J].环渤海经济瞭望，2007（10）：62-63.
⑨ 王圣军.大都市圈发展的经济整合机制构建与保障[J].经济与管理，2009，23（5）：5-8.
⑩ 王少剑，方创琳，王洋.京津冀地区城市化与生态环境交互耦合关系定量测度[J].生态学报，2015，35（7）：2244-2254.
⑪ 肖金成，刘通.长江经济带生态优先绿色发展路径研究[J].长江技术经济，2017（1）.
⑫ 郭荣朝，苗长虹.城市群生态空间结构研究[J].经济地理，2007，27（1）：104-107.
⑬ 楚芳芳.基于可持续发展的长株潭城市群生态承载力研究[D].长沙：中南大学，2014.
⑭ 黄国和，安春江，范玉瑞，等.珠江三角洲城市群生态安全保障技术研究[J].生态学报，2016，36（22）：7119-7124.
⑮ 陈利顶，周伟奇，韩立建，等.京津冀城市群地区生态安全格局构建与保障对策[J].生态学报，2016，36（22）：7125-7129.
⑯ 方创琳，周成虎，顾朝林，等.特大城市群地区城镇化与生态环境交互耦合效应解析的理论框架及技术路径[J].地理学报，2016，71（4）：531-550.

（2）研究方法

关于区域空间整合的研究方法近年来也在不断更新，具体表现为由定性分析向定量与定性相结合的方式转变，如GIS、数学模型等的利用。李俊峰，焦华富运用城市流和城市空间相互作用强度模型，定量测度了江淮城市群中各城市的城市流强度和城市之间的相互作用强度，揭示出江淮城市群空间联系方向，并提出空间整合的发展模式[①]。朱媛媛等人创新性地构建了城乡文化整合测度的修正引力模型，并利用SPSS数理统计与GIS网络分析，深入探究了武汉城市圈县域、市域和圈域层面上的城乡文化空间整合规律及主要问题[②]。胡道生、宗跃光等人以宁波为例，采取基于层次分析法的定性分析与定量研究相结合的方法，提出边缘区空间整合的方法、布局及管理策略[③]。陈永林等人利用ArcGIS及MATLAB软件，在生态空间风险评价的基础上构建了微粒群—马尔科夫复合模型，并以长株潭城市群为研究区进行了预测模拟，提出了生态空间重构的基本思路[④]。

(3) 实证研究

长三角、珠三角、京津冀等地区经济相对发达，因此研究也多集中于这类地区，尤以长三角和珠三角最甚（表3-13）。在针对关中地区的研究上，薛东前、姚士谋等人分析了关中城市群的功能联系并对其结构进行优化研究[⑤]。王镇中提出关中城镇区域空间结构的演化是一种自组织和他组织复合发展的过程，认为其空间结构的演化可以促进产业结构的升级、推动区域城市化进程等[⑥]。吴立波提出了培育关中—天水经济区城市群的目标与思路，有针对性地提出了经济区城市群协调的具体路径[⑦]。董欣以关中—天水经济区作为空间网络化的实证研究对象，提出了关中—天水经济区外部空间网络衔接策略、城乡空间网络协同策略、空间网络系统支撑策略等[⑧]。康江峰对关中—天水城市群空间结构的缺陷及其功能优化进行了探讨[⑨]。此外，在绿色低碳建设方面，张小军，金贵峻也对关中—天水经济区发展低碳经济提出了对策[⑩]。这些理论成果为关中西部城镇密集区下一步的研究工作奠定了扎实的理论基础（表3-13）。

部分研究地区相关学者的主要观点　　　　　表3-13

地域范围	学者	主要观点
长三角地区	张攀	认为城市群整合的实质就是博弈，并针对长江三角洲城市群提出了整合策略[①]
京津冀地区	陈红霞	从点、线、网络和域面四个基本空间要素入手，研究提升区域竞争力的空间整合规律[②]
珠三角地区	吕拉昌	在阐述了非均衡经济发展状态下珠江三角与其外围地区区际产业和空间整合机制基础上，探讨了其区域的整合模式[③]

---

① 李俊峰，焦华富.江淮城市群空间联系及整合模式［J］.地理研究，2010，29（3）：535-544.
② 朱媛媛，曾菊新，刘承良.武汉城市圈城乡文化的空间整合与优化对策研究［J］.经济地理，2013，33（10）：48-53.
③ 胡道生，宗跃光，邹婕羽.大城市边缘区新型城镇化空间整合的组团模式——基于宁波的案例研究［J］.城市发展研究，2014，21（7）：48-55.
④ 陈永林，谢炳庚，钟典，等.基于微粒群—马尔科夫复合模型的生态空间预测模拟——以长株潭城市群为例［J］.生态学报，2018，38（1）：55-64.
⑤ 薛东前，姚士谋.关中城市群的功能联系与结构优化［J］.经济地理，2000（6）：52-55.
⑥ 王镇中.关中城镇区域空间结构的演变、动力机制与优化研究［D］.西安：西北大学，2009.
⑦ 吴立波.关中—天水经济区城市群培育及其协控路径研究［D］.咸阳：西北农林科技大学，2011.
⑧ 董欣.网络化：关中—天水经济区空间发展策略及规划模式研究［D］.西安：西安建筑科技大学，2011.
⑨ 康江峰."关天城市群"空间结构的缺陷及其功能优化［J］.理论导刊，2014（1）：85-87.
⑩ 张小军，金贵峻.关中—天水经济区发展低碳经济的城市对策探析——关天经济区发展低碳经济的系列思考［J］.经济研究导刊，2013（32）：81-83.

续表

地域范围	学者	主要观点
珠三角地区	邓志阳	在论述了大珠江三角城市群经济圈区域化行政资源整合的必要性后，进一步探讨了不同发展阶段的行政资源整合以及整合的层次和原则④
长株潭城市群	朱顺娟	分析得出长株潭城市群空间结构具有"点—轴"系统发育、空间发展呈现集聚与扩散共存、城际联系较弱等特征。并提出通过空间结构优化整合与产业整合、生态环境建设以及协调制度构建等措施优化空间发展结构⑤
成渝城市群	周斌	针对成渝城市群的现状发展提出了"双核驱动，点轴发展"的协调发展模式，并通过产业、空间、功能、制度四个层面的整合来实现⑥
海峡西岸经济区	王成超	从区际联系的角度出发，通过引入区域间相互作用的引力模型，探讨了海峡西岸经济区的空间整合⑦
闽南金三角	陈国子	通过从社会经济发展现状、资源环境承载能力和未来发展潜力三方面构建评价指标体系，提出产业、空间整合的思路和途径⑧
东北地区	王颖	强调应从区域经济学视角对区域城市空间的组成要素、结构模式、外在功能效应进行研究，建立区域城市空间重构研究的理论框架⑨
东北地区	柴伟	认为要保持省域经济的快速、稳定和协调发展就要实现城市群系统的优化整合和可持续发展⑩
中原城市群	邱士可等	以郑汴许近域城市为例，认为近域城市需要对原有空间结构进行正向扰动才能促进近域城市结构的发育⑪
中原城市群	王发曾等	认为通过内聚营造现代都市区，形成能够带动城市群快速发展的"核心增长极"，另一方面，通过外联营造省域现代城镇体系，构建承载城市群健康发展的"区域支撑体系"⑫
中原城市群	刘晓丽等	本书运用分形、城镇化不平衡指数、城市网络、城市空间相互作用等理论和方法，提出促进中原城市群9城市空间整合的总体概念模型⑬
关中城市群	师谦友、郭华	基于区域空间结构理论及系统学理论，提出点—点整合、轴线整合和面域整合三种整合模式⑭

注：① 张攀. 长江三角洲城市群整合发展研究［D］. 上海：华东师范大学，2008.
② 陈红霞，李国平，张丹. 京津冀区域空间格局及其优化整合分析［J］. 城市发展研究，2011，18（11）：74-79.
③ 吕拉昌. 珠江三角洲与外围地区的整合研究［D］. 广州：中山大学，2000.
④ 邓志阳. 大珠三角城市群经济圈区域化行政资源的整合［J］. 南方经济，2004（2）：55-58.
⑤ 朱顺娟. 长株潭城市群空间结构及其优化研究［D］. 长沙：中南大学，2012.
⑥ 周斌. 区域一体化视角下成渝城市群协调发展研究［D］. 杭州：浙江大学公共管理学院，2010.
⑦ 王成超. 基于区际经济联系的海峡西岸经济区空间整合研究［J］. 亚热带资源与环境学报，2008，3（2）：81-88.
⑧ 陈国子. 闽南金三角地区产业、空间整合发展研究［D］. 福州：福建师范大学，2009.
⑨ 王颖. 东北地区区域城市空间重构机制与路径研究［D］. 长春：东北师范大学，2012.
⑩ 柴伟. 吉林中部城市群整合发展研究［D］. 长春：东北师范大学，2014.
⑪ 邱士可，李世杰，王鑫. 河南省中部城市群空间整合与郑汴许近域城市发展［J］. 地域研究与开发，2017，36（6）：59-63.
⑫ 王发曾. 中原城市群的深度整合：内聚、外联与提升［J］. 中州学刊，2011（6）：87-89.
⑬ 刘晓丽，方创琳，王发曾. 中原城市群的空间组合特征与整合模式［J］. 地理研究，2008，27（2）：409-420.
⑭ 师谦友，郭华. 区域一体化背景下关中空间整合研究［J］. 地理与地理信息科学，2007，23（5）：77-81.
来源：根据相关论文资料整理绘制。

（4）小结

1）空间整合的理论体系尚未建立。在梳理国内区域整合方面的研究后，可以看出我国这方面的研究起步相对较晚，且多借鉴国际上大尺度的整合理论，应用于国内相对较小的区域空间尺度中，并由此衍化出多种类型的整合对象，如省际区域内、近域城市间、组群城市间的整合等。从而在理论上丰富了关于整合的相关概念及内涵，对其动力机制、模式等也进行了初步探索。但国内区域空间整合依旧缺乏系统性的理论研究，关于区域整合的概念还未达成共识，理论体系尚未建立。

2）关于文化、社会、生态因素的考量较少。从上述的学者与专家研究中不难发现，国内对区域空间整合的研究多基于政治学、经济学、地理学视角下，从经济联系的市场作用和制度约束的政府作用角度切入来探讨区域的空间结构特征、空间组合模式等方面。一直以来缺乏对文化、社会、生态因素的考量，区域生态空间整合依然属于相对薄弱的研究领域，虽然在区域空间整合层面对"流""网"问题已经开始了积极的生态探索，但依然缺乏对区域绿色发展的"序""源""汇"等问题的深入关注，缺乏对区域内部生态系统演变特征及其驱动机制的研究。且现有研究成果中定性分析较多，定量分析较少。

3）研究地域分布特征明显。目前与城镇密集区空间整合相关的研究大多集中于长三角、珠三角、京津冀地区等快速发展的城市群中，且东部沿海数量多，中部居中，西部地区较缺乏的特征明显。西北地区属于我国经济欠发达地区，并具有独特的自然环境和地理特征，更亟待理论和实证的指导来改善现状的区域空间发展关系，虽然近年来也有学者开始研究，但仍不足。

4）研究的技术方法呈现多样化特征。在研究中越来越多地采用定量与定性分析相结合的方法，因此系统动力、现代遥感技术、地理信息系统（GIS）等在研究中得到了广泛的应用，通过多种手段和技术的参与，使得空间整合的定量研究结果更加准确、深入和全面。

3.4 有关绿色增长的城镇密集区空间规划实践

3.4.1 英国城镇密集区绿色增长模式

英国的城镇密集区的绿色增长发展主要以城乡绿色规划为主进行绿色公共干预政策的研究。18世纪中叶，英国的工业革命掀开了现代城市规划的序幕，并启动了世界范围内大规模的城市更新改造与环境保护运动进程。规模化的工业建设使农业人口不断向城镇集聚，进而导致城镇规模不断增大。与此相伴随不仅有人口与产业的城镇集聚，同时，城镇还产生严重的卫生环境问题，诸如基础设施建设的滞后、垃圾处理的滞后等问题，这些问题使得城镇成为环境问题较为严重的地方。基于此背景，在1866年，英国开展了环境卫生运动，颁布了《公共卫生法》和《环境卫生法》，对城镇密集区产生的公共环境卫生问题进行严格管理。

1898年，英国学者埃比尼泽·霍华德提出了建设"田园城市"的设想，要建设一个集城镇与乡村绿色融合为一体的密集区，这被看作是现代城镇密集区绿色增长模式的开端，对城镇密集区的城乡空间绿色增长规划起到启蒙作用。在霍华德的理论构想中，田园城市是城镇与乡村的融合体。霍华德认为，城镇要体现适宜性发展，即城镇的人口规模和城镇用地规模的大小都应该是有限度的，城镇的发展要与绿色的乡村融为一体。只有这样城镇的居民才能获得更好人居环境。从其对田园城镇的构建来看，霍华德非常注重绿色空间对城镇人居环境的影响，其本质是绿色增长的动力机制问题，在面对工业革命以后城镇发展中所面临的诸多环境问题的时候，采用绿色增长模式可以有效改善城乡人居环境。

1919年，英国"田园城市和城市规划协会"与霍华德共同总结了田园城市的含义[①]，即：田园城市是为健康、生活以及产业而设计的城市，它的规模应能足以提供丰富的社会生活，城市四周要有永久性农业地带围绕，城市的土地归公众所有。田园城市的设想被视为现代城镇密集区绿色增长动力的开端[②]。1936年，伦敦市通过了"绿带开发限制法案"，由伦敦市政府购买土地作为"绿化隔离带"，引导城市绿色化建设，并降低对乡村空间的干扰[③]。

进入20世纪中叶以来，伴随全球城市竞争的日益加剧，尤其是英国进入后工业化之后受到增长乏力的影响，英国更加重视"绿色增长"对城镇密集区发展的引导，更加强调通过"低碳"化的方式进行绿色增长。从1996年开始，英国分阶段实施了多个大型节能与新能源汽车发展推广项目。其中包括，能源转换项目、低碳汽车公共采购项目、低碳汽车创新平台以及电动汽车实验项目。通过税收优惠等政府激励措施，推动节能与新能源汽车产业的发展[④]。以英国伦敦大都市区为代表的城镇密集区成为"绿色增长"的试点区域。在城镇密集区中的乡村地区采取"生态绿色村"的建设模式，并多维度地推行"绿色增长计划"，诸如"绿色交通""绿色旅游"等，从而减少碳排放，节约能源、绿色环保、循环发展。

2003年英国政府设立碳信托基金会（Carbon Trust），该机构与能源节约基金会（EST）共同推动英国的低碳城市项目（Low Carbon Cities Programme，LCCP）[⑤]。首批三个示范城市（布里斯托、利兹、曼彻斯特）在LCCP提供的专家和技术支持下制定了全市范围的低碳城市规划[⑥]。

2007年英国已经在全国范围内开展生态城镇（eco-town）的建设，推广环境友好型技术以保护环境与控制碳排放，推进可持续型社区的建设[⑦]。前伦敦市长利文斯顿（Ken Livingston）于2007年2月发表《今天行动，守候将来》（Action Today to Protect Tomorrow），计划伦敦2025年的二氧化碳减排目标定为降至1990年水平的60%。同年伦敦市政府颁布

---

① 谢志强.现代田园城市："人"的城镇化之路——对琼海新型城镇化探索的调查与思考[J].国家治理，2016（18）：20-28.
② 宋逸.田园城市理论及其实践历史[D].上海：上海师范大学，2014.
③ 高娜.城市绿化隔离近自然景观规划与建设模式研究[D].北京：中国林业科学研究院，2006.
④ 忻文.英国政府低碳汽车发展和《2011年电动汽车发展指南》[J].汽车与配件，2011（35）：24-25.
⑤ 赵锐.基于碳标签体系的利益主体行为机制研究[J].学术动态，2014（2）：36-39.
⑥ 刘文玲.低碳城市发展实践与发展模式[J].中国人口·资源与环境，2010，20（4）：17-22.
⑦ 邓位，申诚.可持续发展居住区：英国生态城镇[J].风景园林，2009（1）：79-84.

了《市长应对气候变化的行动计划》(The Mayor's Climate Change Action Plan)①。2008年正式通过《气候变化法案》，使得英国成为世界上第一个为减少温室气体排放、适应气候变化而建立具有法律约束性长期框架的国家。继英国之后，欧洲各国相继建立了城市规划体系，采取了有力的行政干预来改变城市环境②。

从以上背景可以看出，英国城镇密集区绿色增长模式的特点是：强调以"低碳"为技术手段，进行城镇密集区碳排放总量的控制，各项绿色增长措施的制定和评估是以"减碳"作为指标来衡量的。推广绿色再生能源的应用，控制绿色资源的需求，并不断提高绿色增长的效能；将绿色增长的重点领域放在建筑和交通上，并注重绿色节能技术、政策和管制手段的并重。

3.4.2 美国城镇密集区绿色增长模式

美国是世界上城镇密集区较多的国家，很多城镇密集区都在世界范围内具有影响力。美国的城镇密集区建设模式主要以"绿色生态"为主，是一个有着优美人居环境的发达国家。历经近300年的建设，美国实现了城乡空间发展模式的绿色转型。其城镇密集区绿色增长建设的思路和方法值得我们借鉴和学习。

20世纪末，美国城镇密集区的绿色增长战略是以"精明增长"为代表，后来成为世界各地城镇密集区建设的社会共识③。精明增长是在拓宽容纳社会经济发展用地需求途径的基础上控制土地的粗放利用，改变城市浪费资源的不可持续发展模式，促进城市的健康发展。城市增长的"精明"主要体现于两个方面：①增长的效益，有效的增长应该是服从市场经济规律、自然生态条件以及人们生活习惯的增长，城市的发展不但能繁荣经济，还能保护环境和提高人们的生活质量；②容纳城市增长的途径，按其优先考虑的顺序依次为：现有城区的再利用——基础设施完善、生态环境许可的区域内熟地开发——生态环境许可的其他区域内生地开发。通过土地开发的时空顺序控制，将城市边缘带农田的发展压力转移到城市或基础设施完善的近城市区域。因此，精明增长是一种高效、集约、紧凑的城市发展模式。

强调城镇空间发展的紧凑集约，尤其倡导建设土地的节约紧凑利用，鼓励绿色交通的发展，诸如公共交通和步行交通方式，强调土地功能的多元混合利用，从而激活地块活力，并实现经济、环境和社会的绿色发展。为了实现更加有效的绿色集约原则，避免城镇密集区的无序规模扩张，美国诸多城镇密集区采取划定城镇增长边界的方式来进行有效控制，避免郊区化的过度蔓延。这是美国城镇密集区绿色增长模式的体现，是以绿色发展为价值导向，以绿色空间管治为手段，有绿色可持续性的管理理念和模式。

到了20世纪80年代末，为了探索更加多元的"绿色增长"模式，美国城市规划领域还提出了另一个新的模式——"新城市主义"(New Urbanism)④，该理念强调：城镇空间功能的混合布局、城市慢行交通引导、人与绿色开敞空间和谐相处、保护当地绿植及绿

---

① 李平. 低碳城市建设的国际经验借鉴 [J]. 商业经济研究, 2010 (35)：121-122.
② 汪陈, 何圣财, 金利娟. 构建低碳经济创新型金融支持体系实证研究 [J]. 金融论坛, 2010 (S1)：78-81.
③ 罗小虹. "绿色城镇群"的理论与实践 [C] // 城市发展与规划国际大会. 2010.
④ 王慧. 新城市主义的理念与实践、理想与现实 [J]. 国际城市规划, 2002 (3)：35-38.

自然空间，倡导绿色交通基础设施建设为先导，新城市主义的最终目标是创建绿色自然的城镇，为美国的子孙后代创造与自然和谐相处的城市，同时创造经济增长与文化进步的共同发展[①]。

3.4.3 中国城镇密集区绿色增长模式

随着中国建设小康社会的加速推进，加快城镇化、工业化、知识信息化以及基础设施现代化发展已经成为中国今后经济高增长、社会快速转型的五大动力[②]。以快速城镇化发展为核心的经济增长进一步引发出发展与资源环境之间的矛盾。传统增长方式下，资本高投入、资源高消耗、污染高排放、经济低效益的状况进一步加剧资源紧缺硬约束压力。环境形势、生态基础、气候变化、自然灾害等方面的问题十分严峻[③]。

中国仍处于城镇化快速发展的阶段，预计2020年中国的城镇化率将超60%。未来城镇密集区发展将是我国经济发展的引擎，有助于扩大消费、拉动投资、催生新兴产业，有助于破解城乡二元结构、释放更大的内需潜力、也是促进区域协调发展的基础[④]。绿色增长的城镇密集区正是在此背景条件下被提出的。

2007年中共十七大报告首次提出"生态文明"，在国家战略和政策方面开始全面推进城镇密集区的绿色生态文明空间建设。中共十八大报告中明确指出未来"要坚持走中国特色新型城镇化道路"，因此，未来中国的城镇密集区也必须树立"尊重自然、顺应自然、保护自然"的"绿色增长"理念，把绿色文明建设放在突出地位，以推进我国的城镇密集区实现绿色、低碳、循环的转型发展建设[⑤]。

2013年中国经济工作会议明确"要把生态文明理念和原则全面融入城镇化全过程，走集约、智能、绿色、低碳的新型城镇化道路"，紧随其后召开的中央城镇化工作会议提出要着力推进绿色发展、循环发展、低碳发展[⑥]。其后，若干中央层面的城镇发展研究对于"绿色增长"的意义和定位更加明确和清晰化。

在《中共中央关于制定国民经济和社会发展第十三个五年规划的建议》中，"绿色增长"被多次强调，在有关城镇密集区建设发展的相关表述中，"绿色增长"的理念也贯穿始终。《国家新型城镇化规划（2014—2020）》指出，要把生态文明理念全面融入城市群建设发展的过程，推动形成绿色低碳的生产生活方式的城镇密集区发展模式。大力推进绿色城镇密集区建设，科学管控好城镇密集区的发展边界，提高城镇密集区空间土地利用的效率，从严供给城市建设用地，保障城镇密集区的绿色开敞空间，推动城镇密集区发展由外延扩张式向内涵提升式转变。

3.4.4 珠三角全域空间规划策略研究

珠三角是由珠江的西江、北江和东江入海时冲击沉淀而成的一个三角洲，是中国的

---

① 沈清基.新城市主义的生态思想及其分析[J].城市规划，2001（11）：33-38.
② 刘镇.让城镇化成为经济转型与实现小康社会目标的重要载体[J].江西财经大学学报，2013（1）：9-10.
③ 关凤峻，王永生.循环经济——资源开发与环境保护协调发展的重要途径[J].中国国土资源经济，2004，17（1）：4-6.
④ 欧阳慧.中国未来二十年城镇化区域格局展望[J].南方人口，2004，19（3）：29-34.
⑤ 董战峰，杨春玉，吴琼.中国新型绿色城镇化战略框架研究[J].生态经济，2014，30（2）.
⑥ 陈志端.新型城镇化背景下的绿色生态城市发展[J].城市发展研究，2015，22（2）：1-6.

"南大门"。《珠江三角洲城镇群协调发展规划（2004—2020）》阐述珠江三角洲包括广州、深圳、珠海、佛山、东莞、中山、江门、惠州市区、惠东县、肇庆市区、高要市、博罗县、四会市，总人口4230万，土地总面积4.15万km²，建设用地面积6640km²。城乡发展分为三大阶段，由1990年广州单中心格局，逐渐演变为2000年的以"广深"为中心的双中心地域空间格局，到2013年以"广佛—深莞"为中心的发展轴线，其他地级市为二级中心，县级市为三级中心的结构特征（图3-8）。逐渐由点状结构向点轴结构发展，趋向网络状的空间结构。

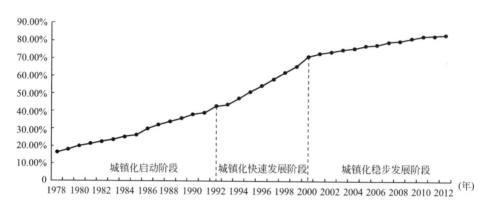

图3-8 珠三角城镇群城镇化发展阶段
来源：作者自绘

（1）优化区域空间结构

空间发展上首先选取经济较好、规模较大的中心城市或地区作为区域的发展核心，起枢纽带动的作用，如广深两大中心城市和珠江口湾区，并结合内部空间的提升优化，加强对外联系，推进轨道珠三角的建设，构建"网络化、一体化"的区域空间结构，形成对接国际和辐射国内的协同拓展格局。

（2）完善区域生态网络

在建立区域生态安全格局框架的基础上，划定区域基本生态控制线，形成两级生态管制区（含生态保护红线），依靠区域内部的山川湖海、江河水系打造区域廊道网络，从而改善风环境、增强区域内部的通透性和微循环能力，形成区域绿色生态保育屏障，走出一条生态安全、环境优美和富有竞争力的绿色低碳发展之路。

（3）构建网络化的区域游憩空间

探索建立"省立区域公园—城市公园—社区公园"的新型公园体系，将城市公园与郊野绿地、自然保护区、风景名胜区、森林公园等开敞空间串联起来，在保持自然开敞空间生态特性的基础上，为城市居民提供优质的户外游憩空间，引导城市居民健康生活。

3.4.5 鄱阳湖生态城市群空间发展策略研究

（1）以生态环境整体保护为前提实施区域空间管控

对于鄱阳湖生态城市群的建设，首先应严格划定区域生态红线，主要包括自然保护区、森林公园、风景名胜区、地质公园、湿地公园、饮用水保护区、生态公益林与重要生态绿地、历史文化遗产等,并按一级管控区和二级管控区实施分级分类管控。同时关注重要区域开敞空间(生态控制地带),如生态廊道、重要生物栖息湿地、重要水涵养区、水土保持区等的保护利用。

其次,鄱阳湖生态城市群还构建了如山体生态廊道(山体之间、山与平原之间的生态要素交换空间)、水域生态空间安全格局等的水系生物多样性保护廊道,在此基础上,划定城镇开发边界,分类引导城区的绿色化建设,如对城镇增长边界内区域,根据不同的生态环境前提条件划分开发地区。

(2)建立符合本地特色的生态产业体系

鄱阳湖生态城市群的另一大规划特色即建立符合本地现状的生态产业体系。重点培育两类非农产业,实现本地非农就业,如建设文化创意产业基地或园区等。其次规划建设国家级循环产业示范区,推动清洁能源产业化,如建设秸秆生物质发电站、临港产业基地等。

(3)体现高品质宜居空间建设

鄱阳湖生态城市群的空间发展还尊重人居空间的健康成长。建设都市生态服务空间体系,实现城市拓展与生态功能区(水系生态基础设施、区域绿道系统、郊野公园、农业休闲公园、特色文化乡村地区)的有机衔接。其次,整合文化、自然与农业资源构筑六大全域风景游憩地,如国家公园、文化遗产、文化村镇聚集区等,实现区域空间的高品质提升。

3.4.6 案例借鉴与启示

(1)案例借鉴

虽然不同区域有着各自不同的空间结构形态、空间发展态势、发展制约要素、存在的主要问题和矛盾等。然而在不同区域空间发展中,一定存在着值得借鉴的具有共性的实践要素(表3-14)。

国外城市的绿色发展建设核心要点梳理　　　　表3-14

城市	简介	绿色发展建设核心要点
伯克利 (美国)	城市面积46km²,生态学家、国际生态城市运动创始人理查德·雷吉斯特(Richard Register)在伯克利开展城市绿色发展的研究	·注重对自然地形原始要素的提取,因地制宜 ·鼓励公共交通 ·基于步行活动半径的设施布局 ·恢复溪流水体和海岸线 ·拆除低密度区域破旧建筑,建立慢行街道系统 ·快捷公交体系,林荫道将各区串联 ·大量修建自行车道,有效恢复生态型经济 ·提高废弃物资利用率,优化能源利用方式 ·利用可再生能源建造绿色建筑
克利夫兰 (美国)	室外绿地面积众多,公园面积约占市区面积1/3,地理环境被人们称为"森林之市"	·严格保护自然生态区域,建设绿色道路和公园 ·大力推动太阳能、风能利用 ·应用绿色建筑技术 ·紧凑、集约、高效的土地发展模式 ·污水处理以及水质保护立法 ·完备的室外活动空间

续表

城市	简介	绿色发展建设核心要点
波特兰（美国）	2000年被评为"创新规划之都"，2006年被评为"全美步行环境最好的城市之一"	·使用GIS模拟城市交通，为规划决策者提供未来土地利用、人口、住宅等变化的预测 ·高密度混合的用地开发模式 ·倡导公交导向的用地开发 ·公交系统智能化管理，完善的公交体系 ·主要以风能和太阳能发电 ·绿色建筑提高能源使用效率 ·固体垃圾分类收集，废弃物利用率达75% ·应用绿色建筑技术
库里蒂巴（巴西）	以可持续发展的城市规划典范而享誉全球，受到世界银行和世界卫生组织的称赞	·TOD导向的城市开发 ·混合土地利用开发，并以公交路网为主骨架对土地开发密度进行分区控制 ·关注社会公益项目 ·为市民提供免费的环境教育 ·自然资源的红线保护
哈利法克斯（澳大利亚）	城市规划设计主要由建筑师保罗·F·道顿（Paul F.Downton）及政治与生态活动家谢丽·霍伊尔（Cherie Hoyle）等人完成，涉及社区和建筑等物质环境规划	·恢复退化的土地 ·重视生物区的生态因素 ·开发强度与土地生态承载平衡发展 ·固定永久的自然绿带 ·优化能源效用、使用可再生能源，应用资源再利用技术 ·"社区驱动"的开发模式 ·最大限度保留有意义的历史遗产和人工设施 ·屋顶花园和屋顶太阳能收集器
北九州（日本）	政府提出3R措施，实施产业绿色转型	·垃圾分类与回收利用 ·与当地高校科研室合作，实现绿色技术向生产力的转变 ·主动立法，创建公害对策部门，设公害动态监视中心
埃尔朗根（德国）	1970年开始开展生态城市建设，在城市发展决策中同时考虑环境、经济和社会三方面的需求和效益	·在景观规划的基础上制定可持续发展总体规划 ·高度重视重要生态功能区的保护 ·完善的绿地生态系统 ·广泛开展节能、节水资源的活动，强化污染防治工作 ·实行步行、公交优先的交通政策，确保行人、自行车与汽车享有同等权利 ·公众参与决策
弗赖堡（德国）	1996年制定节能减排目标，截至2030年城市二氧化碳排放量降低40%。城市制定一系列生态政策，保证自然资源的保护于利用的平衡关系	·严格保护自然资源，构建辖区生态网络体系 ·公园服务半径约100m，城市绿化保证生态多样性 ·完备的自行车通行网络与自行车停车位 ·节能、充分利用太阳能、地热能、风能等可再生资源 ·严格的垃圾分类回收、分类处理制度 ·污水区重整建设、绿色交通优先 ·低能耗建筑 ·雨水蓄流，地表水分离收集
斯德哥尔摩（瑞典）	全球著名生态城市、"欧洲绿色之都"	·电加热系统供热，海水制冷系统调节室温 ·功能混合的生态型住区、减小出行需求 ·完善公共交通设施、建立慢行系统 ·交通拥堵地区征收额外通行税 ·交通工具使用可再生能源 ·鼓励开发存量土地，重建废弃用地 ·良好的公园体系，公园绿地服务半径200~300m

续表

城市	简介	绿色发展建设核心要点
温哥华（加拿大）	美洲旅行社协会授予"美洲最好城市"	·制定严格的发展指标体系 ·城市未来发展集中在存量土地范围 ·高密度混合开发 ·完备的公交体系，倡导绿色出行 ·利用开敞空间体系将建成区分为若干独立的居住组团 ·多中心、多层级的都市中心 ·统一配置公共基础建设 ·服务设施完善的社区 ·绿色建筑
新加坡	亚洲著名的花园城市	·占地1.5hm^2，服务半径500m的公园体系 ·建设绿色基础设施 ·地铁、轻轨、公交落网体系无缝衔接 ·GPS系统在出行交通上的使用 ·"居者有其屋"的住房计划 ·绿色建筑 ·制定长期生态保育战略

来源：笔者整理自制

通过对国外城市绿色发展实践案例的核心要点梳理可得出，城市发展较重视人与自然的平衡，以及重视对清洁能源、可再生资源的利用，把文化保护与自然生态环境相结合，促进城市经济、文化、生态、社会的一体化发展。在具体实践中，主要通过物质空间规划、绿色城市基础设施、规划建设管理三大层面，以及土地紧凑利用、能源高效利用、绿色交通等规划要素来全面推进城市绿色发展建设（表3-15、图3-9、图3-10）。

各大城市建成区面积、人口和平均密度　　　　　表3-15

城市	建成区面积（km^2）	人口	建成区平均人口密度		人均建成区面积（m^2/人）
			（人/hm^2）	（人/平方英里）	
柏林	1176	4212400	36	9279	279
伦敦	1062	6626300	62	16167	160
纽约都市区	2674	10752900	40	10414	249
巴黎大都市区	937	7998100	85	22098	117
上海都市区	244	7397200	303	78483	33

来源：笔者整理自制

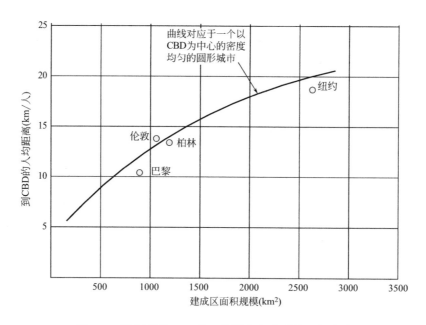

图 3-9 都市区到 CBD 的人均距离和建成区面积关系
来源：唐纳德·沃特森，艾伦·布拉特斯，罗伯特·G·谢卜利.城市设计手册[M]
北京：中国建筑工业出版社，2006.

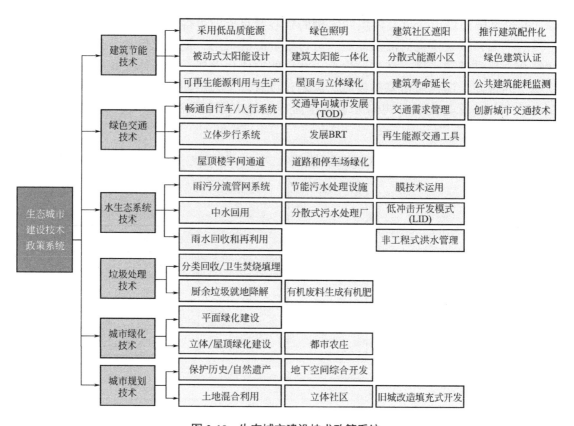

图 3-10 生态城市建设技术政策系统
来源：作者自绘

（2）启示

1）案例研究充分证明了空间整合在规划界有着探讨和理解的新着手点，以绿色网络和产业体系为导向的区域空间整合为关中西部城镇密集区的整合发展提供了新的思路。

2）案例研究反映出区域空间整合可分为多个层级：①从宏观区域发展着手，探讨城镇密集区空间架构，对区域进行系统性的统一整合规划；②从城镇间联系网络入手，对区域性城市重大基础设施进行统一规划建设，实现区域基础设施一体化；③从城市内部来看，注重保护生态环境，加强景观规划建设力度，不能忽视保护和合理利用历史文化遗存。

3）在技术手段上，案例分析较多采用生态敏感性分析法、GIS数字技术分析等方法，并运用引力模型、单因子分析法和指标体系构建法等，增强了整合的可行性和可实施性，为下步的研究提供了值得借鉴的分析方法。

3.5 本章小结

本章从国内外相关基础理论的研究出发，在融合多学科基础理论上，对城镇密集区的发展研究历程进行梳理，总结现阶段国内外发展的特征及趋势，并在此基础上透析当代国内外城镇密集区空间整合的相关研究进展，最后从多个角度追溯了城镇密集区空间整合的经典案例。本章研究结论包括：

（1）在我国城镇化的快速推进发展的过程中，城镇密集区在区域经济发展中的重要地位和作用凸现。目前已进入城镇化攻坚阶段，城镇密集区的崛起已成为我国区域社会经济发展的新亮点，是构成和支撑我国区域社会经济发展的重要社会组织形态。

（2）城镇密集区的绿色化发展必须从经济、社会、环境、人等角度出发，以保护区域自然生态环境的可持续为基础，保持整体经济发展的可持续作为条件，以改善居民生活水平和质量的社会可持续为目的，强调不同领域的互动共生、协调与可持续发展，提升生活舒适度，促进社会进步。

（3）目前针对城镇密集区规划实证的研究较多，相关规划理论与方法的研究相对偏少。从本土区域发展现实角度出发提出理论与方法方面有待发展。从地理学、经济学、区域规划等视角出发的研究较多，其他领域的研究偏少。针对西部内陆欠发达地区的研究较少，主要研究集中在东部沿海经济发达地区，因此加强西部城镇密集区的针对性研究具有重要意义。

第4章 西北城镇密集区的总体特征解析

城镇密集区是实现区域现代化、高效城镇化、城乡一体化以及解决"三农"问题的重要区域,随着区域城镇居民富裕程度提高,尤其是中产阶级总量大幅增加,生活需求将更加多样,所消耗的资源能源越来越多。这些变化预示着中国在未来城镇密集区发展过程中,将进一步面临资源环境承载能力危机的问题。中国共产党的十八大、十九大提出生态文明、绿色创新、城乡融合、乡村振兴等发展理念,提出美丽中国的建设目标。当前西北城镇密集区发展应当把握政策窗口期,以绿色增长建设为契机,建立以人为本、生态优先的空间发展模式与空间规划价值体系。

——笔者

4.1 西北城镇密集区的典型区域特征解析

4.1.1 地理区位上的边缘区特征

西北地区是当今中国四大地理分区之一,土地面积约为315万km^2,占全国土地总面积32.58%。西北城镇密集区主要分布在地理上的边缘区域,是我国地理疆域上的边缘地带。根据西北五省区行政区划将西北内陆城镇密集区划分为以西安为中心的关中平原城镇密集区,包括西安、咸阳、铜川、宝鸡、渭南、韩城、华阴、兴平,以兰州、西宁为中心的兰西城镇密集区,包括兰州、西宁、白银、定西、临夏,以银川为中心的银川城镇密集区,包括银川、吴忠市的利通区、青铜峡,以乌鲁木齐为中心的天山北麓城镇密集区,包括乌鲁木齐、昌吉、阜康、米泉、石河子、五家渠、独山子、乌苏、奎屯[①]。

由于降水稀少、气候干旱等原因,西北地区的地表水量约为2200亿m^3/年,仅占全国总径流量的8%左右。干旱缺水是困扰西北地区农业转型发展和乡村振兴的主要障碍之一。马太效应造成了西北城镇密集区的经济增长、社会发展、形象地位的边缘化,体现了明显的边缘空间特征[②],即西北城镇密集区往往是我国的生态涵养区、社会经济落后区、边贸前沿区,表现出明显的异质性、关联性、公共性、中介性、前沿性和层次性等特征。但西北城镇密集区可以发掘潜在的边缘效应,有意识地创造边缘效应,使边缘区域发挥相对的核心作用,促进西北城镇密集区空间结构的协调发展。

---

① 李夏. 西北内陆城镇密集区空间组织格局研究[D]. 西安:西北师范大学,2006.
② 单晓刚. 交通条件支撑下的贵州特色城镇化发展格局[J]. 贵阳学院学报:自然科学版,2011(4):33–37.

4.1.2 环境资源上的生态约束性

西北城镇密集区所涉及的大部分省区都处于干旱、半干旱地区，这些地区生态环境整体上都是较为脆弱的，自然环境恶劣。作为典型生态脆弱性地区，一旦西北城镇密集区的生态环境遭到破坏，则直接干扰城镇密集区的区域协调发展，也会给我国东中部地区带来干扰，如黄河断流、持续不断的沙尘暴等。因此，西北城镇密集区的区域发展必须走绿色化的发展路径。伴随全球城市化进程的加快，城市缺水已成为全球关注的问题。据预测，21世纪中叶世界人口的一半以上将居住在城市，城市用水将缺1000亿m^3。麦克迈克尔（A. J. McMichael）在《危险的地球》一书中也指出："城市化将以一种重要的形式危害人类的生存环境和健康。城市的扩张、工业的增长及其人口的增加，给当地水资源带来许多压力。"[①] 由此可见，城市化与水资源的关系协调问题已经上升为世界性的战略问题，对于缺水条件下将要同步加快实现工业化与城市化进程的西北城镇密集区来说，尤为重要。

城镇密集区发展与水资源及生态环境之间存在着矛盾性。城市扩张受周边生态环境的限制，作为城镇成长背景的生态环境受到破坏后，反过来又影响城镇发展规模和空间结构优化，延滞城镇密集区的发展进程，甚至导致城镇迁移或废弃。水资源约束下城镇密集区发展与生态环境保护之间形成的这种恶性循环怪圈是导致干旱区城市化水平低下、城市规模小且不完整、城镇体系结构和城市空间结构不合理、多数城市和城镇辐射带动功能弱、并最终导致工业化发展滞后的根本原因[②]。

面对这些问题，尽管干旱区通过建设节水型社会和节水型城市、加强城市生态环境建设、集中治理城市环境污染、建设城市生态示范区、营造城市生态屏障、发展生态型城镇和生态社区等途径，试图协调好水资源短缺与城市化发展及生态环境保护的关系，但受水资源、资金投入、观念、利益驱动、规划滞后等种种因素影响，至今仍呈现出"水资源日趋短缺——城市化进程发展缓慢——生态环境继续恶化——水资源更加短缺——更加限制城市化进程"的恶性循环格局[③]。

4.1.3 地域文化上的多民族特性

西北城镇密集区分布着十多个少数民族，少数民族主要有回族、维吾尔族、哈萨克族、藏族、蒙古族、俄罗斯族。民族人口集中区域整体上经济发展水平严重滞后，生活相当封闭，贫困问题突出。民族生活习惯、文化传统使少数民族地区城镇密集区发展的难度又远远大于其他地区，经济发展水平的滞后伴随着人口素质的低下、思想意识的守旧，加之农村人口迁移成本过高、风险过大、民族人口迁移黏性大，极大地制约了西北城镇密集区的快速发展。

---

① 麦克迈克尔.危险的地球[M].南京：江苏人民出版社，2000.
② 余侃华，张沛.低碳视角下大城市地区空间理性增长实现途径探析——以西安为例[J].长江大学学报：自科版，2011，29（2）：111–115.
③ 方创琳，黄金川，步伟娜.西北干旱区水资源约束下城市化过程及生态效应研究的理论探讨[J].干旱区地理，2004(1).

4.2 西北城镇密集区的空间格局现状

4.2.1 关中平原城镇密集区

关中平原亦称渭河下游平原，西起陕西宝鸡，东抵黄河西岸，西窄东宽，西部宽仅10km左右，东部宽在80km以上，东西长约360km，号称八百里秦川，面积约5.55万km^2。地势西高东低，是渭河地堑在地壳不断下沉运动中，由泥沙堆积而成。

关中平原城镇密集区是指以西安为中心，以陇海铁路和国道为一线、以高新技术产业和先进技术及星火产业为特点的产业经济体系为两带的"一线两带"关中经济区，包括西安、咸阳、铜川、宝鸡、渭南、韩城、华阴和兴平8座城市及所辖的400多个建制镇[①]。关中平原城镇密集区现有超大城市1座（西安），大城市3座（咸阳、宝鸡和渭南），中等城市1座（铜川），小城市3座（兴平、韩城和华阴）。各类城市数量比例为1∶3∶1∶3，城市等级体系不完善。

关中城镇群已纳入中国十大城镇群内，城镇发展步入新时期。但城乡问题依然突出，核心城市与中心城市首位度过高，不同层级的城镇数量、规模差异大。关中范围内西安市首位度高，市域范围内中心城市咸阳、铜川、渭南、宝鸡首位度高，县域范围内县域中心城市首位度高。大城市剥夺小城市，小城市剥夺县域中心城市，县域中心城市剥夺周边乡村，一级剥夺一级，造成城乡体系中层次差别大（表4-1、表4-2）。城镇网络体系没有全域覆盖，依托陇海铁路线和高速公路，大多数乡镇并未纳入交通网络发展体系内，失去核心城市带动，地区发展不均衡（图4-1）。

关中地区城镇数量与规模结构一览表　　　　表 4-1

城市等级标准	数量（座）	所占比重（%）	名称
超大城市（>1000万人）	0	—	—
特大城市（500万~1000万人）	1	2.6%	西安
大城市（100万~500万人）	3	7.9%	宝鸡、咸阳、渭南
中等城市（50万~100万人）	1	2.6%	铜川
小城镇（<50万人）	33	86.8%	杨凌、韩城、兴平等

注：2014年11起《关于调整城市规模划分标准的通知》将城市划分标准重新划定。
来源：2017年陕西统计年鉴。

关中县域经济主要发展指标表　　　　表 4-2

地域	总人口（万）	生产总值（亿元）	地方财政收入（亿元）	人均生产总值（元）	城镇居民人均可支配收入（元）	乡村居民纯收入（元）
陕西县均	28.52	96.18	4.31	33760	22415	7168
全国县均	44.63	120.99	6.60	—	—	—

---

① 李夏. 西北内陆城镇密集区空间组织格局研究［D］. 西安：西北师范大学，2006.

续表

地域		总人口（万）	生产总值（亿元）	地方财政收入（亿元）	人均生产总值（元）	城镇居民人均可支配收入（元）	乡村居民纯收入（元）
关中县均		39.00	83.14	3.974	21283	27007	7877
西安	户县	60.00	155.24	11.23	25837	24817	10899
	周至	67.20	78.28	2.10	11648	20025	7733
	蓝田	64.67	112.90	3.27	17457	22951	9037
宝鸡	凤翔	52.00	143.01	3.48	27502	26630	9159
	岐山	48.00	144.50	2.74	30104	29050	10435
	扶风	45.00	82.00	2.00	18222	24205	7565
	眉县	32.60	101.00	2.60	30982	31500	9985
	陇县	26.80	50.8	2.30	18955	23002	7643
	千阳	13.00	6.21	0.18	4777	—	1957
	麟游	9.07	41.15	1.30	45369	21215	6696
	太白	5.20	15.8	0.74	30385	23650	7687
	凤县	11.00	130.2	3.80	10500	30415	10402
咸阳	武功	44.72	88	1.09	19673	24124	8167
	乾县	58.00	145.04	2.46	25006	30421	10700
	礼泉	50.00	108.6	2.72	21720	25048	8381
	泾阳	53.00	118.02	5.34	22267	26513	8379
	三原	42.00	120.50	5.88	28690	26619	8383
	永寿	20.34	41.33	1.3	20319	23530	7317
	彬县	35.50	165.43	10.01	—	28041	9058
	长武	18.00	52.60	2.8	29222	24399	7556
	旬邑	27.40	102.28	0.78	38723	23715	7701
	淳化	20.50	50.25	0.614	24512	22311	7518
渭南	华县	37.00	120	3.1	32432	25500	7670
	潼关	16.00	38.75	2.45	24219	23346	7391
	蒲城	74.30	150.00	5.46	20188	26207	7930
	澄城	40.00	83.01	3.58	20753	24750	6800
	富平	81.00	120.12	11.70	14830	24909	7882
	白水	29.81	68.83	2.15	23090	24060	7178
	合阳	45.00	67.85	21.91	15078	23133	6785
铜川	宜君	10.00	25.84	1.94	25840	26441	8089

来源：2017年陕西统计年鉴及各个县市2017年政府工作报告。

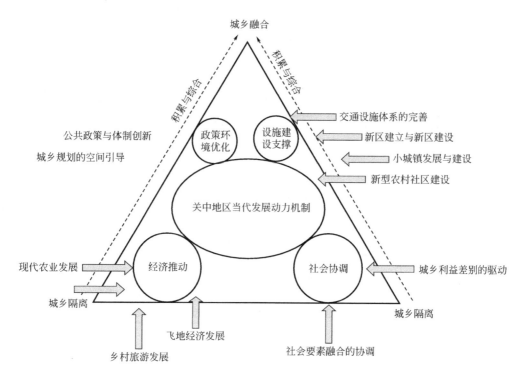

图 4-1 关中地区城乡发展动力机制模式图
来源：张沛，孙海军等. 中国城乡一体化的空间路径与规划模式：西北地区实证解析与对策研究［M］. 北京：科学出版社，2015.

4.2.2 兰西城镇密集区

兰西城镇密集区是指以兰州、西宁两个省会城市为中心，以兰青线、国道为两条平行发展主轴，北至白银、南至临夏、东起定西、西至西宁这一区域范围，东西长约396km，南北最宽约169km，包括兰州、西宁、白银、定西和临夏5市及35县区。但密集区内无超大城市，特大城市、大城市、中等城市、小城市虽相对连续，比例分配不尽合理（表4-3、表4-4）。城市辐射功能受到限制，难以带动城镇密集区的发展。

兰西城镇密集区市级城市数量与规模结构一览表　　表 4-3

城市等级标准	数量（座）	所占比重（%）	名称
超大城市（>1000万人）	0	—	—
特大城市（500万~1000万人）	1	25	兰州
大城市（100万~500万人）	3	75	西宁、白银、定西、临夏
中等城市（50万~100万人）	0	—	—
小城镇（<50万人）	0	—	—

注：2014年11起《关于调整城市规模划分标准的通知》将城市划分标准重新划定。
来源：作者自绘

兰西城镇密集区 2017 年末人口数据　　　　　　　　　　　　　表 4-4

县（市、区）	常住人口（万人）	总户数（户）	人口自然增长率（‰）	常住人口城镇化率（%）	镇人民政府个数（个）	街道办事处（个）	土地面积（km²）
兰州市	372.96	1104929	5.39	81.02	—	54	13200
西宁市	235.5	748680	4.65	71.14	27	27	7659.99
定西市	280.84	869545	6.81	34.33	87	3	19600
白银市	172.93	562918	5.15	49.32		9	21200
临夏回族自治州	204.41	633095	7.96	34.47	55	7	8169
城关区	131.61	333663	5.97	—	—	25	207.83
七里河区	57.51	166027	5.41	—	—	—	397
西固区	36.65	116678	2.78	—	—		385
安宁区	28.35	71770	4.44	—			86
红古区	13.97	54811	6.55	76.68	4	4	575
永登县	34.61	166788	5.34	—			6090
皋兰县	10.77	62694	5.52	52	6		2180
榆中县	44.37	132498	5.75		11	—	3302
城东区	38.73	85799	3.79	99.79	2		114.59
城中区	31.72	82705	3.45	97.7	1	7	167.30
城西区	28.21	81524	7.42	100	1	7	56.90
城北区	32.18	202672	4.89	93.16	2	4	137.70
大通县	44.9	122388	6.71	44.88	9	—	3090.00
湟中县	45.64	133154	5.35	30.5	10	1	2584.50
湟源县	14.12	40438	0.91	39.87	2	8	1509.00
安定区	43.05	150448	6.73	42.66	12	3	3639
通渭县	40.79	122132	6.84	24.42	14	—	2909
陇西县	46.29	138642	6.83	47.6	12		2409
渭源县	33.11	104861	6.84	24.6	12		2066
临洮县	51.79	163593	6.8	31.63	12		2855
漳县	19.82	59272	6.94	31.2	10		2164
岷县	45.99	130597	7.06	—	15		3574
白银区	30.24	113056	4.34	—	5	5	
平川区	19.71	69566	4.83	66.86	—		2126
靖远县	46.18	138690	5.38	—	13	—	5792
会宁县	54.21	169299	5.49	—	24	—	6439
景泰县	22.59	72307	5.21	—	8	7	5483

续表

县（市、区）	常住人口（万人）	总户数（户）	人口自然增长率（‰）	常住人口城镇化率（%）	镇人民政府个数（个）	街道办事处（个）	土地面积（km²）
临夏市	29.03	81224	5.84	88.28	4	7	89
临夏县	33.96	112885	7.20	28.74	9	—	1213
康乐县	24.32	79808	6.83	17.73	5	—	1083
永靖县	18.55	65054	5.70	47.77	10	—	1864
广河县	24.39	67533	12.10	28.28	6	—	538
和政县	19.38	64053	7.65	24.54	9	—	960
东乡族自治县	30.32	89724	11.70	18.96	8	—	1511
积石山保安族东乡族撒拉族自治县	24.46	72814	5.85	16	4	—	910

数据来源：青海省统计年鉴（2018年）；甘肃省统计年鉴（2018年）；西宁统计年鉴（2018年）；2018中国县域统计年鉴；各政府官网。

4.2.3 银川城镇密集区

银川城镇密集区位于宁夏回族自治区北部川区，富饶的银川平原中南部，行政区划包括银川市、吴忠市的利通区和青铜峡市，总面积10050km²[①]。空间直线距离由北端贺兰县城到南端利通区市区仅65km，是宁夏全区城镇化发展最快的地区。城镇等级规模结构不完整，没有超大城市，依然处于一种低水平的均衡发展状态。是一个人口规模较小的城镇密集区（表4-5~表4-7）。对于全自治区的经济社会发展，起着主导、支柱和龙头的重大作用。

银川城镇密集区市级城市数量与规模结构一览表　　表4-5

城市等级标准	数量（座）	所占比重（%）	名称
超大城市（>1000万人）	0	—	—
特大城市（500万~1000万人）	0	—	—
大城市（100万~500万人）	2	69%	银川、吴忠
中等城市（50万~100万人）	0	—	—
小城镇（<50万人）	1	33%	青铜峡

注：2014年11起《关于调整城市规模划分标准的通知》将城市划分标准重新划定。
来源：作者自绘

---

① 李夏. 西北内陆城镇密集区空间组织格局研究［D］. 西安：西北师范大学，2006.

银川城镇密集区 2018 年人口数据　　　　表 4-6

县（市、区）	常住人口（万人）	总户数（户）	人口自然增长率（‰）	常住人口城镇化率（%）	镇人民政府（个）	街道办事处（个）	居民委员会（个）	土地面积（km²）
银川市	14.50171	520052	6.94	88.72	21	25	255	8874.61
吴忠市	141.5387	441402	8.33	50.18	29	3	69	21306.50
兴庆区	75.1478	275267	5.11	88.69	2	11	94	828.39
西夏区	35.9919	121594	4.20	90.07	2	7	61	1123.78
金凤区	33.8774	123191	13.04	87.37	2	5	46	345.47
永宁县	24.3589	74492	7.14	56.80	5	1	22	1193.95
贺兰县	26.1738	92487	3.05	56.98	4	—	13	1536.75
灵武市	29.5062	89143	5.49	58.22	6	1	19	3846.27
利通区	41.8217	142251	8.25	64.49	8	—	21	1414.58
青铜峡市	29.7837	101999	2.85	51.28	4	1	21	2324.69
总计	296.6614	1020424	49.13	553.9	33	26	297	12613.88

数据来源：宁夏回族自治区统计年鉴（2019）。

银川城镇密集区县域经济主要发展指标表　　　　表 4-7

市	区、县	总人口（万）	生产总值（亿元）	地方财政收入（亿元）	人均生产总值（元）	城镇居民人均可支配收入（元）	乡村居民人均可支配收入（元）
宁夏县均		29.02	88.53	5.58	34730.2	26242	10989.72
银川城镇密集区县均		37.08	460.48	10.91	74666.5	32239.5	14124.63
银川市	兴庆区	75.15	633.79	11.44	84555	38317	15904
	西夏区	35.99	379.03	6.11	105531	29191	11820
	金凤区	33.88	243.00	7.08	73431	38348	12669
	永宁县	24.36	121.80	6.54	50179	30730	13871
	贺兰县	26.17	127.99	11.60	48975	31051	14780
	灵武市	29.51	395.87	34.18	134532	32860	14848
吴忠市	利通区	41.82	194.69	3.09	46745	29828	14906
	青铜峡市	29.78	158.77	7.23	53384	27591	14199

数据来源：宁夏回族自治区统计年鉴（2019）。

4.2.4 天山北麓城镇密集区

天山北麓城镇密集区位于天山山地与古尔班通古特沙漠之间，由八音沟河、金沟河、玛纳斯河、塔西河、呼图壁河、三屯河、头屯河、乌鲁木齐河冲积发育的山前平原之上，总面积6.4万km²，为全疆城市化水平最高的地区。

受自治区特殊的行政体制的影响，该密集区城镇等级规模结构层次分明。由于县城经济、人口的增长，使建制市增加，而县城数量不断减少，使城镇密集区发展的基础显得薄弱（表4-8）。乌鲁木齐城市首位度高，使得乌鲁木齐与其他城镇发展水平相差悬殊。

天山北麓城镇密集区 2018 年人口数据　　　　表 4-8

地级市、地区、自治州	年末人口（万人）	城镇人口（人）	乡村人口（人）	总户数（户）	人口自然增长率（‰）	年末人口城镇化率（%）	镇人民政府（个）	街道办事处（个）	土地面积（km²）
阿勒泰地区	65.95	258055	401447	22.12	4.63	39.129	30	4	117699.01
克拉玛依市	30.77	305062	2681	11.92	5.78	99.129	1	14	8654.08
塔城地区	99.25	412710	579734	35.74	0.77	41.585	34	8	94698.18
博尔塔拉蒙古自治州	47.85	201838	276671	17.71	3.13	42.181	12	6	24934.33
巴音郭楞蒙古自治州	124.21	681904	560221	42.73	4.40	54.898	38	7	470954.25
伊犁哈萨克自治州	458.26	1907653	2674909	150.99	4.60	41.629	115	29	268778.72
昌吉回族自治州	139.37	598837	794881	49.41	0.65	42.967	44	9	73139.75
乌鲁木齐市	222.26	2003659	218899	85.33	3.36	90.151	10	82	14875.50
吐鲁番市	63.34	229262	404154	19.87	1.61	36.195	19	3	67562.91
哈密市	55.94	270791	288561	20.23	5.69	48.412	15	5	142094.88
阿克苏地区	256.17	878349	1683325	69.66	5.67	34.288	41	11	127144.91
克孜勒苏柯尔克孜自治州	62.45	140827	483669	15.55	11.45	22.551	6	2	72468.08
喀什地区	463.38	1065325	3568456	120.14	6.93	22.990	50	13	137578.51
和田地区	253.06	548616	1981946	65.04	2.96	21.680	24	4	249146.59

数据来源：2019 年新疆统计年鉴。

4.3 西北城镇密集区的外在表现特性解析

4.3.1 城镇密集区的规模结构特性

（1）城镇密集区总量少、规模小、极化效应明显

西北城镇密集区的整体规模结构特征表现为：数量非常少，而且规模普遍偏小，城镇密集区内部建制镇的数量相对较多，大城市空间极化效应明显（表4-9）。这种规模结构特征很容易导致城镇密集区发育度不高，再加之西北生态环境的脆弱性特征，这些将会进一步影响西北城镇密集区的空间壮大。

2010 年中国四大区域城市数量与规模比较一览表　　　　　　表 4-9

项目		合计	>200	100~200	50~100	20~50	<20
全国	城市个数	655	24	38	95	240	258
	人口比重（%）	100.0	31.8	16.0	19.0	22.9	10.3
东部地区	城市个数	233	14	20	39	101	59
	人口比重（%）	48.8	20.2	8.2	7.9	10.0	2.4
东北地区	城市个数	89	4	5	14	26	40
	人口比重（%）	12.7	3.9	1.8	2.8	2.4	1.8
中部地区	城市个数	168	3	7	25	61	72
	人口比重（%）	20.0	3.2	3.1	4.9	5.8	2.9
西部地区	城市个数	165	3	6	17	52	87
	人口比重（%）	18.6	4.5	2.9	3.4	4.6	3.2

来源：魏后凯．走中国特色的新型城镇化道路［M］．北京：社会科学文献出版社，2014．

（2）城镇密集区内城镇密度小，空间分布极不平衡

从西北城镇密集区的空间密度结构上看，由于城镇数目绝对值的偏小和土地面积的绝对偏大，使西北地区城镇密集区的城镇密度也远远低于发育度较高的其他城镇密集区平均指标，诸如与发育度较高的长三角、珠三角、京津冀等城镇密集区相比，无论在规模还是密度上都远远达不到。西北城镇密集区的空间分布亦极为不平衡。城镇密集区数量的巨大差异导致西北城镇密集区与中东部的城镇密集区相比存在巨大空间差异，如新疆地区和青藏高原城镇密集区的密度最低。

（3）城镇密集区内部城市首位度过高，结构失衡

西北城镇密集区内部城镇体系的主要特征就是大城市、小城市两头突起的哑铃形结构，中等城市数量明显下凹，缺乏城镇体系演变发展的承接城市，这是西北城镇密集区发育的薄弱环节。

4.3.2　城镇密集区内部的城镇化水平差异大

城镇密集区发育度进程落后于全国其他地区，但总体上进入快速发展时期西北城镇密集区内部相对中东部地区的城镇密集区而言，存在城市化水平较低、速度慢特征，沿海和中部地区城镇密集区（诸如中原城市群）的城市化势头都比西部城镇密集区的城镇化势头迅猛。

西北城镇密集区不仅省区间城镇数量分布不均衡，并且由于社会经济发展环境和背景的差异，人口城镇化水平在各省区间也有很大的差异，总体上西北地区的关中城镇群发展速度要高于银川大都市区、兰州—西宁城镇群、新疆天山北麓城镇群等。处于内蒙古的呼包鄂城镇群近年来城镇化率提升较快，高于全国平均水平。城镇化与经济发展水平的这种不一致性，究其原因，主要根源于国家统一的行政部署和地区特殊待遇的差异。

4.3.3 城镇密集区经济发展水平特征

(1) 城镇密集区发展水平的差异性较大

西北城镇密集区的发展水平不仅体现在人口城镇化率与城镇数量上比中东部滞后,而且在区域经济发展水平、基础建设水平及城镇居民生活水平上也与东中部地区存在很大的差距,城镇密集区内部基础建设水平和经济发展水平总体偏低,如建成区面积、城镇人口密度、人均城市道路面积、人均公园绿地面积等指标。

(2) 中等城市实力不足,与特大城市的落差较大

西北城镇密集区的城镇体系中的中间层次不但在数量上绝对薄弱,其经济发展水平、城市的建设水平也与首位城市存在很大的落差。人口规模偏小使得城市基础设施营运成本过高,城市经济发展水平不足限制了城市建设资金的来源,尤其在西藏、青海等经济落后地区城市基本的公用设施都不健全,城市的公共服务功能相当薄弱,城市居民的生活质量与东部地区同规模的城市居民生活水平相去甚远。另外西北城镇密集区中等城市功能定位模糊,发展模式趋同,中等城市经济以资源型居多,缺乏城市特色经济,城市产业结构以工业为主,而工业又以重工业为主,工业产品以低加工低附加值的初级产品为主,限定了城市经济的总体水平,并且从长期来看城镇密集区的可持续发展能力薄弱,随着可用自然资源的减少城市经济必然面临更大的挑战。

(3) 小城镇经济实力弱,农村经济特征明显

西北城镇密集区内部小城镇的集聚能力非常有限。一般而言,县城作为政府行政机构所在地是县域经济政治中心,集中了县域绝大多数的非农业人口和非农经济,城镇经济特征较为明显。非县城的建制镇主要以农村经济型城镇居多,农业经济为主导,作为城镇集聚所需求的二三产业还处在次要地位。小城镇的功能仅仅是镇政府的办公地和周围农村地区的集贸中心,对农村剩余人口的吸纳能力非常有限。小城镇的建设水平也相当落后,除县城外的小城镇大都没有供水、供热、排水等公共服务系统,在医疗、交通等方面相当落后,同时其建设也缺乏系统规划,管理水平落后。

4.3.4 西北城镇密集区发育度低的反思

(1) 制约着西部经济水平的提高

城镇密集区的发育度是现代化的重要指标。西北城镇密集区的发育度较低,影响了市场对经济调节作用的发挥,这样就制约了西北地区经济水平的提高。另外,西北城镇密集区基础设施力量薄弱,诸多设施陈旧落后,不能适应生产发展和城市进步的需要,使城市经济发展缺乏必要的物质基础,从而也抑制了西北城镇密集区的现代化进程,这又从另一个侧面影响了西北地区整体区域经济水平的提高。

(2) 制约着农业现代化进程

城镇密集区经济的发展不仅带动整个国民经济的发展,还有力地支持农村的发展,促进农业现代化进程。城镇密集区发育进程中,由于大量农村剩余劳动力向城镇密集区转移,使得农业土地日益集中,易于形成农业的规模化和集约化经营,促使农业生产中的科技利用,提高农业科技化和机械化水平。我国西北城镇密集区的发育度普遍较低,城镇密集区内部结构不完善导致吸纳农村人口不足,小城镇又没有足够吸纳农村人口的能力,这就导致西北地区过多的剩余劳动力滞留在农村，不能向城镇转移，使农村人地关系严重紧张，难以有效开展农业规模化生产运作，更难形成专业化的农业经营。

（3）制约着社会文化素质的提高

城镇密集区高效发展是现代化的重要组成部分，城镇密集区的发育进程也伴随着人的现代化进程，是从传统农业社会向现代工业社会转化的重要标志。它不仅意味着农村人口转变为城市人口、农村地域转变为城市地域，也意味着人们的思想观念、生活方式和科学文化水平由传统向现代的转变。西北城镇密集区的发育度的提高，将会促进区域内的公民素质提高；反之，则阻碍公民素质的提高。西北城镇密集区由于城镇化水平的滞后，城镇人口较少，大部分西部人仍然处在落后的农业生产生活状态下，难以获得先进的多元文化的熏陶，严重制约着西北地区的发展。同时，由于农村的分散性以及农民收入的有限性，致使农村教育水平落后。

（4）经济聚集和辐射带动作用的弱小

西北城镇密集区是西北地区区域经济发展的龙头。借助于城镇密集区的区位优势，它可以将一定区域内的人才、物资、技术和信息等要素聚集在城镇密集区内，之后又可以产生辐射作用，使城镇密集区将人才、资金、技术、信息和产品等向周围地区输送，从而带动周围地区的发展。鉴于我国西北城镇密集区总体规模较小的特点，必然造成城镇密集区的经济聚集和辐射带动能力减弱，影响整个区域经济水平的提高。整个西北城镇密集区大城市数量普遍偏少，分布密度也低，且在区域内分布严重不均，城镇体系结构极不均衡。西北城镇密集区的城镇体系显然不利于大中小城市之间的协调合作以带动经济发展。另外，当前西北城镇密集区诸多城镇皆以能源、原材料生产为主，产业结构单一，也削弱了城市辐射和带动作用。

（5）造成了严重的资源和环境问题

我国西北城镇密集区发展仍处于所谓集中发育阶段，即表现为人口、资本、技术等向城镇密集区中心区的集中。由于这种集中缺乏正确的政策引导和合理的规划控制，使西北城镇密集区建设呈简单的平面式拓展。一些资源依赖型西北城镇密集区的建设，不能对资源进行合理规划利用，致使开发过度，破坏资源的再生系统，甚至使一些不可再生资源出现穷尽的危险。还有，西北城镇密集区大部分小城镇重复建设现象严重，产业结构趋同，人均占用土地面积较多，造成严重的土地资源浪费。存在于小城镇中的乡镇企业，由于规模小、布局分散，加之资金不足、人才缺乏、职工素质偏低，没有建立相应完善的污物净化处理体系，容易造成环境问题。西北城镇密集区不断增长的人口为了生存而无节制地垦荒，致使大面积的草场、林地、丘陵、山坡被开垦为耕地，导致了植被破坏、水土流失、荒漠化、沙化、碱化加剧，以及生物多样性降低等生态环境问题，形成恶性循环。

4.4 西北城镇密集区的多维审视

4.4.1 城镇密集区发展的经济发展观

城镇密集区的经济发展观也称经济增长观，把城镇密集区经济增长过程归结为城镇密集区人居环境空间及相应经济总量的增加过程；认为依靠市场及城镇群组之间的竞争与合作机制就可以自然地实现城镇密集区的物质空间增长及相应经济总量的增长。认为城镇密集区的发展就是经济增长，而忽略城镇密集区发育与社会经济文化价值之间的关系，不关心城镇密集区增长价值追求的合理与否，忽略绿色、生态、公平、公正等理念在城镇密集区发展中的功效标准[①]。单一的城镇密集区的经济发展观容易导致区域资源破坏、环境污染，生态失衡，人类赖以生存的环境遭到严重破坏，加剧了人类社会和自然环境之间的冲突。

总之，城镇密集区经济发展观决定了发展目标的单一、发展模式的畸形以及发展结果的片面，常常导致"有空间增长而无内涵发展"。尽快转变片面的城镇密集区的经济发展观，确立城镇密集区的绿色增长发展观，已经变得刻不容缓。

4.4.2　城镇密集区发展的社会发展观

20世纪70年代，发展理论和发展科学达到了一个新阶段，社会协调发展观取代片面的经济发展观，成为发展观的新潮流[②]。基于社会协调发展观视角下的城镇密集区认为，城镇密集区的发展应当是整体的、综合的、协调的。它注重人与人、人与环境、人与组织的关系，强调发展是城镇密集区的整体社会结构性发展，包括城镇密集区经济增长、社会转型、文化传承、绿色生态、城乡融合等多方面的综合[③]。

城镇密集区的社会发展观强调加强区域经济协调发展下的社会均衡发展，要求把城镇密集区看成是以民族、历史、环境、资源条件为基础，包括经济增长、政治民主、科技水平提高、文化价值观念提高、社会转型等各方面因素的综合发展过程。社会性质和社会结构的变迁必须同迅速的经济增长并驾齐驱，而且应切实减少现存的地区、部门和社会内部的不平等[④]。

城镇密集区的社会发展观强调发展是整体的、综合的和内在的。所谓整体性，是指发展模式必须有一个整体的观点，既要考虑到作为整体的社会和人的各个方面，又要看到人们相互依存关系中出现的多样性；所谓综合性，是指各个城市、各个城镇、各个区域的协调一致；所谓内生性，则是指充分利用本区域的力量和资源来促进发展。

城镇密集区的社会发展观明确提出人是社会发展的主体，是社会发展的规划者和决策者，同时又是发展的参与者和实践者。因此，社会发展必须以人为中心，发展的最终目的就是使人本身获得全面发展，一切其他的发展都是为人的发展创造条件和机会。同时，只有依靠人才能获得发展，人是发展的动力，没有人的参与，任何发展都是不可能的。

城镇密集区的社会发展观突破了"经济发展就是发展全部内涵"的狭隘观念，是从"狭义的发展"到"广义的发展"的转变。它将社会的发展看作是全面的、综合的、协调的发展过程，注重经济发展和社会发展两个子目标的综合协调，重视经济结构和社会结构的同步优化、相互适应。城镇密集区的社会发展观强调人与自然和谐统一的关系，对传统

---

① 刘荣增. 我国城镇密集区发展演化阶段的划分与判定[J]. 城市规划, 2003, 27（9）: 78-81.
② 黄俊, 张晓峰. 科学发展观: 马克思主义协调发展理论的时代解读——以协调发展为例[J]. 湖北社会科学, 2008（1）: 20-23.
③ 谭敏. 成渝城镇密集区空间集约发展综合协调论[D]. 重庆大学, 2011.
④ 卫琳. 关于城镇密集区协调发展规划的实践与思考[J]. 规划师, 2006, 22（7）: 91-93.

经济发展理论造成的"增长第一"、"有增长而无发展"、忽视人类共同利益等问题有所察觉并予以猛烈批判,但并没有采取有力措施来遏制全球性的能源危机、资源浪费、环境污染、生态恶化等既危害当代人类利益,又威胁子孙后代长远利益的严峻问题。

长期以来,我国在经济社会发展观上存在偏差,注重增长速度,忽视增长质量。对城镇发展一直缺乏正确的认识和引导。改革开放以后,城镇密集区在城镇定位、城镇功能、城镇职能、城镇规模、城镇结构、城镇规划、城镇经济与社会协调发展方面都有着许多认识的偏差,不是片面强调发展大城市,就是片面强调发展小城镇;过分注重城镇的综合性而忽略城镇的协作性和专业性,从而造成各层次的城镇之间产业联系不畅,使城市的功能不能有效地发挥。城镇间产业结构雷同,重复建设现象严重,致使城镇缺乏产业支持而失去活力,在市场竞争中被淘汰;过分注重城镇经济发展偏废了环境保护和社会文化发展。凡此种种,都使我国的城镇密集区发展出现畸形[①]。

西北地区城镇密集区的发展进程也深受这两个片面发展观的影响。历史上出现的两次要素西进,使得西北地区城镇密集区过分追求经济的片面增长,再加上对社会和经济的协调发展关注不足,造成西北地区城镇密集区的畸形化发展。尽管在后来的以人为中心的发展观、可持续发展观的推动下不断前进,但历史遗留的问题仍然限制了西北城镇密集区的健康发展,造成西北城镇密集区现代化道路的崎岖难行[②]。

4.4.3 城镇密集区发展的动力观

经济发展是城镇密集区演化进程的根本动力,农业推力是城镇密集区演化的初始动力,工业是城镇密集区演化的基本动力,第三产业是城镇密集区演化的后续动力,产业结构持续高级化是城镇密集区演化的持续动力。西北地区的农业生产总体仍然比较落后,对于西北地区的农业投资也远远落后于东中部地区,农业生产效率的低下和农民收入水平的缓慢增长,不利于农村人口的转移和生活方式、价值观念的转变。西北地区是我国的资源密集区,矿产资源、能源资源丰富,许多城镇是以开采矿产和能源资源的开发而发展起来的,如宁夏的煤炭城市石嘴山,新疆的石油城克拉玛依,陕北的定边、神木等。这些资源型城镇的发展资源消耗量大,工业生产节能降耗能力低;核心资源储量日渐减少,清洁能源利用不足;主导产业偏于外循环,生产协作链条基本都在外地;条块分割,城乡分割,城市内部循环不畅;劳动者技能单一,职工跨行业流动受阻,失业率居高不下;城市区位状况阻碍了经济活动跨地区的循环能力;环保投入不足,污染治理水平低等特点[③]。这些传统的高投入、高污染产业的发展虽然提供了区域城镇组群发展的基本动力,但其产业发展的可持续性不强,再加上区域配套服务业的落后和产业结构的不均衡,也不利于城镇密集区的后续发展,不利于资源节约型、环境友好型社会的建设。

4.4.4 城镇密集区发展的模式观

由于西北地区特殊的生态环境、资源环境、区位因素和文化观念等,其经济社会发

---

① 童星.发展社会学与中国现代化[M].北京:社会科学文献出版社,2005.
② 盛广耀.中国城镇化进程中的城市密集区发展[J].上海城市管理,2007,16(2):28-32.
③ 刘治国,李国平.陕北地区非再生能源资源开发的环境破坏损失价值评估[J].统计研究,2006,23(3):61-66.

展、现代化进程、城镇密集区的空间进程应有其自身独特的具有地域特色的发展模式，而从西北城镇密集区空间演进可以看出，其发展更多的是沿用东中部地区城镇密集区空间发展的先进模式，脱离了西北地区的自然本底和发展条件，更多的是一种嵌入型的强迫式的发展模式，而非根植性的、融合式的[①]。尤其是对气候高寒，生态环境脆弱，人口密度极小而又封闭的青藏高原地区，其既不是有机疏散理论可以有机疏散的，亦不是集中发展理论可以有效集中的，其低密度的城镇和较小的城镇规模、狭小的市场、不完善的市场经济也不利于城乡融合和产业结构的自然演进，更不利于西北城镇密集区的集中发展[②]。

4.4.5 城镇密集区发展的规划观

城镇密集区空间演进过程包括人类生产方式、生活方式和居住方式的改变，不但要有量上的城镇人口和城镇数目不断增加，用地规模不断扩大，更重要的是物质上的城市基础设施和公共服务设施水平不断提高，城市居民的生活水平和居住水平的改善，城市文化和价值观念的形成和扩散。

城镇密集区以功能比强弱、以产业奠基础、以空间视优劣、以文化论输赢、以环境促发展、以制度促增长、以协同促共赢[③]。由于西北地区发展条件的客观限制，在注重城镇数量和城镇规模及区域性基础设施增长的同时，却把城镇数量的增加、城镇规模的扩大、人口城镇化率的提高和城镇经济增长简单地等同于城镇化，片面追求速度，片面强调物质建设的重要性，却忽视了城镇密集区空间演进对城市文化和价值观念的形成和扩散，忽视城镇密集区空间演进的内在质量，忽视自然资源的合理开发利用和生态环境保护，忽视人与自然、社会的协调发展。不健全的制度体系，不甚协调的发展格局致使城镇密集区空间演进的后续发展动力的不足。空间城镇化和人口城镇化的速度远远领先于社会经济的发展水平，社会和文化的城镇化落后于空间的城镇化，更大程度上表现为不协调的城镇密集区发展路子[④]。

4.5 本章小结

本章系统分析了西北城镇密集区的典型区域特征，从空间格局上分析关中、兰西、银川、天山北麓城镇密集区的现状，从城镇密集区规模结构、内部城镇化水平、经济发展水平以及发育程度，解析西北城镇密集区的发展特征。从多维视角审视西北城镇密集区的发展观。由于城镇人口、资本、技术等向城镇密集区区域中心地集中，导致西北城镇密集区建设呈现简单平面式拓展，尤其在西藏、青海等经济落后地区，城镇公共服务设施和基础设施配套落后，城镇人居环境水平远低于东部地区同等规模的城市。一些资源依赖型西北城镇密集区的建设，不能对资源进行合理规划利用，致使开发过度，破坏资源的再生系统，甚至使一些不可再生资源被耗尽。

---

① 李娜，董晓峰. 西北地区都市圈现代化进程研究——以兰州都市圈为例［J］. 兰州大学学报：社会科学版，2005，33（2）：78-82.
② 吴彩仙. 中国西北地区全面建设小康社会中人口空间分布与资源环境关系［D］. 乌鲁木齐：新疆大学，2006.
③ 刘畅，毛丽芹. 城镇化与产业结构互动关系文献综述［J］. 现代商贸工业，2017，44（1）：18-19.
④ 张玉清. 西北民族地区现代化进程中面临的突出问题及对策［J］. 重庆科技学院学报：社会科学版，2011（4）：85-86.

第5章 城镇密集区绿色增长规划论

  从科学发展动态看，21世纪已成为绿色发展的世纪，空间的绿色增长已成为解决一切与生命现象有关问题的一般科学方法。绿色增长理念已经给诸多学科的结合提供了共同的研究平台。目前，各学科发展的绿色增长趋势日趋明显。面对这样的背景，人们开始对城乡规划学科进行"绿色化"的反思，认为过去和现在指导专业理论与技术发展的、在很大程度上处于主导地位的规划科学理念是追求完全客观地将事实与价值分裂的"科学性"，在绿色化发展上表现为许多规划成果是违背绿色增长原则的，甚至是反绿色增长原则的。学术界针对城乡规划学科和绿色增长理念的融合正展开热烈的讨论。总的看来，研究尚属初步，还未出现完整、规范的体系。

——笔者

5.1 城镇密集区空间结构的绿色增长探索

  绿色增长是与绿色创新哲学观相符的解释、分析方法。在思维主体上是以"绿色化"作为思维主体的定位；在绿色创新思维的维度上，是绿色化、生态化、低碳化等进行立体式、多维度、全方位的思考展示；在所追求目标的设定上，是以整个城镇密集区的永续发展、绿色和谐、生态文明等作为所追求的目标。这种绿色增长思维在城镇密集区的空间规划中的运用是以绿色生态文明思想为基本原理的，将城镇密集区的空间系统看作具有自然特征和人工特征的复合体，注重城镇化与绿色空间的协调，注重绿色创新发展与资源环境的平衡，注重人类社会发展与绿色生态文明的协调，在城镇密集区的空间规划层面，考虑绿色潜力、生态格局、环境容量，寻求自然与社会经济发展的统一。在绿色增长思维模式下，城镇密集区空间规划研究应强调对空间"绿色化"的定位认知。

5.1.1 城镇密集区空间发展的绿色增长认知

  城镇密集区的空间演进除了人口用地规模扩大，导致城镇形态空间生长、拓展之外，还包含绿色创新功能的不断强化以及绿色增长潜力的提升和绿色空间质量的改善。城镇密集区空间绿色发展的实质是提高区域的协调能力及绿色调节能力，维护区域发展的绿色潜力、维护与发展区域空间中的绿色资源及绿色服务价值。

（1）国家绿色城市评价指标体系概述

  国家绿色城市评价指标体系共三个层级：一级指标包括绿色生产、绿色生活、环境质量三项。二级指标包括资源利用、污染控制、绿色市政、绿色建筑、绿色交通、绿色消费、生态环境、大气环境、水环境、声环境、其他共12项。每个二级指标均由若干约束性和可选性的三级指标组成，共65项三级指标，其中约束性指标42项（表5-1）。

国家绿色城市约束性指标体系　　　　　　　　　　　表5-1

一级指标	二级指标	三级指标	权重
绿色生产	资源利用	可再生能源消费比重	0.0168
		单位地区生产总值耗能	0.0378
		单位工业增加值水耗	0.0378
		工业用水重复利用率	0.0294
		工业固体废弃物综合利用率	0.0294
		单位地区生产总值建设用地面积	0.0168
		环境保护投资占GDP的比重	0.0168
	污染控制	单位GDP氨氮排放量	0.0252
		单位GDP化学需氧量排放量	0.0252
		单位GDP氮氧化物排放量	0.0252
		单位GDP二氧化碳排放量	0.0252
		单位GDP工业固体废弃物产生量	0.0252
绿色生活	绿色市政	生活垃圾清运率	0.0199
		生活污水集中处理率	0.0199
		雨污分流管网覆盖率	0.0162
		供水管网漏损率	0.0162
	绿色建筑	绿色建筑占新建建筑的比例	0.0240
		大型公共建筑单位面积能耗	0.0240
	绿色交通	清洁能源公共车辆比例	0.0225
		万人公共交通车辆保有量	0.0180
		公共交通出行分担率	0.0225
	绿色消费	人均居民生活用水量	0.0150
		人均居民生活用电量	0.0150
		人均生活垃圾产生量	0.0150

续表

一级指标	二级指标	三级指标	权重
环境质量	生态环境	建成区绿化覆盖率	0.00896
		生态恢复治理率	0.02016
		生态保护红线区面积保持率	0.0280
		综合物种指数	0.01792
		本土植物指数	0.01456
		人均公园绿地面积	0.00896
	大气环境	PM2.5浓度达标天数	0.0210
		空气质量优良天数	0.0210
	水环境	地表水达到或好于Ⅲ类水体比例	0.0175
		地表水劣Ⅴ类水体比例	0.0175
		地下水环境功能区水质达标率	0.0175
	土壤环境	受污染耕地安全利用率	0.0245
		中度及以上土壤侵蚀面积比	0.0245
	声环境	环境噪声达标区覆盖率	0.0168
		交通干线噪声平均值	0.0112
	其他	公众对环境的满意度	0.0112
		绿色管理制度完善度	0.0084
		环境保护宣传教育普及率	0.0084

（2）国家绿色城市指标权重的确定

绿色城市评价指标体系将"绿色"作为一个维度，作为一套标杆和参照系，在宏观上可作为城市绿色发展政策制定的工具，在微观上作为城市规划的抓手。以该指标体系作为对政策和规划进行评价的标尺，用来衡量城市绿色发展质量。选择科学的评价指标指引监测城市绿色发展进程，引导城市绿色发展方向，识别绿色城市发展过程中的重大问题，加强地区层面绿色城市发展的政策指导。

因此国家绿色城市评价标准采用层次分析法确定指标体系的权重。首先，确定评价指标体系，建立三级层次结构；其次，构造各层次两两比较判断矩阵，采用德菲尔法和1~9标度方法对矩阵赋值，采用规范列平均法（和法）对矩阵进行一致化处理，并进行一致性检验，最终确定各指标权重。

$$S=\sum_{i=1}^{n}F_iW_iW_jW_k \qquad (5-1)$$

式中，S代表综合评价值，n代表三级指标个数，F_i代表三级指标标准化值，W_i代表一级指标权重，W_j代表二级指标权重，W_k代表三级指标权重。

绿色城市评价实施过程中，各指标的评价基准值由各城市根据自身绿色发展的实际情况制定评价基准。

正指标的无量纲处理见公式（5-2），逆指标的无量纲处理见公式（5-3）。

指标的标准化值F_i位于[0，100]，正指标现状值x_i大于等于基准值x_0，则F_i取100；逆指标现状值x_i小于等于基准值x_0，则F_i取100。

$$F_i=\frac{x_i}{x_0}\times 100 \qquad (5-2)$$

$$F_i=\frac{x_0}{x_i}\times 100 \qquad (5-3)$$

式中，F_i是综合评价值，x_i是指现状值，x_0是指基准值。

确定指标权重时遵循的原则：一级与二级指标权重的确定考虑指标数量及指标的重要程度，适当分配分值。三级指标权重的确定除考虑同一二级指标下三级指标的数量及各指标的重要程度外，还要考虑约束性及可选性指标中同类指标占比总和占所属二级标准的比例，确保能够凸显各类指标的重要程度。同时，三级指标分值的确定还要考虑指标的易获取性，对于容易获取的指标，适当提高权重。

5.1.2 城镇密集区空间主体的绿色增长认知

城镇密集区绿色增长思维更强调城乡人居环境中的人类并非环境的唯一主体。人类没有改造一切的权利；相反绿色空间中人类与自然都应该是绿色空间的主体，绿色资源和非绿色资源的客观实体与人同样具有空间公正的权利。城镇空间绿色增长的方式，即是城镇空间精明增长的方式，是存量发展的方式。最初在2000年美国规划协会联合60家公共团体组成了"美国精明增长联盟"（Smart Growth America），确定精明增长的核心内容是用足城市存量空间，减少盲目扩张。加强对现有社区的重建，重新开发废弃、污染工业用地，以节约基础设施和公共服务成本，更加强调城市建设不能肆意扩张，而是在相对集中空间中强调用地的紧凑及混合用地功能，珍惜土地资源。

精明增长是在拓宽容纳社会经济发展用地需求的途径的基础上控制土地的粗放利用的方式，改变城市浪费资源的不可持续发展模式，促进城市的健康发展。因此对城镇密集区的绿色增长进行限定。城市增长的"精明"主要体现于两个方面：一是增长的效益，有效的增长应该是服从市场经济规律、自然生态条件以及人们生活习惯的增长，城市的发展不但能繁荣经济，还能保护环境和提高人们的生活质量；二是容纳城市增长的途径，按其优先考虑的顺序依次为：对现有城区的再利用，基础设施完善、生态环境许可的区域内熟地开发，生态环境许可的其他区域内生地开发。通过土地开发的时空顺序控制，将城市边缘带农田的发展压力转移到城市或基础设施完善的近郊区域。因此，精明增长是一种高效、集约、紧凑的城市发展模式,是一种绿色增长方式。

2015年左右我国提出存量发展相关概念,存量发展即以有限的空间资源应对多元的空间价值诉求,是精明增长发展的中国特色路径。其中存量规划包括需要整建维修、改善公共安全设施、基础设施和公共服务设施,改善建筑外立面、环境整治和既有建筑节能改造等维修、整治内容,但不改变建筑主体结构和使用功能。改变功能——改变部分或者全部建筑物使用功能,但不改变土地使用权的权利主体和使用期限,不改变建筑物的原主体结构;拆除重建——更新范围内绝大部分建筑拆除后重新建设,土地功能、开发强度、产权主体等均可发生改变的更新项目。同样存量规划及存量发展方式,对城镇空间的密集度、城镇空间效率有所促进,对城乡绿色生态资源具有一定的保护。图5-1为广州和首尔两个城市的人口密度比较,深色区域代表广州人口密度最大的$600km^2$土地可容纳人数的潜力。如果达到首尔市的人口密度,广州可再容纳420万人。

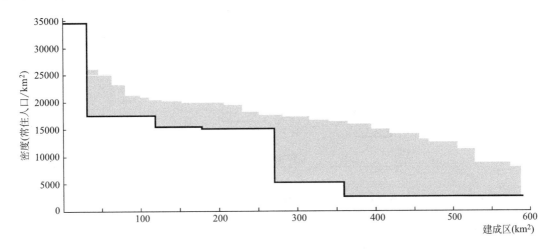

图5-1 广州和首尔人口密度比较折线示意图
图片来源:萨拉特,2013

除此之外,城市区划范围内的产业园区重点发展循环经济,保证尽可能多的物质封闭循环于整个工业生产体系内部而不使之流失,进行不同梯级利用、回收再加工或将上级废弃物作为下级原料的做法,加强物质的封闭循环流动,提高物质的使用效率。尤其是要丰富产业的产业种类、产业规模与产业结构。产业多样化可以为生产活动带来多样的中间循环物质与能量,不同的产业之间可以形成多条不同的循环产业链,可以使更多的能量和资源被更高效地利用。要将周边区域内的企业纳入到整体生态工业的大循环中来。产业链的设置上要考虑到地域特色,因地制宜,做到以工业园区为核心辐射周边区域或相关产业,促进区域经济发展。在产业发展的过程中,要及时对成员进行淘汰、更新与调整,确保可持续发展(图5-2)。

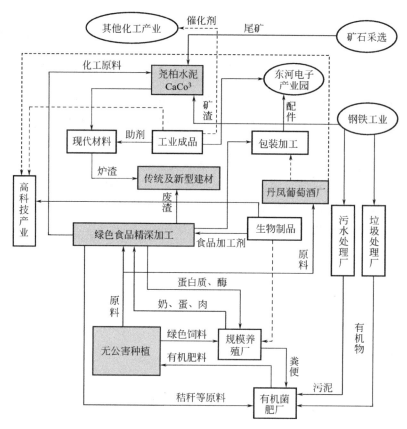

图 5-2 陕西丹凤产业园区循环产业链条示意
来源：作者自绘

5.1.3 城镇密集区空间价值的绿色增长认知

城镇密集区的空间是人类社会、经济活动的载体。绿色增长思维中的空间价值还强调生态绿色自然空间系统所提供给人类生态保育、资源利用、景观效益、游憩空间提供等潜在的各种各样的价值。这种绿色价值与其他价值的权衡是城镇密集区规划发展的重要依据。

城镇密集区的空间价值是在城乡区域发展中，追求资源分配效率之上要照顾不同的群体的利益，尊重区域内每一位居民的基本权利，创造人人可享有的基本保障和公共服务，提供均等自由的发展机会。其核心是兼顾效率与公平、政府与市场，实现整体利益与长远利益的最大化，也是空间正义的终极追求。

追求空间正义的新型城乡规划关注整个区域的环境发展，即环境均好性、生态资源适宜性、居住生活宜居性、公共服务功能均等性等。这是区别于传统规划"重视城市轻视农村，重视建设区域轻视非建设区域"的地域偏见，跳出城乡区域差别与行政界限的桎梏，尊重与珍视对区域来说具有唯一性、不可复制且不受全球化影响的自然资源与人文资源。通过规划手段，利用游憩线路将城乡区域中最好的景观资源与特色节点串联并利用起来，形成各式各样、各得其所、分布合理的区域生态和游憩休闲网，提升城乡居民的生活空间质量，对一个地区提升竞争力、促进可持续发展具有十分重要的意义。

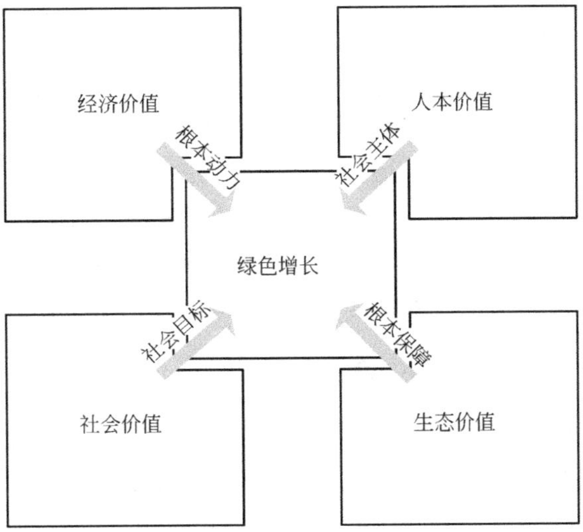

图 5-3　绿色增长的空间价值

当空间价值不仅追求城镇经济效率，而且更加强调更大范围的生态环境保护良好性、不同阶层居住生活的幸福感、不同区域的基础设施及公共服务设施配套的均等，以及不同空间体系直接的匹配和调配，这便是城镇密集区的绿色增长的空间价值（图5-3）。

5.1.4　城镇密集区空间形态的绿色增长认知

城镇密集区的空间形态是城镇密集区各种组成要素及其活动在用地上呈现的几何形态和形态关系的逻辑总结。广义城镇密集区的空间形态还包括人们通过各种方式去认识、感知并反映城镇组群与空间结构整体的意象总和。城镇密集区的空间结构形态一直是城镇密集区规划编制研究的工作重心，特别在目前我国物质形态规划占主导的态势下，城镇密集区的物质空间形态的未来状态则是绿色增长规划工作的重点。绿色增长理念体现在形态上的物质实体形态只是空间形态其中一部分，另一部分是称之为虚空间的绿色自然空间。并且，城镇密集区的空间范围越大，绿色自然空间所占面积也越大，所起的作用和所占据的地位愈明显。

城镇空间形态的影响因素较为复杂，并且是在动态持续变化之中。因此需要对城镇空间进行空间增长边界的限定。其中空间边界划定受城市人口增长需要，满足住房、就业机会和生活质量需要，通过经济手段提供公共设施和服务，最高效地利用现有城区以内和边缘区的土地，关注开发活动对环境、能源、经济和社会的影响；根据土地分类标准保留农业用地，使城市对土地的使用与附近的农业活动相和谐的综合影响。根据地形地貌、自然生态、环境容量和基本农田等因素划定的、可进行城市开发和禁止进行城市开发建设区域的空间界线，即允许城市建设用地扩展的最大边界。要限制城市发展规模，避免无序扩张，尤其是特大城市的发展，城镇空间基本框死，不会任其盲目扩张。刚性边界限定不适宜城镇动态变化发展状态，从而出现弹性边界概念。弹性边界给予城镇密集区一定的绿色可调配用地区域，满足城镇因特殊原因出现超边界发展与建设的弹性情况。

2014年7月住房城乡建设部和国土资源部共同确定了全国14个城市开展划定城市开发边界试点工作。首批试点城市包括，北京、沈阳、上海、南京、苏州、杭州、厦门、郑州、武汉、广州、深圳、成都、西安以及贵阳。全国范围内城镇空间形态推行城市开发边界的划定和推广，意味着从国家层面注重城镇空间形态的有序导向。党的十九大报告中再一次提出关于城镇开发边界的问题，城镇开发边界限定从长远发展和发展整体看有利于促进城市转型发展，提高城镇化质量。城市形态不能盲目求大，对城市实行集约化经营，提高城市档次和品质。有利于节约用地和保护耕地，充分提高城市土地利用率，避免土地资源浪费，保护国家耕地安全。有利于城市管理者在城市开发过程中守住自然本底，确保每个城市发展特色，体现每个城市发展优势，最终推动中国城市发展步入良性循环轨道。

5.1.5 城镇密集区空间规划的绿色增长反思

纵观目前国内外对城镇密集区空间规划的相关文献资料，可以发现地理学、区域科学、人口学、规划学等学科都提出或涉及了各自的针对城镇密集区空间规划的理论和见解，但很少从城镇密集区空间转型重构发展的内因、内部结构组织等方面由内而外地提出空间组织的对策。目前城镇密集区的空间规划更被视之为一种宏观战略性规划的技术性工作，图面的表达很少涉及城镇密集区空间内在的演化发展规律。这种研究状况大大影响了城镇密集区规划对实践指导的效果。运用绿色增长的观点反思传统的城镇密集区规划研究，发现"传统的规划理论存在一个致命的弱点，就是没有考虑到城镇密集区作为一个绿色创新系统存在所必须具有的三个基本属性：即生物属性、动态属性和相关属性"，表现为以下几点：

（1）对城镇密集区绿色增长的复合性理解不足。任何绿色增长系统都是社会、经济、环境综合作用的结果。城镇密集区则是人类社会、经济、自然活动的空间表现。绿色经济是遵循"开发需求、降低成本、加大动力、协调一致、宏观有控"等五项准则，并且得以可持续发展的经济。即以效率、和谐、持续为发展目标，以生态农业、循环工业和持续服务产业为基本内容的经济结构、增长方式和社会形态。绿色经济是一种全新的三位一体思想理论和发展体系。其中包括效率、和谐、持续三位一体的目标体系。

截至目前，对城镇密集区的研究涉及广泛，包括经济、社会、政治、文化等各种学科领域对该问题的涉足，但总体上仍呈现出对绿色增长综合态势认知不够的状态。

（2）对城镇密集区的层次特征理解不足。城镇密集区几乎涵盖人类聚居环境的主要部分，涉及城镇组群空间、区域外部空间和城乡空间三大层次，每一层次都有独特的空间特色与绿色肌理特征。城镇密集区处于动态变化中，这是城市运行的必然规律，并对城市流动人口进行合理调控。

同时，各层次之间又存在动态演替、相互影响的关系。目前我国规划体系尚不完善，不仅区域空间层次尚未用绿色规划的形式表现并得以顺利实施，而且静态蓝图式的规划难于体现绿色创新层次特征与层次之间的动态演替特征，也难以促进生产、生活、生态功能动态平衡，难以在城镇密集区中寻找到动态平衡的发展方式。

（3）对城镇密集区的绿色增长潜力了解不足。限于学科发展阶段和专业人员的知识背景的局限，规划人员对城镇密集区规划系统中的绿色基因组分缺乏重视，并且对空间建设的绿色增长潜力了解不足，对如何把握绿色增长潜力和建设的关系更是缺乏衡量尺度和手段，从而导致规划中缺乏绿色增长的依据。针对以上缺陷，综合现代自然科学和城镇密集区的空间结构特征及关系，对城镇密集区的空间绿色增长解析应采用以下观点：

1）共生观：构成城镇密集区的空间单元不仅包括城市与乡村聚落，还包括作为基质的并独立在外和包含其中的绿色开敞空间。三者组成一个整体，形成共生关系。同时，城镇密集区的空间是社会、经济、文化、自然等各种因子的载体，任何针对某一空间单元的建设都要从系统角度来分析，从整体绿色基因角度来解析，任何厚此薄彼的行为都有悖于绿色创新之道。

2）动态观：城镇密集区空间演进变化的过程，其动态演进是空间自组织和人为建构的结果。这种动态特征不仅包含城镇密集区的空间物质形态结构的演进特征，还包含城镇密集区内部的绿色自然生态因子结构的动态演进特征。人为干预城镇密集区空间结构演进的前提必须是符合城镇密集区绿色创新系统发展规律才能促进其健康有序的发展。

3）潜力观：构成城镇密集区的各种绿色潜力因子相互关联并具备一定适应和反馈能力，表现为城镇密集区对外界的干扰具有的反馈能力与自我修复能力。不合理的建设行为会造成对城镇密集区绿色空间结构的破坏，而合理科学的建设行为不仅在物质空间上给人以富有活力、人性化的聚居环境，对绿色开敞空间的影响也最小或具有正效应。对城镇密集区空间绿色增长潜力预估的目的之一就是最大可能预估建设行为对城镇密集区空间发展带来的正负效应，为下一阶段的建设提供趋利避害的理性规划与建设思路。

5.2 城镇密集区绿色增长规划的目标阐释

城镇密集区绿色增长规划的目标可以理解为，绿色规划与空间规划融为一体的情况下，对城镇密集区各个系统进行绿色化引导并能达到的技术内容。城镇密集区绿色增长规划必须完成两个互为条件的要求：①把城镇密集区的空间规划进行绿色综合与融合，以便有可能在绿色空间创新方面去进行有效落实，如区域绿色产业体系规划、区域绿色开敞空间规划、区域绿色游憩景观规划等；②从城镇密集区的各个专项规划层面提出绿色增长的建议，以便取得共识。这一论述对于界定城镇密集区绿色增长规划同样适用。因此城镇密集区绿色增长规划的目标可以阐释如下：缓解目前城镇密集区所面临的环境危机，为实现人居环境的绿色发展奠定基础，促进区域空间功能协同优化，实现经济发展与环境保护、生态平衡和谐相融，最终引导城镇密集区发展走向绿色化道路。

实质上城镇密集区的绿色增长模式就是一种理想的高级城镇化模式，是一种理想的区域发展范式，在这种区域范式中，技术与自然充分融合，人的创造力和生产力得到最大限度的发挥，人的身心健康和环境质量得到最大限度的保护。这些发展目标都可以看作是反映了城镇密集区区域协调发展的一个侧面。当然城镇密集区绿色增长目标的实现还需要区域经济发展、区域先进技术、区域绿色管制政策、法规等相关的有力支撑。城镇密集区绿色增长规划目标则完全是适用城镇密集区空间确立并达到建设某一理想状态这一工作特征。城镇密集区绿色增长规划作为一种建设手段和区域规划方法，保证其目标实现需要对总体绿色增长目标进行分解，具体体现在以下几个方面：

（1）从土地资源来看，城镇密集区绿色增长规划应达到土地集约利用，开发有序合理，区域主体功能区与区域绿色增长潜力高度拟合，城镇体系等级结构在土地资源限定的环境容量的范围之内实现有创新的活力和动力。

（2）从空间结构来看，城镇密集区与其承载的空间主体功能分区相互适应，区域城镇体系结构有利于降低区域能耗，提高区域发展效能，地域多样性、异质性合理，使城镇密集区动态发展与稳定有序兼容。

（3）从人的适居角度来看，城镇密集区绿色增长的目标能够达到人与人、人与社会、人与自然等关系的和谐发展，城镇密集区空间环境的使用能够提供居民包括来自物质、文化生活质量等多方面的满意度与适居度，进而形成一个可持续发展的人居环境。

5.2.1 城镇密集区城镇体系结构划分合理、分工明确

要保护和维育基于区域与城市生态环境自然禀赋及其承载能力的相对稳定的自然生态结构框架体系，在此基础上再进行城镇密集区布局。城镇密集区城镇体系结构要求密集区内部城镇、城镇间交通连廊和城镇间联系流、相互联系区域等多个要素按一定规律组合而形成的有机整体，通过交互作用和反馈，具有整体性、层次性和动态性。

（1）城镇职能

城市在一定地域内的经济、社会发展中所发挥的作用和承担的分工，是城市对城市本身以外的区域在经济、政治、文化等方面所起的作用。随社会经济发展或自然资源、交通运输、供水、用地等建设条件的改变而变化。

（2）城镇体系

是具有一定的时空地域结构的城镇网络。其中常有一主要的、最大的城市居中心地位，其他各城镇则为规模不等、职能不同、层次各异的系列。各城镇在诸多方面互有联系、互为依存，而又互有制约。对城镇体系的研究能为该区域范围内合理分布社会生产力、合理安排人口和城镇布局、充分开发利用国土资源以及进行经济战略部署提供依据。由若干规模相仿的大中城市及其周围的城镇所组成的多中心的城市集群，由城镇、城镇间交通连廊和城镇间联系流、相互联系区域等多个要素按一定规律组合而成的有机整体，不仅作为一定时间内稳定的状态而存在，也随着时间而发生阶段性系统性的变动。城镇体系规划需要不断地调整、修正和补充。

（3）城镇规模

按城市聚居人口大小可以区分城市规模大小，人口规模是衡量城市规模的决定性指标（因为城市地域规模会随着人口规模的变化而变化）。2014年，国务院印发《关于调整城市规模划分标准的通知》，对原有城市规模划分标准进行了调整，明确了新的城市规模划分标准。

5.2.2 城镇密集区空间结构的分布合理

（1）城镇地域结构

城镇地域结构是由经济活动在地理空间上集聚而形成的点状分布形态，点是区域经济活动的重要场所，是区域经济的重心所在。经济活动在地理空间上的集聚规模有大小之分。区域空间结构中的点有规模等级之分，区域内各种规模不等的点相互连接在一起就形成了点的等级体系。

区域空间结构中的线是指某些经济活动在地理空间上所呈现出的线状分布形态。根据经济活动的性质，线包括交通线（由铁路、公路、水运、航空等组成），通信线（由各种通信设

施组成)、能源供给线(由各种能源设施组成)、给水排水线(由各种水利设施组成),以及由一定数量的城镇线状分布所形成的线,同类但不同等级的线之间功能互补。网络是连接空间结构中点与线的载体,意义在于它能够使连接起来的点和线产生出单个点或线所不能完成的功能。由于网络的存在,才可能产生区域经济发展中的各种商品流、资金流、信息流、人流。

(2)城镇空间分布

城镇地域结构在一定程度上反映城镇密集区各个城镇的空间分布现状,反映地域内城镇的密集程度与城镇发展程度。城镇密集区空间结构的分布合理其实也主要体现在城镇分布合理,合理的分布才能带动周边乡村的发展,才能发挥增长极核的效益。

5.2.3 城镇密集区的空间效率整体较高

(1)城市首位度计算

首位度在一定程度上代表城镇体系中的城市发展要素在最大城市的集中程度。首位城市的经济总量与地区经济总量的比值,常以百分数表示。比值越大,说明该城市的带动能力越强。

杰斐逊(M. Jefferson)提出了"两城市指数",即用首位城市与第二位城市的人口规模之比的计算方法:

$$S=P_1/P_2 \tag{5-4}$$

两城市指数尽管容易理解和计算方便,但不免以偏概全。为了克服首位度两城市指数的简单化,又有人提出四城市指数和十一城市指数。

四城市指数:

$$S=P_1/(P_2+P_3+P_4) \tag{5-5}$$

十一城市指数:

$$S=2P_1/(P_2+P_3+\cdots+P_{11}) \tag{5-6}$$

按照位序—规模的原理,所谓正常的两城市指数应该是2,正常的四城市指数和十一城市指数应该是1。尽管四城市或十一城市指数更能全面反映城市规模的特点,但有些研究也表明了它们并不比两城市指数有显著优势。实际上两种方法的结果有很大的相关性,一般情况下选用两城市指数方法。

(2)空间紧密度计算

1)分析方法选择

根据地理学第一定律,在地球表面每个事物都和其他事物相关联,距离越近则联系越强。因此紧密度是指特定区域内基于地理位置基础上的相邻关系所产生联系的空间关联特征。城镇紧密度是指在特定空间内,各城镇之间相互联系紧密程度。选取OpenGeoDa软件(空间统计分析软件)进行空间相关性测试及基于时空关系进行验证。其中软件是实现栅格数据探求性空间数据分析的常用软件工具,能够以空间相关性测试(Spatial Association Measures,SAMS)为核心,描述与显示对象的空间分布特征,进行空间联系、拓扑关系、组织关系、簇聚方式及其他一致性空间模型分析。

2）分析原理

城镇紧密度是区域内所有城镇相关性强弱关系的反映，以城镇人口、经济数据、空间距离、时间经济圈进行空间分析与图示展现，从而得到结果。分析过程一般分为三个步骤：①建立空间权重矩阵，明确研究对象在空间位置的相互关系。②进行全局空间自相关分析，判断整个区域是否存在空间自相关或聚集现象。③进行局部空间自相关分析，找出空间自相关现象存在的局部区域。

相关分析是运用OpenGeoDa软件并提供Moran指数I分析及LISA分析。其中Moran指数I分析是基于相邻面积单元上变量值的比较，研究区域中相邻面积单元具有相似的值，统计指示空间自相关；若相邻面积单元具有不相似值，表示可能存在强的负空间相关。Moran指数I公式为：

$$I = \frac{n}{\sum_{i=1}^{n}(y_i-\bar{y})^2} \frac{\sum_{i=1}^{n}\sum_{j=1}^{n}W_{ij}(y_i-\bar{y})(y_j-\bar{y})}{\sum_{i=1}^{n}\sum_{j=1}^{n}W_{ij}} \quad (5-7)$$

式中，n表示区域中存在的若干个面积单元，i表示第i个单元，y_i表示第i个单元的观测值，表示观察变量在n个单位中的均值。Moran指数I在1~-1之间，Moran指数$I<0$表示负相关，$I=0$表示不相关，$I>0$表示不相关。其中指数I越趋近1表示总体空间差异越小，趋近-1表示总体空间差异越大。LISA是Local indicators of Spatial association的缩写，即局部空间自相关性，能解释其具体空间位置和聚集的显著程度。

3）空间效率计算

以城乡一体化空间效率本质特征出发，是区域城乡空间系统投入各种资源并获得各种产出的过程。其投入与产出效率关系成为区域城乡一体化空间绩效研究的主线。

投入系统以城乡一体化投入为一级指标，输出系统分为城乡生态一体化效率输出、城乡经济一体化效率输出、城乡社会一体化效率输出、城乡生活一体化效率输出4个二级指标，15个三级指标（图5-4）。

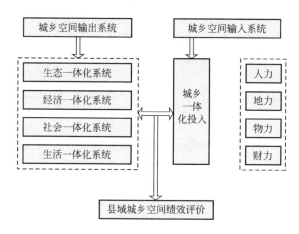

图5-4　县域城乡空间绩效评价体系结构关系图
来源：张沛，张中华，孙海军. 中国城乡一体化的空间路径与规划模式——西北地区实证解析与对策研究［M］. 北京：科学出版社，2015.

4）绩效评估方法

城乡空间绩效评估是对现状城乡空间的客观、科学的量化判断，分为理论分析法、使用频度统计法和专家咨询法。理论分析法是对目前城乡一体化空间绩效内涵描述进行综合分析，选取提炼具有重要特征的指标。使用频度统计法是对相关城乡一体化评价及空间评价的相关书籍、论文进行统计。专家咨询法是在初步形成的城乡空间绩效评价指标基础上，征询相关专家意见，调整并完善指标，使其具备较高认可度。

5）绩效评估模型选择

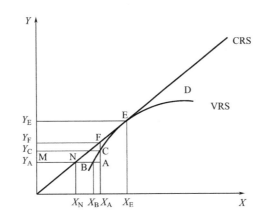

$$s.t.=\begin{cases} \sum_{i=1}^{n} X_j\lambda_j+\bar{s}=\theta X_0 \\ \sum_{j=1}^{n} Y_j\lambda_j-s^+=Y_0 \\ \sum_{j=1}^{n} \lambda_j=1 \\ \lambda_j\geq 0,\ j=1,\ 2,\ \ldots,\ n\ ;S^+\geq 0,\ S^-\geq 0 \end{cases}$$

图 5-5　BBC 模型效率分析矩阵

来源：张忠明. 农户粮地经营规模效率研究［D］. 杭州：浙江大学，2008.

数据包络分析（DEA）由运筹学家沙尔内西（A. Charnes）和库珀（W. W. Cooper）提出，数据包括分析评价时假设有 n 个对策单元，n 个对 DWU 具有可比性，每个 DWU 都有 m 种类型的输入和 s 种类型的输出，相对效率用输入与输出的比值来确定，输入越小输出越大则相对效率越高，以此来考虑每个 DWU 的效率。第二种是 BBC 模型，是对 DEA 方法的发展，1984 年 BBC 模型由班克（R. D Banker）、沙尔内西和库珀三人在《管理科学》（Management Science）杂志上发表《数据环境中技术效率和规模效率的一些估计模型》（Some Models for Estimating Technical and Scale Inefficiencies in Data Envelopment Analysis）中首次提出（图5-5）。第三种是 SBM 模型。CCR 和 BBC 是基于不变规模条件的效率模型，SBM 是基于可变规模的效率模型。投入和产出没有限制，对效率值不会产生影响。但 SBM 模型会出现多个决策单元同为1的情况，无法有效评价。为此提出 Super-SBM 模型，对 SBM 模型的有效单元可以继续进行降维处理。传统 DEA 模型中涉及"非期望产出"因子，应予以减少才能实现最佳的经济效率。

SBM初始模型为：

$$X\lambda + s^- = x_0$$
$$Y\lambda - s^+ = y_0$$
$$\lambda \geq 0,\ s^- \geq 0,\ s^+ \geq 0$$
$$\text{Min } \rho = \frac{1 - \frac{1}{m}\sum_{i=1}^{m}\frac{s_i^-}{x_{io}}}{1 + \frac{1}{s}\sum_{r=1}^{m}\frac{s_r^+}{y_{ro}}} \quad (5\text{-}8)$$

通过对经济、社会、生态的目标决策系统单元之间建立数学规划模式，有效反映各系统中资源空间配置情况，对城乡空间投入、城乡空间产出情况进行量化，计算出城乡空间绩效，揭示城乡空间在发展效率上的差异变化。

5.2.4 城镇密集区内部空间紧凑度高

（1）空间用地规模、人均建设用地规模

根据《国家新型城镇化规划（2014—2020）》提出的人均城镇建设用地控制目标，综合考虑人均城镇建设用地存量水平等因素，确定进城落户人口新增城镇建设用地标准为：现状人均城镇建设用地不超过100m²的城镇，按照人均100m²标准安排；在100~150m²之间的城镇，按照人均80m²标准安排；超过150m²的城镇，按照人均50m²标准安排。超大和特大城市的中心城区原则上不因吸纳农业转移人口安排新增建设用地。

各级土地利用总体规划、城乡规划编制和修订时，充分考虑区域经济社会发展水平、土地利用现状、节约集约用地要求和人口规模等因素，特别是进城落户人口数量和流向，科学测算和合理安排城镇新增建设用地规模。原有用地规模确实无法满足进城落户人口用地需求的，可依法对土地利用总体规划进行适当调整。根据所辖各市县上一年度进城落户人口规模，专项安排进城落户人口相应的新增建设用地计划指标；县（市、区）在组织城镇建设时，优先安排吸纳进城落户人口镇的用地。

（2）基础设施、公共服务设施服务均等化

基本公共服务是由政府主导、保障全体公民生存和发展基本需要、与经济社会发展水平相适应的公共服务。基本公共服务均等化是指全体公民都能公平可及地获得大致均等的基本公共服务，其核心是促进机会均等，重点是保障人民群众得到基本公共服务的机会。

"十二五"以来，我国已初步构建起覆盖全民的国家基本公共服务制度体系，各级各类基本公共服务设施不断改善，国家基本公共服务项目和标准得到全面落实，保障能力和群众满意度进一步提升。截至2015年，义务教育均衡发展深入推进，国民受教育机会显著增加，九年义务教育巩固率达到93%，进城务工人员随迁子女在流入地公办学校就读的比例超过80%；实施就业优先战略，公共就业创业服务和职业培训不断强化，全国就业人员达到77451万人，劳动者参加就业技能培训后就业率平均达70%以上；覆盖城乡的社会保障体系进一步健全，城乡居民养老保险制度实现整合，保障水平稳步提高，社会服务体系继续完善，临时救助制度全面实施，残疾人小康进程加快推进；基本公共卫生服务项目增加到12类，全民医保体系加快健全，基本医保参保率超过95%，大病保险覆盖全部城乡居民医保参保人员，国家基本公共卫生服务经费和城乡居民基本医疗保险补助标准分别提高到每人每年40元和380元，人民健康水平总体上达到中高收入国家平均水平；城镇保障性安居工程和农村危房改造力度加大，全国累计开工城镇保障性安居工程住房4013万套、其中改造棚户区住房2191万套，改造农村危房1794万户；现代公共文化服务体系建设积极推进，农村公共文化服务能力增强，全民健身活动蓬勃开展，广播、电视人口综合覆盖率均达到98%（表5-2）。

我国基本公共服务还存在规模不足、质量不高、发展不平衡等短板，突出表现在：城乡区域间资源配置不均衡，硬件软件不协调，服务水平差异较大；基层设施不足和利用不够并存，人才短缺严重；一些服务项目存在覆盖盲区，尚未有效惠及全部流动人口和困难群体；体制机制创新滞后，社会力量参与不足（图5-6）。

"十三五"时期基本公共服务领域主要发展指标　　　　　　表5-2

指标	2015年	2020年	累计
基本公共教育			
九年义务教育巩固率（%）	93	95	—
义务教育基本均衡县（市、区）的比例（%）	44.48	95	—
基本劳动就业创业			
城镇新增就业人数（万人）	—	—	>5000
农民工职业技能培训（万人次）	—	—	4000
基本社会保险			
基本养老保险参保率（%）	82	90	—
基本医疗保险参保率（%）	—	>95	—
基本医疗卫生			
孕产妇死亡率（1/10万）	20.1	18	—
婴儿死亡率（‰）	8.1	7.5	—
5岁以下儿童死亡率（‰）	10.7	9.5	—
基本社会服务			
养老床位中护理型床位比例（%）	—	30	—
生活不能自理特困人员集中供养率（%）	31.8	50	—
基本住房保障			
城镇棚户区住房改造（万套）	—	—	2000
建档立卡贫困户、低保户、农村分散供养特困人员、贫困残疾人家庭等4类重点对象农村危房改造（万户）	—	—	585
基本公共文化体育			
公共图书馆年流通人次（亿）	5.89	8	—
文化馆（站）年服务人次（亿）	5.07	8	—
广播、电视人口综合覆盖率（%）	>98	>99	—
国民综合阅读率（%）	79.6	81.6	—
经常参加体育锻炼人数（亿人）	3.64	4.35	—
残疾人基本公共服务			
困难残疾人生活补贴和重度残疾人护理补贴覆盖率（%）	—	>95	—
残疾人基本康复服务覆盖率（%）	—	80	—

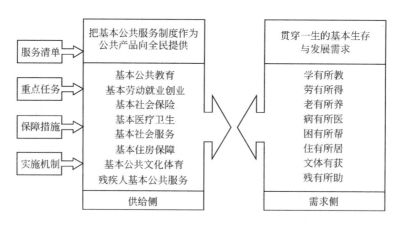

图 5-6　国家基本公共服务制度框架

（3）城镇用地功能的复合性

城市化进程加快，推动了城市建设功能多样化。尤其是一线城市更新需求扩大，造成城市用地功能频繁变迁，单一的土地用途难以适应不断变化的用地需求。动态的建筑功能变化与静态的用地管控存在一定的矛盾。土地混合开发和建筑复合利用具有广泛的现实诉求，过于刚性的用途管理模式难以表达这种复合功能。互联网时代的来临，不仅原有产业结构派生出很多新功能，而且催生了跨产业跨部门的深度融合，各类新兴业态大量出现。按照工业、住宅、商业、办公等单一用途管理，显然已不能满足产业结构融合、经济转型升级的实际需求。

复合利用要强调整体开发的原则，促进不同用途之间的功能互补。

复合利用要强调弹性管理的原则。各级工业园区每隔一段时间要依据产业发展形势进行必要调整。复合利用要强调谨慎使用的原则，选取对房地产市场冲击较小的工业园区先行试点。比较适用于小范围的整合开发，若市域范围铺开采用，容易弱化整个城市的功能布局。

5.3　城镇密集区绿色增长规划的目标导向

城镇密集区绿色增长规划的目标导向是在区域空间中人与生物、自然、环境等关系绿色增长观基础上，对城镇密集区空间结构和谐发展的愿景趋向进行预测，并提出维护该目标发展的绿色营建措施与方法。该目标导向也可以看作是一个对城镇密集区绿色增长系统辨识与规划途径初步确定的过程。具体体现在以下几点：

5.3.1　绿色增长效率指向

绿色增长效率主要指城镇密集区发展中的经济发展绩效。经济发展的绿色效能是基于资源环境承载力可行的前提下的产品投入—产出效率。反映在城镇密集区规划上为重视绿色生态环境的承载能力约束式的城镇体系结构布局、城镇功能体系定位、主体功能区划、区域产业组织结构等。绿色增长效率是随着绿色创新发展理念贯彻到实践中后提出的衡量绿色结构系统整体损益的概念。绿色增长效率可以用绿色成本投入产出的比率来衡量。绿色增长效率目标导向就是将绿色资源与绿色环境的总代价逐步计入各种规划指标体系中，并使之体现到物质、能量、资金、劳力、信息各方面，从而引导城镇密集区高效有序和谐发展。体现在城镇密集区的绿色增长规划上主要指区域绿色资源的不断强化（如水源涵养、土壤肥力、生物多样性等的空间反映），强调促进资源循环、利用少、投入少、排放少的资源利用方式的城镇体系结构和区域产业空间布局，强调步行化、节能化的绿色低碳交通方式与主体功能区划的关系等。

具体量化指标因子包括：绿色GDP、单位GDP的排污量、单位GDP的能耗量、单位GDP的水耗量、单位GDP投入教育的比例、人均创造GDP的数值等。按照2015年1月1日实施的新环保法要求，地方政府对辖区环境质量负责，建立资源环境承载能力监测预警机制，实行环保目标责任制和考核评价制度，制定经济政策应当充分考虑对环境的影响。

5.3.2 绿色增长活力指向

城镇密集区绿色增长的活力指标是对系统持续绿色再造能力的表达，也是绿色规划得以运用到城镇密集区空间系统中的特色之一。该目标强调区域城镇系统（区域城乡聚落体系）的正常运转并不是靠大量外来能量、资金、劳力的输入才完成（如区域绿色开敞空间并不需靠大量外地花木的运入或大量维护费用，而是有自我生长、自我发展的能力），城镇密集区绿色增长的活力除绿色经济活力（包括绿色产品的多样性、绿色产业链条形成等）、绿色社会活力（群众绿色和谐发展意识、绿色管制思想的灵活性等），最主要还强调在城镇密集区这一大区域的地域综合体系统中绿色生态空间的自然活力（包括水的流动性、气的通畅性、土壤活性和渗透性、生物多样性、植被覆盖等），强调自然生态过程尽可能在城镇密集区空间发展中延续甚至得到强化，自然生态功能在城镇密集区空间中尽可能发挥最大绿色增长潜能。

5.3.3 绿色增长稳定指向

对城镇密集区发展而言，绿色增长稳定指向强调减少生态风险，维护绿色空间系统的稳定特性。传统的城乡规划中经常忽略绿色增长的稳定特性。城镇密集区绿色增长稳定指向要求区域规划布局必须强调生态安全格局、资源可获得性的公平性以及绿色生态基因传承；城镇密集区的效率、活力、稳定目标导向成为绿色增长规划作用于城镇密集区空间规划体系的总体原则。每一主体功能区的类型都必须强调对此目标的遵循与优化，从而在区域可持续发展中提高城镇体系的可持续性。同时，任何一个城镇密集区绿色增长的目标导向都不是静态的、一成不变的。城镇密集区绿色增长规划正是在系统动态演进过程中强调系统整体绿色增长能力的提高而不是某一阶段时期系统的最优。另外，城镇密集区绿色增长规划的目标又受地方政策目标指导与制约，城镇密集区绿色增长规划强调通过规划编制增强对上一目标层次的反馈，强调通过阶段性政策目标的实现以逐步提高城镇密集区空间的绿色增长动力。

5.4 城镇密集区绿色增长规划的系统内容

5.4.1 城镇密集区绿色增长规划的战略要义

城镇密集区绿色增长规划着眼于不同地区城镇密集区的基本绿色潜力状况,从城镇密集区具体绿色空间保护与营建问题入手,从人类更加适应自然,更加科学地利用资源,更加有效地保证环境质量,更加和谐地与自然共存的角度对城镇密集区的城镇空间结构体系、区域主体功能区划、区域绿色空间营建时序、城镇聚落与绿色空间的关系等进行规划布局。从现实需求来看,城镇密集区绿色增长规划是区域发展不可或缺的绿色增长技术导则。从对现行城镇密集区规划的作用来看,城镇密集区绿色增长规划是对之必要的、有益的补充和完善或是城镇密集区规划内容的一次质的飞跃。

5.4.2 城镇密集区绿色增长规划的研究方法

城镇密集区绿色增长规划是绿色发展理念在规划目标、城镇体系设计和区域主体功能区划等各个程序中运用的规划方法,在具体方法上表现为动态绿色增长调控、绿色系统关联等理念在城镇密集区规划实践中的操作,称之为"绿色调控"的应用。

绿色调控论不同于传统的系统调控论,其特点就是对"事"和"情"的调理,强调方案的可行性,即合理、合法、合情、合意。合理,指符合一般的物理规律;合法,指符合当时当地的法令、法规;合情,指为人们的行为观念并为习俗所能接受;合意,指符合系统决策者及与系统利益相关者的意向[1]。绿色调控论原理分为三类:①对有效绿色空间及可利用的绿色生态资源的持续利用效率原则;②人与自然之间、不同人类活动间以及个体与整体间的共生或公平性原则;③通过循环再生对绿色生产行为进行维护系统结构、功能和过程稳定性的自生或生命力原则[2]。绿色调控论能使区域发展遵循规划所指定的方向。绿色调控论对城乡规划方法论而言,同样是规划方法演进的契机。我国学者已经对目前规划方法的效果进行反思,并开始意识到基于工业化社会背景下的机械式思维方法只能导致"城市许多社会问题是由规划产生"的结果[3]。绿色调控论就要淡化人对城镇密集区这一复杂巨系统的干扰力量,尤其是对绿色生态空间系统的干扰,重点放在调控、扶持城镇结构体系类似自然生态系统的自组织、自调节能力上。反映在城镇密集区规划上,从广义的角度而言,从分析城镇体系入手辨识承载于城镇等级结构体系之上的各种绿色嵌入和生态竞争关系,探讨通过配置绿色空间资源改善系统的绿色结构和绿色功能[4]。总之,广义上城镇密集区空间结构的演进与周围绿色生态基因互动,提高绿色开敞空间资源对城镇体系的作用力、减少城镇密集区空间发展的绿色障碍影响等[5];从狭义视角而言,城镇密集区的绿色调控论则强调在规划城镇体系的土地资源、产业资源、设施资源等各系统时,要考虑与区域生态空间格局中的绿色自然资源、开敞空间、生态节点、绿色通廊等因素之间关

---

[1] 麦克劳林.系统方法在城市和区域规划中的应用[M].王凤武译.北京:中国建筑工业出版社,1988.
[2] 王如松.转型期城市生态学前沿研究进展[J].生态学报,2000,20(5):830-840.
[3] 程春满,王如松.区域发展生态转型:可持续发展的理论与实践[C]//崇明东滩生态化建设高层论坛.2004.
[4] 李敏.生态绿地系统与人居环境规划[J].建筑学报,1996(2):36-41.
[5] 李晓丽.城镇体系规划中的生态规划方法研究[D].乌鲁木齐:新疆师范大学,2015.

系,从而使城镇密集区内部各系统达到和谐自然的目的[①]。

5.4.3 城镇密集区绿色增长规划的系统过程

传统的城镇密集区规划纳入"绿色增长"的目的在于区域协调、绿色、健康发展。城镇密集区绿色增长规划首先是一种区域规划理论与方法,是将"绿色增长"理念充分融贯到传统的区域规划过程中研究,并以此为重点进行各个专项系统的绿色融贯规划。

城镇密集区绿色增长规划是偏重自然、人与绿色环境的关系的规划方法,强调要充分认知区域的绿色空间,绿色演进与人类社会经济活动之间的共生关系,注重绿色潜能与建设关系的分析,强调城镇密集区绿色资源的开发与绿色空间的管控。

(1)城镇密集区绿色增长潜力资源调查

该内容主要包括对城镇密集区内部的基础地理环境因子(土壤、地貌、水文等要素)、经济因子(产业结构、能源结构、资源结构、经济结构等要素)、社会因子(人口与城镇化水平、社会阶层差异、制度、政策、历史文化等因素)的调查,重点对绿色增长潜力因子进行调查分析,诸如绿色景观结构、绿色资源结构、绿色生态群落、绿色开敞空间、绿色生态廊道、绿色损失效应等的系统调查分析。

(2)城镇密集区绿色增长潜力分析要点

城镇密集区绿色增长规划必须引入与加强绿色增长潜力的分析,并且主要体现在以下方面:

1)基于景观生态学原理对绿色景观格局分析

景观是城镇密集区绿色空间系统的重要组成特征,运用景观生态学中的基质、廊道、斑块理论可以揭示城镇密集区内部绿色景观系统的地域分布规律和空间组合关系。但是长期以来,我国的城镇密集区发展规划一直遵循的是传统的增量规划模式,过度注重经济的增量价值与功能的分区,却忽视了绿色生态环境及生态景观的内涵,这种对城镇密集区的空间与绿色景观格局的不整合态势必将会影响到城镇密集区规划的合理性。针对这种状态,城镇密集区绿色增长规划需要将绿色景观格局分析作为重点之一。鉴于目前城镇密集区规划体系中缺乏基本的绿色自然格局的认知,更谈不上对生态景观格局与过程的分析,笔者认为:①应加强城镇密集区内的绿色自然要素的分析,对绿色自然景观的空间格局特征、分布状态、作用机制进行分析,可以从绿色自然景观对城镇密集区规模发展的容量、提供的绿色潜力价值等多维视角剖析。②城镇密集区内的绿色资源与人文社会资源的空间现状格局及分布特征规律与城镇体系的职能结构、等级结构、空间结构等密切相关,是人与绿色开敞空间相互耦合的结果,因此,从城镇密集区绿色景观系统的发展格局分析有助于阐释城镇密集区内部不同空间结构的关系。③城镇密集区的绿色增长规划还应该从时空视角对绿色动能流、绿色承载力等与城镇体系空间结构之间的绿色景观格局进行综合分析。

2)针对城镇密集区空间差异性的分析

区域差异现象缘起于对区域不同景观要素在一定范围内的外在表现特征及地域组合

---

① 赵西君,刘科伟.集聚—碎化理论在城镇密集区城镇体系规划中的应用——以关中陇海沿线城镇密集区为例[J].干旱区资源与环境,2005,19(3):28-31.

规律的描述。应用到城镇密集区规划中，用来说明针对某种经济的、社会的、文化的某些行为规律的景观要素组合的地域分布特征。差异现象的应用首先包括对城镇密集区不同聚落景观的隐性规律存在的差异应用，如不同等级的聚落体系地域特征规律，不同聚落建筑景观的地域组合规律等，针对农作物耕作需要进行的农业区划，根据土地利用需要进行的区域土地利用适宜性分析等。另外一种差异现象就是较为直接和客观的显性分析，主要针对城乡聚落景观营建活动突破地理界限或使地理景观破碎化后的绿色增长影响分析。

（3）城镇密集区绿色增长环境评价要点

城镇密集区绿色增长环境影响评价是城镇密集区绿色增长规划的重要内容，是对拟规划的城镇密集区的城乡聚落、自然河流、产业园区、基本农田、风景名胜区、基础设施等要素进行发展预测和评价，并分析它们对区域绿色环境可能产生的有利和不利影响。城镇密集区绿色增长环境影响评价是编制城镇密集区规划的依据和技术手段，在规划实施中，可以充分发挥其对规划价值、规划目标定位的指导作用。

城镇密集区绿色增长规划的评价要点主要包括：

1）城镇密集区发展中对绿色潜力、生态承载力的影响及其对空间布局的影响与反馈。

2）城镇密集区空间开发建设中对绿色增长的社会效能、经济效能、生态效能分析。

3）城镇密集区空间开发建设中的绿色发展质量的综合评价分析。

（4）城镇密集区绿色增长规划的主要对策

城镇密集区绿色增长规划对策是从绿色空间建设、绿色空间保护角度对城镇密集区空间进行建设指导的建议，内容主要包括：

1）调整和改善城镇密集区的空间结构

首先，主要从城镇密集区的现状空间格局与绿色差异的拟合程度入手，分析现状的城镇结构体系的合理程度，是否有利于城镇密集区绿色增长系统流的稳定运转，以此为基础对城镇密集区进行空间调控；其次，对城镇密集区内的主要绿色功能分区进行绿色增长潜力分析，并制定相应的空间发展战略。

2）调控及优化城镇密集区的绿色产业格局

对城镇密集区内不同主题的产业与区域绿色景观格局的关系进行分析，从总体上分析经济效应与绿色增长效能，从而提出基于提升绿色增长效能的经济结构和产业布局的调控方案。其中重点是工业布局。

3）调控城镇密集区的绿色景观格局

将城镇密集区内的土地利用与绿色功能分区等差异性规律进行总结与比对，对相异之处提出绿色景观格局优化的建议和对策，重点是对城镇密集区的人居环境空间与区域主体功能区的分异规律进行拟合，调控城镇密集区的人口与建设分布及密度，对开发过度地区严加控制，以免造成新的绿色增长潜能破坏，并提出绿色增长的建设措施。

通过对城镇密集区绿色增长规划程序的阐述，发现目前我国城镇密集区绿色增长规划的现状对绿色缺失已经有了更深入的理解。在这一领域内，城市地理学、城市规划和生态学的融合趋势亦日益显现。其中，绿色增长空间的辨识和细分有可能是城镇密集区空间规划的绿色化首先得到突破的方向。

5.5 本章小结

城镇密集区绿色增长规划的目标可以理解为绿色规划与空间规划融为一体的情况下对城镇密集区各个系统进行绿色化引导并能实现的技术内容。城镇密集区绿色增长规划必须完成两个互为条件的要求：第一就是把城镇密集区的空间规划进行绿色综合与融合，以便有可能在绿色空间创新方面去进行有效落实，如区域绿色产业体系规划、区域绿色开敞空间规划、区域绿色游憩景观规划等；第二就是从城镇密集区的各个专项规划层面提出绿色增长的建议，以便取得共识。城镇密集区绿色增长规划的目标导向是正确认识区域空间中人与生物、自然、环境等关系绿色增长观基础上，对城镇密集区空间结构和谐发展的愿景趋向进行预测，并提出维护该目标发展的绿色营建措施与方法。城镇密集区绿色增长规划是绿色发展理念在规划目标、城镇体系设计和区域主体功能区划等各个程序中运用的规划方法，体现在具体方法上表现为动态绿色增长调控、绿色系统关联等理念在城镇密集区规划实践中的操作，称之为"绿色调控"的应用。城镇密集区绿色增长规划是偏重自然、人与绿色环境的关系的规划方法，强调要充分认知区域的绿色空间、绿色演进与人类社会经济活动之间的共生关系，注重绿色潜能与建设关系的分析，强调城镇密集区绿色资源的开发与绿色空间的管控。

第6章 西北地区城镇密集区空间格局与特征总结

党的十九大做出了统筹推进"五位一体"总体布局、协调推进"四个全面"战略布局，加快生态文明体制改革、建设美丽中国的战略部署。加快推进生态文明建设是党和国家的一项长期艰巨任务，是实现可持续发展，人与自然和谐共生的内在要求，是满足人民日益增长的对美好生活需要的必然选择，要深入贯彻落实国家的有关政策要求，牢固树立社会主义生态文明观，摒弃"唯GDP论英雄"的发展观、政绩观，更加注重经济社会发展与自然资源环境协调统一，建设人与自然和谐共生的现代化。

——习近平关于生态文明思想的重要内容

6.1 发展概况

6.1.1 城镇人口发展：稳中有进上升

从近十年中国主要中心城市的常住人口增长情况来看，总体上东部沿海地区的人口吸引力显著增强。从2009~2018年主要中心城市常住人口占全国总人口的比重变化来看，2009~2014年间人口主要向京津冀、长三角、珠三角三大城镇群中心城市聚集；但2014~2018年间，东北、华北甚至长三角的中心城市人口占全国总人口比重上升不到0.05个百分点，而珠三角、西北地区中心城市的人口占全国比重快速上升了0.25~0.30个百分点，中部地区的中心城市人口占全国比重上升了0.15个百分点。从2017~2018年的人口增长情况来看，增量超过20万的城市有深圳（50万）、广州（40万）、西安（38万）、杭州（34万），以及郑州、长沙、重庆、佛山，其中仅2座在淮河以北。2018年《中国海归就业与创业报告》指出，吸引海归人才的前十位城市中北方地区有北京、天津、郑州、西安四座，比重占全部的35%。

关中西部城镇密集区包含宝鸡市及其所辖凤翔县、岐山县、扶风县、眉县、咸阳市及其所辖兴平市和武功县，以及杨凌示范区，共9市（区、县）76个建制镇，集中了陕西省11.21%的市（区、县）和7.67%的小城镇，关中地区22.22%的市（区、县）和19.64%的小城镇，形成了城镇较为密集的空间形态。截至2016年，密集区覆盖面积达8796.76km^2，占陕西省面积的4.28%，关中地区的15.81%，城镇人口由2000年的491.06万人上升到2016年的528.27万人，城镇化率也不断攀升，逐渐成为区域发展上一层级——关中平原城市群的重要组成部分与有力支撑，也是我国生产力布局东西发展轴——陇海—兰新陕西段上城镇较为密集、经济较发达的区域之一（表6-1）。

第6章 西北地区城镇密集区空间格局与特征总结

关中西部城镇密集区 2016 年人口数据　　表 6-1

县（市、区）	常住人口（万人）	总户数（户）	人口自然增长率（‰）	常住人口城镇化率（%）	镇人民政府（个）	街道办事处（个）	居民委员会（个）	土地面积（km²）
宝鸡市	145.99	449731	3.53	72.5667	24	15	128	3624.95
咸阳市	96.12	312473	3.74	80.895	0	22	153	528.20
杨凌示范区	20.49	63519	5.12	63.45	2	3	23	93.2
兴平市	55.12	167522	4.44	59.9	8	5	21	508.60
凤翔县	49.14	157752	3.86	40.72	12	0	6	1231.42
岐山县	46.65	138494	3.52	44.96	9	0	14	855.86
扶风县	42.31	119975	4.07	31.12	7	1	8	705.29
眉县	30.45	93428	3.96	34.76	7	1	8	857.14
武功县	42.00	132908	4.66	35.3	7	1	6	392.10
总计	528.27	1635802	—	—	76	48	367	8796.76

数据来源：陕西省统计年鉴（2018年）。

同时，地区城镇人口增长速度近年来不断提升，是全省人口较为密集的区域之一，地区人口密度达到601人/km²，超过陕西省429人/km²，并以杨凌示范区和咸阳市两地最高，为2198人/km²和1818人/km²，兴平市与武功县次之，其余密度均在地区平均密度上下，眉县最低为355人/km²。可以看出密度分布特点为宝鸡市密度较为均质，咸阳市及杨凌示范区密度普遍较高（图6-1）。

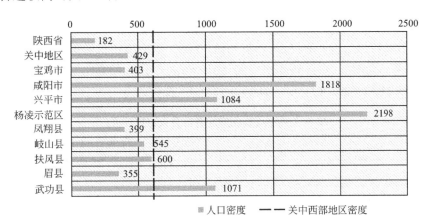

图 6-1　2016 年关中西部城镇密集区各市（区、县）人口密度（单位：人/km²）
数据来源：陕西省统计年鉴（2016年）

此外，以宝鸡市为代表的城镇总人口数在2005~2017年期间在波动中不断攀升，2017年后，人口开始小幅度下降。2005~2017年，宝鸡市总人口从138.02万人增长到了146.24万人，其中2008~2009年总人口数增速达到最高，2009年后人口增速较为平缓，人口总数匀速上升。自2017年起，人口总数逐渐下降，至2019年，宝鸡市人口降至145.53万人。以咸阳市为代表的城镇总人口数在2005~2016年期间缓慢平稳增长，2016年后，由于西咸新区由西安代管，人口有较大下降。2005~2016年，咸阳市总人口从91.71万人增长到了96.12万人，人口呈缓慢增长趋势。2017年人口下降至56.9万人，此后人口小幅度下降趋于平缓。两市总人口增长具有一些相同的时间特征，主要体现在总人口在2009~2016年期间缓慢增长，在2017年开始人口进入缓慢下降的阶段（图6-2）。

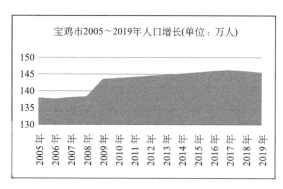

图6-2　宝鸡市和咸阳市2005~2019年人口增长图

资料来源：陕西省统计年鉴（2006-2020年）、宝鸡市、咸阳市国民经济和社会发展公报（2020年）

根据相关统计报告，2019年末关中地区平均城镇化率达61.98%，西安市域城镇化率为74.61%，咸阳市域城镇化率52.14%，宝鸡市域城镇化率54.26%，渭南市域城镇化率50.39%，铜川市域城镇化率66.07%。各县城镇化率分别为鄠邑区42.9%、蓝田县34.0%、周至县34.51%、三原县54.8%、乾县44.64%、泾阳30.09%、礼泉39.36%、彬县53.7%、武功39.39%、永寿39.63%、长武40.82%、淳化39.43%、旬邑39.59%、韩城70.5%、华阴56.4%、蒲城34.63%、富平42.9%（2018年末数据）、澄县47.4%、合阳47.3%、白水49.4%（2018年末数据）、潼关47.5%、华州区50.08%（2020年末数据）、凤翔45.09%、岐山48.8%、扶风35.35%、眉县39.42%、陇县39.66%、千阳42.08%、麟游39.17%、凤县60.7%、太白45.24%、宜君49.00%（2016年数据）（表6-2）。

2019年关中城镇密集区各市县人口统计表　　　　表6-2

城市	城镇名称	总人口（人）	城镇人口（人）	农村人口（人）
西安	鄠邑	564600	242100	322500
	蓝田	536100	182400	353700
	周至	592900	204610	388290
	三原	412000	225776	186224
咸阳	乾县	588409	239120	296545
	泾阳	315770	95015	220755
	礼泉	453770	178604	275166
	彬县	321600	172699	148901
	武功	414800	163390	251410

续表

城市	城镇名称	总人口（人）	城镇人口（人）	农村人口（人）
咸阳	永寿	190140	75352	114788
	长武	176774	72159	104615
	淳化	198060	78095	119965
	旬邑	268700	106378	162322
渭南	韩城	394600	278193	116407
	华阴	247765	139772	107993
	蒲城	771486	281057	490429
	富平（2018年末）	750300	321878	428422
	澄城	373088	176692	196396
	合阳	439100	207694	231406
	白水（2018年末）	279600	138122	141478
	潼关	151200	71800	79400
	华州（2020年末）	268620	134529	134091
宝鸡	凤翔	487500	219813	267687
	岐山	464800	226822	237978
	扶风	421500	149000	272500
	眉县	303600	119679	183921
	陇县	252000	99943	152057
	千阳	125400	52768	72632
	麟游	92300	36154	56146
	凤县	107051	64980	42071
	太白	51513	23304	28209
铜川	宜君（2016年末）	93933	46027	47906

资料来源：《陕西统计年鉴2020》及各个县市2019年统计公报

6.1.2 社会经济发展：经济基础良好

关中城镇密集区占陕西省土地面积4.28%，集中了11.21%的市（区、县）和7.67%的小城镇。截至2019年，人口城镇化率为53%，地区生产总产值2975.19亿元，占全省的11.53%，三次产业的比例为5∶23∶17，呈"二三一"型。关中县均生产总值297.97亿元，地方财政收入18.47亿元，人均生产总值6667.28元，城镇居民人均可支配收入36109元，乡村居民纯收入12695元（表6-3）。

2019 年关中县域经济主要发展指标表　　　　表 6-3

市（区、县）		总人口（万人）	生产总值（亿元）	地方财政收入（亿元）	人均生产总值（元）	城镇居民人均可支配收入（元）	农村居民人均可支配收入（元）
陕西县均		35.89	241.06	8.29	4255	36098	12326
关中县均		45.58	297.97	18.47	6667.28	36109	12695
西安	鄠邑	56.46	180.23	10.30	31922	24788	13632
	周至	59.29	137.15	4.44	23124	22407	13137
	蓝田	53.61	149.23	2.72	27818	23893	14731
宝鸡	凤翔	48.75	223.66	5.71	45770	33869	13294
	岐山	46.48	179.34	6.18	38534	33955	13668
	扶风	42.15	147.14	3.18	34863	33717	13832
	眉县	30.36	161.21	3.41	53101	34913	13741
	陇县	25.2	91.55	1.90	36331	29516	11999
	千阳	12.54	67.69	0.68	53980	30298	11793
	麟游	9.23	140.61	4.06	152340	32192	12314
	太白	5.15	34.44	0.72	66861	31467	12492
	凤县	10.71	77.66	1.90	72460	32535	12275
咸阳	武功	41.48	153.16	2.24	36808	36451	12349
	乾县	53.57	171.62	1.96	28592	35485	12114
	礼泉	45.38	153.5	2.77	33828	34313	12263
	泾阳	31.58	75.73	1.89	23983	20411	11040
	三原	41.2	215.35	3.63	52269	36339	12862
	永寿	19.01	84.357	0.76	44464	33455	10617
	彬县	32.16	231.1	12.62	70636	35297	12394
	长武	17.68	102.55	6.80	58736	33718	10676
	旬邑	26.87	88.39	2.79	32942.7	33758	10899
	淳化	19.81	77.52	0.65	39140	33222	10681
渭南	华州	31.38	99.34	2.90	30300	35157	12790
	潼关	15.12	44.2	1.06	28944	32423	12552
	蒲城	771486	194.16	5.80	26241	33293	12875
	澄城	37.31	98.49	2.84	26189	32665	11940
	富平	74.27	183.96	5.40	24400	32000	11000
	白水	27.59	84.53	1.33	29800	31998	10807
	合阳	43.91	104.98	2.05	23797	34052	12373
铜川	宜君	8.64	43.55	2.20	50405	35354	10020

资料来源：《陕西统计年鉴 2020》及各个县市 2019 年统计公报

2019年，关中城镇密集区GDP为2975.19亿元，占关中地区GDP的18.49%，陕西省GDP的11.53%；财政总收入为61.15亿元，占陕西省财政总收入的2.67%；财政支出297396亿元，占陕西省财政支出的5.21%；规模以上工业总产值16858.31亿元，占陕西省规模以上工业总产值的62.27%；全社会固定资产投资3866.38亿元，占关中地区的20.67%，占陕西省固定资产投资的14.38%；社会消费品零售总额1345.01亿元，占陕西省的14.01%（表6-4）。此外，关中地区高等院校较多，教育资源丰富。经过数十年的持续发展，密集区已显示出对关中西部地区经济发展的整体带动作用和龙头效应，成为陕西省经济发展水平较高的区域之一。

2019年关中西部城镇密集区社会经济发展状况　　　　表6-4

市（区、县）	地区生产总值				地方财政收入（亿元）	财政支出（亿元）	城镇居民人均可支配收入（元/人）	规模以上工业总产值（亿元）	全社会固定资产投资（亿元）	社会消费品零售总额（亿元）
	总量（亿元）	比上年增长（%）	关中地区占比（%）	全省占比（%）						
宝鸡市	1100.83	4.93	6.84	4.27	15	59.54	35582	1668.13	1839.74	719.36
咸阳市	600.44	1.75	3.73	2.33	12.84	33.89	39169	722.33	338.85	191.46
杨凌示范区	166.77	6.2	1.04	0.65	7.78	51.57	37994	185.58	135.68	49.72
兴平市	241.64	3.5	1.50	0.94	4.81	30.89	37632	450.87	350.39	89.76
凤翔县	223.66	10	1.39	0.87	5.71	22.06	33869	255	231	67.02
岐山县	179.34	5.1	1.11	0.70	6.18	26.68	33955	327.3	384.1	74.11
扶风县	147.14	7	0.91	0.57	3.18	25.17	32063	12786	345.14	47.66
眉县	162.21	5.8	1.01	0.63	3.41	21.21	34913	293	147.36	46.75
武功县	153.16	3.8	0.95	0.59	2.24	26.95	36451	170.1	94.12	59.17
总计	2975.19	—	18.49	11.53	61.15	297.96	—	16858.31	3866.38	1345.01

数据来源：陕西省统计年鉴（2020年）、各地区国民经济和社会发展统计公报（2019年）。

从关中西部城镇密集区内经济发展格局来看，宝鸡市与咸阳市是区域的发展重心，2009~2019年间，两市GDP增幅均处于地区前列，且增速较快。2019年GDP总量分别为1100.83亿元和600.44亿元，其余地区则均处于250亿元以下阶段，总体增幅较小，趋势类似（表6-5、表6-6）。

2019年关中地区主要国民经济指标占全国比重一览表　　　　表6-5

指标	关中	陕西	全国	关中占陕西比例（%）	关中占全国比例（%）
总人口（万人）	2459.12	3876.21	140005	63.44	1.76
生产总值（亿元）	16090.29	25793.17	990865.1	62.38	1.62
第一产业（亿元）	1140.34	1990.93	70466.7	57.28	1.62
第二产业（亿元）	6341.73	11980.75	386165.3	52.93	1.64

续表

指标	关中	陕西	全国	关中占陕西比例（%）	关中占全国比例（%）
第三产业（亿元）	8626.24	11821.49	534233.1	72.97	1.61

资料来源：《陕西省统计年鉴2020》

关中地区城市三次产业经济指标表 表6-6

地区	第一产业总产值（亿元）	第二产业总产值（亿元）	第三产业总产值（亿元）	人均生产总值（元）
陕西	1990.93	11980.75	11821.49	66649
关中	1140.34	6341.73	8626.24	360034
西安	297.13	3167.44	5874.62	92256
宝鸡	178.75	1273.88	771.18	59050
咸阳	304.17	1011.62	879.54	50338
渭南	325.05	679.49	823.94	34481
铜川	26.77	130.63	197.32	44794
陕南	468.55	1593.72	1504.61	124455
陕北	400.05	3690.2	1709.93	194611

资料来源：《陕西统计年鉴2020》

在产值密度上，以咸阳市、杨凌示范区两区最高，兴平市和宝鸡市次之，眉县最低（除咸阳市、宝鸡市、杨凌示范区、兴平市外均在50亿元/100km²以下）。固定资产投资密度咸阳市最高，武功县、杨凌示范区、眉县次之，其余均在10000万元/km²以下。总体来看，固定资产投资处于武功、咸阳、杨凌三地引领，其余地区稳步上升的阶段（图6-3）。

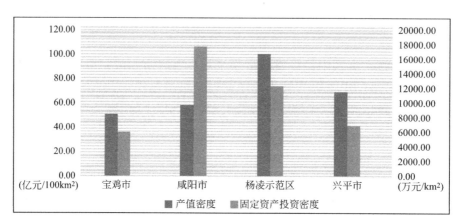

图6-3　2019年关中西部城镇密集区各城镇要素空间分布
数据来源：陕西省统计年鉴（2020年）、各地区国民经济和社会发展公报（2019年）

将关中县域经济发展排序，并进行层级分类。第一类经济发展水平最好，包括彬县、凤翔县、三元县3县。第二类县域经济实力相对较好,包括蒲城县、富平县、鄠邑区、岐山县、乾县、眉县、礼泉县、武功县、蓝田县、扶风县、合阳县、麟游县、周至县、长武县14县。第三类县域实力相对较弱,包括华州区、澄城县、陇县、旬邑县、白水县、永寿县、泾阳县、华阴市、千阳县9个县。第四类地区相对最弱,包括潼关县、太白县、宜君县(表6-7)。

关中县域经济水平划分层级一览表　　　　　　　　　　　　表6-7

类型	地区
Ⅳ类(GDP<50亿元)	潼关县、太白县、宜君县
Ⅲ类(50亿元<GDP<100亿元)	华州区、澄城县、陇县、旬邑县、白水县、永寿县、泾阳县、华阴市、千阳县
Ⅱ类(100亿元<GDP<200亿元)	蒲城县、富平县、鄠邑区、岐山县、乾县、眉县、礼泉县、武功县、蓝田县、扶风县、合阳县、麟游县、周至县、长武县
Ⅰ类(GDP>200亿元)	彬县、凤翔县、三元县

图表来源:作者自绘

6.1.3　城镇空间格局:带型特征明显

关中西部地区在城镇体系空间结构方面的特征,具有我国西北内陆地区城镇空间结构变化的共性。2016年末,关中西部城镇密集区总面积达到8796.76km²,城镇数76个,人口528.27万人,城市化率63.58%。是连接关中城市群城镇空间体系核心层与开放层的重要廊道(图6-4),是大西安都市圈与关中城市群六大周边中心城市之一宝鸡的桥梁,是关中西部地区经济和社会活动的主体及核心,在关中区域经济发展中也占有重要地位。由于关中西部城镇密集区优越的交通地理位置和较为雄厚的发展基础,伴随着改革开放后交通条件的极大改善,初步形成了"宝鸡—岐山—眉县—扶风—杨凌—武功—兴平—咸阳"的

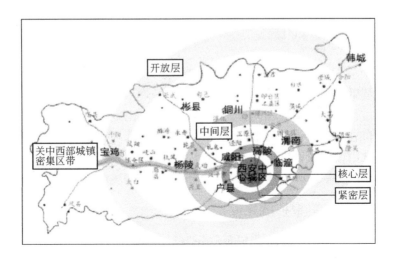

图6-4　关中城镇群内城镇空间体系结构图
来源:笔者自绘

沿陇海铁路、西宝高速等大型交通轴线及渭河发展的走廊——串珠状空间布局格局，原有城镇进一步发展、新兴城镇也逐渐兴起。在这种城镇空间结构中，以机械、电子、纺织、食品、冶金、化工、建材为支柱的工业生产重镇宝鸡和拥有能源化工产业、装备制造产业、食品加工产业、医药产业、纺织产业、电子信息产业、航空产业和战略新兴产业等八大产业的咸阳处于空间体系的最上层，中层是轴线上具有发展新型制造业能力的如宝鸡市域东部中心城镇岐山、渭北台塬区域中心城镇凤翔，以及兴平、杨凌等中等城镇，而底层是以关中西部地区采用传统制造业和部分新型制造业混合发展的小城镇为基础（表6-8）。

关中西部城镇密集区城镇规模等级表　　　　　表6-8

等级	规模（万人）	数量	名称
大城市	100~500	2	宝鸡市（145.99）、咸阳市（96.12）
中等城市	50~100	1	兴平市（55.12）
小城市	10~50	9	杨凌示范区（20.49）、武功县（42）、眉县（30.45）、扶风县（42.31）、岐山县（46.65）、凤翔县（49.14）、蔡家坡镇（21.78）、贾村镇（22.36）、城关镇（10.4）
小城镇	<10	73	马营镇（4.25）、石鼓镇（1.6）、神农镇（1.53）、高家镇（1.6）、八鱼镇（2.29）、陈仓镇（4.58）、蟠龙镇（3.8）、金河镇（1.4）、硖石镇（2.04）、阳平镇（4.27）、周原镇（4.3）、慕仪镇（3.78）、县功镇（4.3）、新街镇（1.59）、坪头镇（1.64）、香泉镇（1.2）、赤沙镇（1.44）、拓石镇（1.76）、凤阁岭镇（1.07）、天王镇（3.1）、磻溪镇（3.1）、钓渭镇（2.3）、千河镇（4.3）、赵村镇（3.16）、桑镇镇（2.8）、南市镇（3.38）、庄头镇（3.2）、南位镇（4.27）、汤坊镇（3.3）、丰仪镇（2.92）、阜寨镇（4.6）、虢王镇（3.1）、彪角镇（3.3）、横水镇（4.3）、田家庄镇（2.5）、糜杆桥镇（3.5）、姚家沟镇（0.57）、范家寨镇（1.6）、柳林镇（7.1）、长青镇（2.6）、陈村镇（2.6）、南指挥镇（7.2）、益店镇（3.2）、蒲村镇（2.44）、青化镇（2.7）、枣林镇（3.4）、雍川镇（2.8）、凤鸣镇（7.45）、京当镇（3.2）、故郡镇（2.1）、法门镇（7.35）、绛帐镇（7.8）、天度镇（2.14）、杏林镇（2.7）、召公镇（3.51）、段家镇（2.5）、午井镇（3.93）、横渠镇（3.1）、槐芽镇（2.38）、汤峪镇（3.9）、金渠镇（3.28）、营头镇（1.94）、齐镇镇（3.4）、常兴镇（4.9）、苏坊镇（2.83）、武功镇（4.68）、游凤镇（2.37）、贞元镇（3.74）、长宁镇（3.12）、小村镇（4.2）、大庄镇（6.2）、五泉镇（3.05）、揉谷镇（3.08）

来源：根据各地相关统计年鉴等资料整理

从空间分布上看，关中西部城镇密集区内共分布小城镇76个，主要密集分布于渭河与陇海线两侧的基础设施较为发达的关中平原区，呈现出沿高速公路、国道、铁路等交通干线分布的态势，具有明显交通指向性。在其以北及以南地区由于以山地、丘陵、沟壑地形为主，城镇分布总体分布比较分散。此外，小城镇主要环绕宝鸡市、杨凌示范区以及凤翔县等区域中心城镇，城镇密度以杨凌、武功、兴平三市（区、县）最高，除咸阳市和宝鸡市外，其余均超过关中地区平均水平（图6-5）。

6.1.4 产业分布格局：集聚扩散并重

关中西部地区的工业空间区位分布大致分为两个阶段：

（1）"集聚＞扩散"阶段

2000年之前以内迁植入和外延投资形成的镶嵌式工业格局。产业布局以"点"为中心

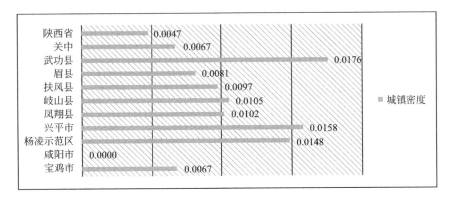

图 6-5 关中西部城镇密集区各县（区、市）城镇密度图
数据来源：2020 年陕西省统计年鉴

离散分布生长，具有明显的交通指向性，产业以低端制造业和劳动密集型为主，工业技术水平具有浅层次、多梯度、基础薄弱的特点，产业结构组织不够合理，呈现出离散式、非链式、关联度不高的工业生产体系。

（2）"集聚≈扩散"阶段

2000 年以后呈空间集聚的"轴线"式拓展。"产业生长点"沿发展阻力最小的方向指向性生长形成轴，表现在以连霍高速为东西轴线的相对规模较大的工业集聚，但总体来说，产业集群的关联度依然偏低，在全国范围内来讲竞争力偏弱。同时，相邻的一些工业片区开始呈现边缘的彼此融合，伴随着就业人口迁移，实现实体空间与社会空间的重构。具体现状发展特点如下：

1）产业规模不断扩大，产业布局资源和交通指向性强

关中西部城镇密集区现状产业分布格局可以概括为以西宝高速、陇海铁路等交通走廊的轴线扩张，其产业门类的建立主要依托三大因素：一是依托国家投入和东部沿海企业迁入而建立和发展起来的机械工业、装备制造工业和现代纺织工业；二是依托本地区能资源优势发展起来的有色金属冶炼、食品加工业和建材工业；三是近年来依托较为丰富的科技和人力资源优势发展起来的农业科研、医药保健和电子信息产业等。

将关中西部城镇密集区主要产业的企业进行地址落点（图 6-6）。可以发现有色金属产业集中在宝鸡周边地区，在武功、杨凌等地区产业分布较为分散；装备企业主要沿关中西部城镇密集区陇海兰新线呈高密度带状分布，集中分布在西安—宝鸡连线，宝鸡是关中地区内除西安外装备制造产业最强有力的发展极，集聚性逐步加强；生物制药产业集中分布在宝鸡与咸阳，杨凌、武功、岐山等地区企业沿铁路线零散分布；能源产业布局较为分散，在宝鸡东北部、咸阳呈延绵状，其余地区散状分布，分散的小型企业逐步归并到大企业中，并集中在陇海—兰新铁路线一带。

2）第二产业主导的特征明显，各地错位发展势头不足

关中西部城镇密集区是关中西部地区人口、产业高度聚集的中心地带，装备制造业优势明显、能源化工产业发展潜力巨大。以关中西部各市区三产业增加值变化为主要指标，不难发现关中西部地区以工业为基础和主导的特征十分显著，其产业发展以工业为主体，

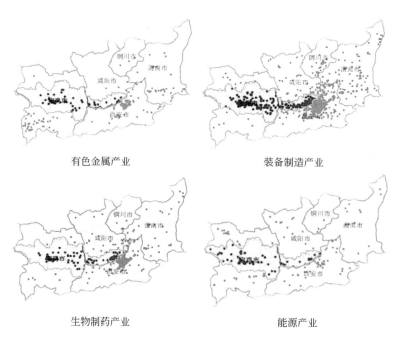

图 6-6 关中西部城镇密集区主要产业企业分布表（2014 年）
来源：笔者改绘

依托工业强市突破发展，除杨凌外各地第二产业增加值比重均偏高，尤其是宝鸡，以国防军工、机械设备、电子通信为主导的加工制造业仍旧是经济增长的主要动力，特色优势明显。然而，各地相互之间的错位发展势头不足，区域的职能分工未呈现一定的空间分异特征，阻碍了区域的总体发展。

3）传统工业基础雄厚，优势主导产业初步形成

① 高新技术产业初显规模。关中西部城镇密集区已发展成为涵盖新材料、生物医药及医疗器械、绿色食品、环保农资、汽车及零部件制造、机械、电子信息等多领域为主的高新技术产业群体，且其规模在不断扩大。同时，一批综合性和专业化的物流园区、配送中心也得到较快发展，高新产业集群已成为关中地区及全省重要的创新型产业带。

② 装备制造业基础雄厚。凭借着强大的人才队伍、技术水平以及产业规模，关中西部地区已逐渐发展成为陕西省重要的先进生产、制造业基地。以宝鸡、咸阳、兴平为代表的数控机床、重型汽车、有色金属加工、石油装备、新材料等产业更是在国内具有较强的竞争力。

③ 现代农业发展势头正旺。以正在形成的杨凌现代农业科技示范基地为核心的现代农业具有巨大的优势，以生物制药、环保农资、农牧良种为主的特色产业不断壮大，科研实力不断增强。

4）工业园区成为产业聚集的主要载体，集聚效应日益显现

改革开放和西部大开发促进了地区产业的升级，产业逐步向开发区或工业园区集聚。以武功县为例，县域园区工业产值占武功县市区工业产值的60%，兴平达到90%，工业园已成为拉动县域经济发展的主力军。目前关中西部拥有国家级和省级开发区5个，县级以

上产业园区更是分布广泛,多个园区正在建设中。以园区为基础平台和有效载体的产业聚集效应逐步显现,成为带动关中西部地区经济快速发展的亮点(表6-9)。

各市(区、县)主要园区发展现状一览表　　　　表6-9

市(区、县)	园区名称	位置	等级(地位)	主导产业类型
宝鸡市	宝鸡国家高新技术产业开发区	宝鸡市	国家级高新技术产业开发区、国家新材料高技术产业基地和火炬计划钛产业基地、西北最大的专用车辆生产基地等	装备制造和高新技术产业为主,重点发展装备制造、新材料、生物医药、现代食品等
	宝鸡蟠龙新区	宝鸡市金台区	省级高新技术开发区	办公服务、生态休闲、教育产业、电子工业、服装加工为一体
	宝鸡互联网产业园	宝鸡市	宝鸡市首个集互联网企业孵化、技术创新、产业转化、公共配套服务为一体的产业服务平台	重点吸纳软件技术开发、数据处理、应用服务、电子商务、新媒体制作、培训实训类企业
	陈仓科技工业园	宝鸡市陈仓区	现代型、环保型工业园	以机械加工和食品饮料两大产业为主,适度发展卫生、教育、金融、房地产等城市配套产业
	陈仓物流园	宝鸡市陈仓区	陕西省政府三大物流园区之一,国家关天规划中确定的重点物流园区	现代物流业为产业发展核心,商贸流通业、会展商务业为产业发展重点,流通加工业、配套服务业为产业重要支撑
	宝鸡陆港新区	陈仓区阳平镇	—	出口加工区为核心的内陆型港区
	福临堡工业园	宝鸡市金台区	—	以特种车辆制造、机械和加工制造等产业为主
	渭滨区工业园	宝鸡市渭滨区	—	石油机械设备、数控机床及工具、特种车辆制造等产业
	金河工业园	宝鸡市金台区	全省首批44个重点支持的县域工业集中区之一	以石油装备制造、机床加工配套、智能制造为主导的产业集群
咸阳市	咸阳高新技术产业开发区	咸阳市	国家级高新技术产业开发区	电子信息、生物医药及医疗器械、新型合成材料三大主导产业集群
	新兴纺织工业园	咸阳市	—	重点发展纺纱、织布、针织、现代装备制造、功能性产业纺织用品等
	渭河北岸生态工业走廊	咸阳市渭城区	—	电子、机械、能源化工、医药、建材等产业
兴平市	食品工业园	兴平市东部	省级重点建设县域工业集中区	农产品深加工、现代物流业
	装备制造工业园	兴平市	省级重点建设县域工业集中区	船舶动力制造业、航空电源及制动系统制造业、汽车零部件制造业、石油化工机械制造业、新型能源设备制造业等

续表

市（区、县）	园区名称	位置	等级（地位）	主导产业类型
兴平市	兴平市化工工业园	兴平市东南部	省级重点建设县域工业集中区	化工工业及化工安装业两大支柱行业
杨凌示范区	杨凌农业高新技术产业示范区	杨凌示范区	国家级农业高新技术产业示范区	现代农业为主，以生物制药、绿色食品、环保农资、农牧良种为特色，以会展、物流、旅游等为主的现代服务业初具规模
凤翔县	长青工业园	凤翔县	陕西省最大煤电化循环经济发展园区	煤电化工、金属冶炼、化工设备制造等
	陈村电子工业园	凤翔县	宝鸡市十大工程之一	以电子、生物化工、食品、建材为主的产业雏形
	柳林酒业工业园	凤翔县	陕西省重点工业园	以凤柳公路为轴线的白酒产业带
	长虹工业园	凤翔县	陕西省重点乡镇企业示范区	农产品加工出口和食品加工产业
	县城新区工业园	凤翔县	—	医药化工基地和加工制造业基地，壮大医药化工产业和纺织服装产业集群
	六营民俗产业园	凤翔县	—	以泥塑、木版年画、铜雕、剪纸、草编等民间工艺品生产产业为主
	川口河建材工业园	凤翔县	—	建材产业为主
	南指挥食品工业园	凤翔县	—	食品加工业，打造立足凤翔，辐射全国的肉鸡屠宰和食品加工制造基地
岐山县	宝鸡蔡家坡经济技术开发区	岐山县蔡家坡镇	省级经济技术开发区、国家级建制镇示范点和陕西省小城市培育试点	汽车及零部件产业为主，重点发展汽车及零部件制造、机械、电子等
	岐山工业区	蒲村镇	—	重点发展新型建筑材料
	宝鸡高新区汽车工业园	岐山县	—	汽车工业和装备制造业为基础，生产专用汽车和零部件配套
眉县	眉县工业区	马家镇、常兴镇	—	重点发展建材机械、硅冶炼加工、农副产品加工等
扶风县	扶风工业区	扶风县绛帐镇	—	重点发展现代食品、纺织等
武功县	武功工业园	武功县城东南部	—	形成了彩印包装产业集群和食品医药产业集群，着力打造以钢结构为主导的机械加工特色产业园区

来源：根据相关资料整理绘制

6.1.5 景观生态格局：塬为基，水连城

关中平原渭河河谷川道地区呈西窄东宽、向东逐渐敞开的走势，关中西部地区城镇多

坐落于似丰字形平行状水系的渭河干流或支流穿过而形成的河谷和滩地的周围，具有"川道为基，渭水连城"的生态景观格局特点。南邻秦岭北麓低山残塬坡地，是关中生态环境的脆弱区和敏感区，也是关中西部生态环境的水源保障和自然屏障，北靠渭河北山的台塬地区，包括蟠龙塬、凤翔塬等。土地由河流长期冲刷山脉而形成，分布具有平坦、狭长、稀缺的特点，区内拥有1处省级自然保护区、2处国家级森林公园、2处省级森林公园、宝鸡天台山国家级风景名胜区等六处风景名胜区，以及多达12处文化自然遗产，景观资源较为丰富。多样化的地貌与气候环境和景观生态资源的多样性，证明关中西部具备较为优良的生态本底。

关中西部城镇密集区地势南北高中部低，由北至南可分为三种地貌类型：黄土塬梁沟壑区、川道台塬区、秦岭山地区。其中川道台塬区所占面积最大，包含了咸阳市、兴平市、杨凌区、武功县的全境、凤翔县和扶风县的南部地区、岐山县的中部地区、眉县的北部地区以及宝鸡市的中部和东北部地区，地势平坦，土地肥沃，城镇和种植业发展条件优越，建设用地比重较大，第二、三产业发达，是关中西部社会经济增长的核心区域。除此之外，凤翔、岐山、扶风三县的北部地区属于由丘陵和低山组成的黄土塬梁沟壑区，眉县的南部地区及宝鸡市的西部和南部地区属于秦岭山地区，这两类地区地形复杂，交通较为不便，不适于城镇发展。

关中西部城镇密集区植被夏季空间分布主要由中值植被、高值植被组成。其中，高值植被主要分布在南北部靠近山区的地区，而中部的低洼平原主要由中值植被与低值植被组成。近年来中值植被明显减少，高值植被显著增加，低值植被也呈现增加趋势。总体而言，研究范围内植被情况良好。

6.1.6 道路交通体系：交通条件便利

关中西部地区交通基础设施较为发达，整体呈现以陇海铁路为主轴的格局，东接关中东部、华中各地，西达河西至天水、青海，南连陕南地区、四川及云贵大地，北通陕北地区、平凉与宁夏，目前已初步形成以铁路、公路为主导的综合性交通运输走廊。不断完善的交通网络体系，将孤立城镇融入区域整体，为地区经济发展提供了良好的基础设施支撑，多样化的内外联系方式，更成为推动区域经济加速发展的重要力量。

铁路方面，陇海线、宝中线和宝成线构成了关中西部地区铁路网络的主要骨架。陇海线西至兰州东抵连云港，是关中西部地区东西向重要的交通和城镇发展走廊，也是我国东西铁路通道中客货运输量最高的通道之一；宝中线连接中卫，是关中西部地区向北的主要铁路通道，属国家Ⅰ级铁路；宝成线由宝鸡经凤县至四川，承担着连接我国西北与西南地区的重要使命。此外，密集区与西安咸阳国际机场联系紧密，仅距咸阳市区12km，是西北地区最大的现代化国际航空港和对接国内外重要的交通窗口。

公路方面，由于关中西部地区山川、河谷等多种地形条件的限制，使得公路逐渐成为该地区对外联系及城镇间的首选交通方式。宝天高速公路于2009年建成通车，标志着甘陕两省公路网首次实现以高速公路对接，从而确立了关中西部地区以连霍高速公路（含西宝高速、宝天高速）为主轴，以国道310（天水—连云港）（即西宝南线，西安经周至、眉县到宝鸡）、省道104（西安—千阳）（即西宝北线，西安经凤翔到宝鸡）、国道312（上海—霍尔果斯）（含西兰高速）等干线公路为骨架，以省道210（麟游—留坝）、省道107（关中环线）等县乡公路为脉络的公路网络。可以看出，关中西部地区具备"承东启西"的区位优势，是连接资源丰富的西部和经济发达的东部之间的重要桥梁，随着铁路、公路、航空运输业的全面发展，标志着关中西部城镇密集区即将进入多种交通运输方式集成的综合运输阶段（表6-10）。

关中西部城镇密集区内主要公路一览表　　　　表6-10

公路	路线编号	路线名称	省境内起终点（全程起终点）	省内里程（km）
国家高速公路	G30	连霍高速（西宝高速、宝天高速）	潼关—西安—宝鸡—牛背（连云港—霍尔果斯）	364
	G70	福银高速（机场高速）	漫川关—商州—西安—咸阳—长武（福州—银川）	394
	G3511	菏宝高速（合凤高速）	合阳县—凤翔县柳林镇（菏泽市—宝鸡市）	335
国道	G310	西宝南线	坡头南村—牛背（连云港—天水）	299
	G31	西兰高速	界牌—凤翔路口（上海—霍尔果斯）	414
省道	S104	西宝北线	西安市—千阳县	179
	S107	关中环线	渭南市渭河桥北—周至—岐山—乾县—礼泉—三原—渭南市渭河桥北	407
	S210	麟游—留坝	麟游白家西坡—留坝	225

来源：作者自绘

6.2　发展动力机制

6.2.1　引导作用力：宏观政策支持

关中地区是陕西省的经济发展中心，集中了省内近62%的城市和近50%的小城镇，是西北综合经济实力最强的地区。政府和学界对该地区的关注与研究始于20世纪末期，在西部大开发的战略背景下，于世纪之交的2002年提出了"一线两带"的发展战略，与之后提出构建的"一轴一环三走廊"的关中城市群空间格局，共同促进了关中地区在陕西省的率先崛起。2009年6月份，《关中—天水经济区发展规划》经国务院审批，关天经济区上升为国家级重点开发开放战略高地。之后，《陕西省城镇体系规划（2006—2020）》《关中城市群建设规划（2007—2020）》《陕西省新型城镇化规划（2014—2020年）》等一系列政策与规划布局，在促进关中区域快速发展的同时，也推进了关中西部地区的经济综合实力提升，加速了基础设施建设的步伐，作为关中经济与发展的重要支柱，关中西部地区的建设迎来了前所未有的发展机遇（表6-11）。

关中地区近年相关发展规划　　　　　　　　　　　　　　　　　　表 6-11

规划名称及相关内容
《关中地区"一线两带"规划》（2004年） 以西安为中心，以陇海铁路陕西段和宝潼高速公路为轴线，以国家级关中高新技术产业开发带和国家级关中星火产业带为依托，以线串点、以点带面形成的以高新技术和先进技术为特点的产业经济体系
《陕西省主体功能区规划》（2013年） 主体功能区划分为国家层面重点开发区域（主要分布于关中地区和榆林北部地区）、省级层面重点开发区域、限制开发区域（主要分布于渭河平原、渭北台塬和商洛北部）、国家层面限制开发区域（重点生态功能区）、省级层面限制开发区域（重点生态功能区），以及禁止开发区域
《关中—天水城市群规划（2015—2030年）》 依托陇海—兰新战略通道，形成贯穿大西安、渭南、杨凌、宝鸡、天水的核心发展带，进一步提高中心城市吸引力与辐射带动能力
《陕西省国民经济和社会发展第十三个五年规划纲要》（2016年） 以大西安为核心，以关中城市群为主体，以西咸新区为引领，以陇海铁路和连霍高速沿线为横轴，以包茂高速沿线为纵轴，以陕北长城沿线、陕南十天高速沿线、沿黄公路沿线为三带，以宝鸡、榆林、汉中、渭南为四极，构建"一核一群两轴三带四极"的城镇发展格局
《西部大开发"十三五"规划》（2016年） 加快以成渝、关中—天水、北部湾、珠江—西江、天山北坡等重点经济区为支撑的核心增长区建设，推进兰州—西宁、呼包银榆、黔中等次级增长区域发展，在有条件的地区培育若干新增长极
《关中平原城市群发展规划》（2018年） 以建设具有国际影响力的国家级城市群为目标，以深度融入"一带一路"建设为统领，充分发挥关中平原城市群对西北地区发展的核心引领作用和我国向西开放的战略支撑作用
《陕西省城镇体系规划（2006—2020年）》 以西安都市圈为核，以陇海铁路陕西段和GZ45号公路宝（鸡）潼（关）段沿线为轴，以整个地区城镇的广域分布为面组成叠加的垂直型城镇群结构
《陕西省新型城镇化规划（2014—2020年）》 依托交通干线，进一步提升沿线节点城市的综合承载力和服务功能，发挥轴带聚集功能，推进宝鸡—杨凌—兴平城镇带建设

来源：根据相关规划整理

　　在新的发展背景下，陕西省国民经济和社会发展"十三五"、"十四五"、《陕西省新型城镇化规划（2014—2020）》等均提出加快推进陇海铁路和连霍高速沿线、宝鸡—杨凌—兴平城镇带的建设。此外，《推动共建丝绸之路经济带和21世纪海上丝绸之路的愿景与行动》及2018年公布的《关中平原城市群发展规划》更进一步明确关中地区参与国际竞争的特色优势，显示其在全国区域发展格局和国家治理体系中的独特地位。同时也可以看出，关中西部城镇密集区在地区的影响力也不容小觑，作为关中平原城市群和关天经济区中连接甘陕的重要经济走廊以及关中地区经济发展的中流砥柱、大西安地区周边最有影响力的次区域城镇密集带，关中西部地区的建设推动着地区中小城市和特色镇的发育成长，促进了城镇间联系的愈发密切，未来将在对关中乃至西北地区的发展中扮演越来越重要的角色。

6.2.2 基底作用力：自然地貌限制

区域自然地理状况是城镇密集区空间发展的基础支撑，对于关中西部地区而言，地形和资源是限制区域城镇空间扩展的基础作用力。渭河流域的关中平原是我国古代文明的发祥地之一，渭河自西向东穿过秦岭和渭北山系（老龙山、嵯峨山、药王山、尧山、黄龙山、梁山等）之间的盆地中部，形成两侧经黄土沉积和渭河干支流冲积而成的"关中平原"。西起宝鸡，东至潼关，是华夏文明重要的发祥地和古丝绸之路的起点，承载着中华民族的历史荣耀与厚重记忆。

关中平原处于我国地势由第一级阶梯转向第二级阶梯的过渡区域内，区内气候温和、土壤肥沃，水资源供给在干旱缺水的大西北相对充裕，农业资源、自然资源及生态气候相对良好，周边区域蕴藏着较多的煤炭、油气、盐类、有色稀有金属等资源，城镇发展基础较好、发展潜力较大。因此，由于城镇成长与布局对区位具有强烈的选择性，多年来关中平原形成了以渭河为纽带的带型扩展城镇密集区，以西沿线更是分布着咸阳市、宝鸡市、兴平市、岐山县等多个市县，是陕西省工农业发达与人口的密集地区和贯穿东西省域空间的经济走廊，直接决定了陕西省经济发展的兴衰，在国家经济建设大局和全方位开放格局中具有独特战略地位。

6.2.3 基础作用力：交通辐射影响

交通走廊是城市经济辐射和扩散的主动脉。河流与平原奠定了区域城镇空间分布的格局，交通网络成为城镇空间布局及其发展的重要依托[①]。公路和铁路的快速发展，对带动沿线周边城镇的形成及演化发挥了积极作用，促进了城镇间的发展联系。

陇海铁路横贯关中西部地区，1937年、1941年陇海铁路西宝段、咸铜铁路等相继通车，缩短了关中西部地区与西安市等区域中重要城镇的时空距离，实现了区域铁路运输的全境贯通。此后宝中、宝成、陇海铁路宝鸡至天水段通车，宝鸡、咸阳相继成为重要的交通节点，标志着关中西部地区进入铁路运输时代。同时宝鸡利用自身位于西安、兰州、银川、与成都十字交叉中心点且处于陕甘宁川四省交界处的地理交通优势，咸阳依靠与西安联系紧密、向东直抵中原的独特区位，共同带动关中西部交通沿线地区传统社会经济结构的转变，加快了先进生产方式的发展步伐。

与此同时，现代交通运输业的发展，促进了关中西部交通运输沿线地区资源的开发整合，打破了传统城镇间离散分布的状态，逐渐引导地区由要素集聚向轴线拓展转变，宝咸逐渐成为区域新的经济中心城市，成为陕西与西南、西北的物资转运中心和重要的工业基地，宝鸡的"川陕咽喉"、咸阳的"交通要冲"也因此得名。同时，沿线的一些中小城镇快速发展起来，岐山县、武功县、眉县等多个城镇由内向型转变为外向型。兴平市、武功县等地的相继建厂，加深了原有城镇之间的交流与协作，形成了咸阳地区纺织工业体系的雏形，铁路沿线工业带成为咸阳三大工业分布区域的重要地带，创造了咸阳近90%的工业总产值。此外，陇海铁路沿线地区的十里铺、福临堡、虢镇聚集起大量工业，蔡家坡发展成为轻工业城镇，杨凌区示范带动，关中西部地区逐渐兴起了东起咸阳市，西至宝鸡市的

[①] 吕园，李建伟.区域城镇化空间演化驱动要素及其机理探析[J].北京规划建设，2014（6）：52-56.

城镇密集带。

除陇海铁路外关中地区已经全面进入高铁时代。2016年发展改革委印发《中长期铁路网规划》，其中强调构筑"八纵八横"高速铁路主通道，京昆通道连接华北、西北、西南地区，贯通京津冀、太原、关中平原、成渝、滇中等城市群。包（银）海通道，包括银川—西安以及海南环岛高速铁路，连接西北、西南、华南地区，贯通兰西、关中平原、成渝、黔中、珠三角等城市群。陆桥通道，连接华东、华中、西北地区，贯通东陇海、中原、关中平原、兰西、天山北坡等城市群。

2010年郑西高铁正式通车，是中国中西部地区第一条投入运营的时速350km的高铁，同样标志着西北城镇密集区步入高铁时代。2014年大西高铁通车，大同—西安客运专线是从山西大同到陕西西安的一条客运铁路，是国家《中长期铁路网规划》的一条客运专线，也是中国"八纵八横"客运专线网的其中呼南通道（大同—太原段）和京昆通道的重要组成部分。2017年西安至成都高铁通车，是2016年修订的《中长期铁路网规划》中"八纵八横"高速铁路主通道之一。意味着西北城镇密集区高铁线路骨架基本建成。

6.2.4 核心作用力：产业空间集聚

关中西部地区产业空间集聚是区域空间发展的直接驱动力。抗战时期，工业内迁不仅刺激了该地区近代城镇空间的发展和产业结构的形成，同时促进了地区民族资产阶级和近现代工业的崛起，刺激了类似以宝鸡为中心包括虢镇、蔡家坡、绛帐在内的沿陇海铁路分布的"秦宝工业区"等工业密集带的形成，为地区的经济社会发展打下了坚实的基础。

同时，工业内迁的刺激也使得一些地区出现了专业化溢出的功能区，如宝鸡在距离原有城区5km的十里铺产生了新兴工业区飞地，为城镇空间的带型拓展方式打下了基础。关中西部地区进一步摆脱了地处内陆发展的先天不足，快速地完成了资本积累和现代城市产业的发育过程[①]。表现在人口数量的持续增长方面，仅在1946年宝鸡的城市人口数就达到1936年的13.71倍，而1931年时咸阳城区人口仅有48780人，1937年增至82836人（表6-12）。

关中西部地区抗战期间内迁及创立主要企业一览表　　表6-12

业别	厂名	原设地点	内迁时间	内迁地点
机械业	兵工署312厂	山西运城	1938年5月	兴平
	洪顺机械厂	汉阳	1938年夏	宝鸡
	申新铁厂	汉口	1938年夏	宝鸡（十里铺）
	西北机器厂	—	1941年	蔡家坡
	第十五军兵工厂、三十一兵工厂		1941年	宝鸡（虢镇）
	福兴铁工厂、记兴铁工厂	—	1939年	咸阳市

---

① 任云英，刘立常．西北内陆城市宝鸡的兴起及其空间转型研究 1937—1945［J］．建筑与文化，2013（4）：96-98．

续表

业别	厂名	原设地点	内迁时间	内迁地点
纺织业	咸阳中国打包公司	—	1935年	咸阳市
	申新第四纺织厂	汉口	1938年夏	宝鸡（十里铺）
	震寰纱厂	武昌	1938年夏	宝鸡
	湖北官纱、布局	武昌	1938年夏	宝鸡
	成通纱厂	济南	不详	宝鸡
	华东染织厂	汉口	1938年夏	宝鸡
	隆昌染厂	汉口	1938年夏	宝鸡
	同济扎花厂	汉口	1938年夏	宝鸡
	成功袜厂	汉口	1938年夏	宝鸡地区
	德记布厂	汉口	1938年夏	宝鸡地区
	义泰布厂	汉口	1938年夏	宝鸡地区
	同泰布厂	汉口	1938年夏	宝鸡地区
	必茂布厂	汉口	1938年夏	宝鸡地区
	协旭布厂	汉口	1938年夏	宝鸡地区
	协昌布厂	汉口	1938年夏	宝鸡地区
	业精纺织厂	山西	1939年	宝鸡（虢镇）
	蔡家坡纺织厂和西北机器厂	—	1941年	蔡家坡
	咸阳纺织厂	—	1936年	咸阳市
食品业	福新第五面粉厂	汉口	1938年夏	宝鸡（十里铺）
	大通打蛋厂	河南林颖	1938年底	蔡家坡
	大新面粉厂	河南漯河	1938年底	宝鸡（十里铺）
	农丰豆粉厂	郑州	1938年底	蔡家坡
	咸阳裕农酒厂	—	1936年	咸阳市
造纸业	凤翔纸坊街	—	1939年	凤翔县
	济生造纸厂	—	1939年	眉县
	华文造纸厂	—	1944年	眉县
其他	泰昌火柴厂	山西绛县	不详	宝鸡
	秦昌火柴公司	华县	不详	宝鸡
	东华火柴厂	—	不详	益门镇
	民康药棉厂	汉口	不详	宝鸡
	自强工业社	—	1940年	眉县
	华胜烟厂	—	1937年	岐山
	陕西酒精总厂	—	1935年	咸阳市

来源：蒋田田．关天交通经济带的形成与空间结构演化研究［D］．西安：西北大学，2013．根据相关内容整理

改革开放后，工业化进程和陕西省陆续实行的各项经济发展战略，极大推动了关中西部整体发展势力的提升。铁路沿线的岐山县、凤翔县、眉县、武功县、兴平市以及咸阳市铁路沿线地区等均在此前的基础上成为工业企业发展落户的首选，产业化的集聚效应逐步显现。

在地区内部，一些城市中分散的工业逐步由城区向郊区整合转移，推动了一系列产业开发区如咸阳高新技术产业开发区等在城市边缘和交通沿线迅速崛起并形成规模，带动了地区工业化与城镇化进程的发展，同时形成了一批以居住、服务、工业和高新技术为主导功能的新型城镇如蔡家坡。

关中现状工业体系完整，产业聚集度高，是全国重要的装备制造业基地、高新技术产业基地、国防科技工业基地。航空、航天、新材料、新一代信息技术等战略性新兴产业发展迅猛，文化、旅游、物流、金融等现代服务业快速崛起，产业结构正在迈向中高端。西北唯一的自由贸易试验区和一批国家级产业园区，为现代产业发展提供了重要平台和载体。从产业园区职能定位看，西北地区的产业体系偏向能源、原材料等基础产业和重化工业，重工业体系越来越不适应其后的供给侧结构性改革。到2018年底西北地区经济占比下降到38.6%，经济增速排名前十位中仅有陕西省。

中国（陕西）自由贸易试验区是党中央、国务院2016年8月31日批准设立的我国第三批自由贸易试验区，是西北地区唯一的自由贸易试验区，落实中央关于更好发挥"一带一路"建设对西部大开发带动作用、加大西部地区门户城市开放力度的要求，打造内陆型改革开放新高地。培育贸易新型业态和功能，形成以技术、品牌、质量、服务为核心的外贸竞争优势，探索创新服务贸易发展模式，扩大服务贸易双向开放，推动金融、保险、物流、信息、研发设计等资本和技术密集型服务出口。扩大与"一带一路"沿线国家经济合作，推动将中欧班列（西安）纳入中欧"安智贸"试点计划。深入发展多式联运，引导多式联运企业联盟合作。

6.3 特征总结

6.3.1 建设空间低效蔓延

以关中西部城镇密集区的县域行政区划为单元，基于Landsat TM的影像数据来提取建设用地。对各个市（区、县）内的建设用地面积和变化情况进行统计，总体而言伴随着城市化的大规模发展，建设用地呈现大规模的增长趋势。

如咸阳、兴平、扶风、武功等市县，近年来伴随着城市化进程的加快，建设用地面积骤增（表6-13），兴平建设用地在14年间增长了近乎5倍之多。然而十几年间城镇建设用地成倍扩展的同时，是土地资源的粗放浪费和低效蔓延，呈现的空间特点是新增建设用地沿重要交通线路两侧增加。例如咸阳与兴平之间由于缺乏产业规划的引导，导致现状项目布局零散，加之大量过境交通线路如陇海铁路、西平铁路、西成铁路、西宝高速及西咸北环线的穿插割裂，更加剧了区域内建设用地的支离破碎，空间引导与控制机制失灵，土地资源得不到有效利用。同时一些县区部分工业园区也存在大量闲置土地现象，园区建设缺乏规划引导，建设用地集约化利用程度不高。

2000~2014年关中西部城镇密集区建设用地一览表（单位：km²）　　表6-13

年份	宝鸡市	咸阳市	杨凌示范区	兴平市	凤翔县	岐山县	扶风县	眉县	武功县
2000	57.97	39.64	11.02	10.82	7.88	10.12	6.21	8.70	16.31
2005	62.78	64.65	13.56	13.13	8.79	12.17	8.17	11.07	22.46
2010	86.44	103.31	16.53	25.29	10.50	22.28	21.63	12.85	39.31
2014	101.68	159.81	19.02	47.78	12.27	28.84	24.59	20.82	62.12

来源：各地总体规划等资料

在部分城镇土地粗放发展的同时，关中西部地区的一些城镇却不得不被限制在沟谷内沿河流方向拓展，承受"两山夹一川"的复杂地理环境所带来的用地紧张、空间封闭、联系单一等不利影响，资源要素往往只能沿单一方向对外流通交换，基础设施利用率低，综合建设费用较高。同时，相对偏离川道发展的城镇因地形交通等限制呈现出相对孤立封闭、关联性低的特点，不利于产业发展，很难形成烘托城镇的劳动力和消费群，阻碍了城镇的发展。

6.3.2 生态安全体系缺失

渭河平原地区一直是关中西部地区生态资源的宝库，河流穿行带来了丰厚的水资源、景观资源及湿地资源等，密集区内拥有千渭之会国家湿地公园、陕西渭河湿地、长安沣河湿地等5处重要湿地，冯家山水库、宝鸡石头河水库等11处重要水源地。由于关中西部地区渭河川道特殊的地理环境，决定了城镇发展与山水格局之间存在着联系。

笔者基于Landsat TM的影像数据以县域为基本单位提取湿地和水系，水系主要提取主干河流水域覆盖的区域，对各个市（区、县）内的湿地、水系和耕地的覆盖面积和变化情况进行统计，总体而言伴随着建设用地面积近年来的持续增加，水系和耕地却呈下降趋势，而湿地面积则处于起伏变化中，涨幅并不明显。具体变化情况如表6-14所示。

2000~2014年关中西部城镇密集区湿地水系面积一览表（单位：km²）　　表6-14

类别	年份	宝鸡市	咸阳市	杨凌示范区	兴平市	凤翔县	岐山县	扶风县	眉县	武功县
湿地	2000	39.73	7.14	1.33	1.20	1.06	5.87	0.93	2.07	12.69
	2005	45.90	17.84	3.67	12.48	1.34	9.26	11.61	10.35	7.74
	2010	46.00	10.08	1.82	8.10	1.34	6.48	4.90	3.82	5.27
	2014	51.75	20.11	2.16	11.93	1.47	8.18	6.31	10.28	8.34
水系	2000	21.13	11.03	4.55	5.65	6.88	4.19	4.55	4.29	5.02
	2005	21.45	7.33	3.98	5.05	7.90	4.15	2.85	4.38	7.60

续表

类别	年份	宝鸡市	咸阳市	杨凌示范区	兴平市	凤翔县	岐山县	扶风县	眉县	武功县
水系	2010	22.21	12.63	2.46	7.62	8.52	4.08	6.78	4.79	6.42
	2014	23.73	6.20	3.21	2.30	8.81	3.86	3.51	2.38	1.94
耕地	2000	740.8	318.8	50.4	345.6	495.7	372.6	425.7	252.9	280.6
	2005	608.1	282.4	48.4	349.4	471.1	352.9	381.5	224.9	275.1
	2010	621.2	258.4	61.3	356.2	468.0	352.7	344.9	239.9	275.4
	2014	611.1	213.1	54.6	339.2	463.3	352.4	324.0	231.6	269.1

来源：笔者自绘

以湿地数据为例，宝鸡市呈现持续增长，从2000年的39.73km^{2}增加到2014年的51.75km^2，增加幅度和年增长率均以2000~2005年最高，增加幅度为6.17km^2。除宝鸡市外，其余地区湿地面积均处于不断变化之中，甚至武功县、扶风县有明显的下降趋势。水系覆盖面积变化方面，宝鸡市与凤翔县处于持续增加态势，而其余各地则普遍处于下降的趋势，降幅以咸阳市、兴平市、武功县、眉县较为明显。耕地面积方面，各地面积均呈下降状态，下降速度最快的是咸阳市、宝鸡市和扶风县，未来生态安全空间相关需要重点关注。

综上所述，随着近年来关中西部城镇密集区人口和建设用地的增长，城市化进程的加快，带来了城市生活用水增加、地表径流减少、气候变化等影响，城镇建设任意蔓延侵占山体、台塬甚至湿地，直接威胁区域环境的"生态安全底线"。同时由于环境保护意识的淡薄，关中西部地区尚未构建起区域性的生态安全体系，涉及环境保护的基础设施建设较为薄弱，缺乏相应的生态治理手段和补偿机制。特别是在渭河流域环境保护上，对污染型工业、城镇空间安排和规模控制的合理性敏感度较高，对城镇生态环境的控制与保护要求也应较为严格。然而在选择城镇主导产业时，却一味追求经济效益而忽视聚集经济和规模经济由于分工深度化和高加工度，对生态环境产生了显著的负向效应，致使咸阳、兴平等地城区的地下水位大幅度下降，部分干流呈现重度污染，水环境容量严重超负荷，制约着流域经济的可持续发展（图6-7）。

图6-7 宝鸡市、咸阳市境内的渭河污染
来源：http://www.xasb168.com；http://news.ifeng.com

6.3.3 产业缺乏专业分工

（1）产业结构整体较不协调，同质化现象明显

关中西部城镇密集区内工业城镇比重较高，呈现出工业结构明显偏重的特征，目前各市（区、县）间产业结构类似，多以"二、三、一"产业结构为主，第三产业长期处于较不发达状态，城镇多走资源型发展模式，整体表现不协调。如咸阳和宝鸡二三产产值差距较大，说明城市总体经济发展仍旧较多依赖于制造业、加工业等部门，第三产业仍处于发展初期阶段。而兴平市第一产业占比较低，并不是产业结构优化的结果，很大程度上是由于农业的相对薄弱，说明其经济增长的动力单一。杨凌虽然设区时间不长，但经过发展已逐渐完成产业结构转向，二三产比重几乎相当。在关中西部地区的第三产业中，面向生活服务的产业发展较快，信息产业、知识产业、教育产业仍处初级发展阶段（图6-8）。

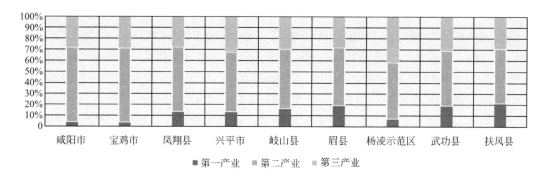

图6-8 2015年关中西部城镇密集区各市（区、县）三种产业占比（按二产占比排名）
数据来源：2015年陕西省统计年鉴

此外，关中西部城镇密集区工业在第二产业中占比较大，且除杨凌外，各地重工业较轻工业占比较大，地区各城镇存在明显的产业同构现象，表现在主要城镇农副食品加工、电子信息、医药制造等行业相似系数大于0.9，装备制造业、交通设施、电器等行业相似系数在0.6～0.9之间。产业布局相似度高，进一步加剧了城镇间的重复建设，相近的产业相互争夺市场竞争激烈，产品的互补性、关联性少，影响了区域的建设与健康发展。

（2）产业集群处于起步阶段，空间布局与城镇发展协调不足

与沿海其他城镇密集区相比，关中西部地区产业集中度较低，企业数量虽多而规模小，呈现"小而低、小而散"的空间布局形式，缺乏具有较强竞争优势和创新能力的产业链集群，难以通过上、下游产业之间的互动和外溢机制来促进区内产业关联群的形成与发展，一定程度上制约了关中西部城镇的经济发展与规模扩张。另外，由于缺乏区域总体产业发展规划的引导，未设立有效的组织机构，以及相关政策准则的缺失，企业间难以形成相互支撑的专业化分工协作关系，影响产业园区集群优势的发挥。此外，县域内等级较低的产业园区发展定位未经充分研究，缺乏特色，导致园区盲目开发和重复建设现象频发，空间发展上难以与城镇建设相互协调。

6.3.4　区域城际交通滞后

关中西部地区综合运输体系现阶段在较低层次上初步适应了社会经济发展，但仍存在很多方面的问题，例如公路方面，南北向城际交通发展滞后，个别城镇间仅为单向线形交通联系，缺乏衔接与协调。以西安为中心形成的米字形交通网络中，各城镇发展差异受所处米字形交通区位所影响。

铁路方面，通达深度不够，缺少直达一些地区的铁路线，一定程度上制约了这些地区的经济发展，很难与城镇密集区发展的整体要求相协调。轨道交通方面，以西安为中心，还未建立起与咸阳、杨凌、高陵、阎良等市县的轨道交通。

6.3.5　城镇发展各自为政

由于地区市县缺乏产业布局规划和权威的管理体系与制度政策，导致关中西部地区显现出城镇各自为政的发展弊端，城镇发展的战略目标和战略重点雷同，阻碍了区域城镇的健康发展。虽然出现了类似杨凌以"高新农业、加工、生物工程、旅游"为定位，凤翔县以"食品酿造、历史文化和旅游服务"为特色，扶风县以"历史文化和文化旅游产品生产"为主要职能的一些有特色的专业化城镇，且城镇间出现了较低层次的专业分工，但城镇间生产布局重复，产业结构、职能同化现象仍然较为突出，缺乏内在的有机联系和有效分工协作，仍旧仅限于以快速交通干道为主的空间联系，区域合作与摩擦始终并存。表现在空间上则是各类公共设施的重复规划，包括工业园区的重复开发和专业市场的重复规划（表6-15）。不仅使关中西部城镇整体联动效应的发挥受到了抑制，也限制了区域内部城市之间的有效协作和沟通。

关中西部地区重点城镇职能结构一览表　　　　表6-15

市县区	职能	定位
宝鸡市	综合型	关中西部中心城市，全国重要的新材料和先进制造业基地，西部地区重要的综合交通枢纽，文化名城和生态宜居城市
咸阳市	综合型	西安国际化大都市的核心组成部分，重要的技术密集型产业集聚区和商业旅游服务中心，以发展电子、纺织、石油化工为主的新兴现代化工业城市，历史文化名城
兴平市	综合型	以装备制造业为主
杨凌示范区	综合型	以农业高新技术产业开发与示范为主导，农业科教、旅游、商贸等第三产业发达的、交通便捷、信息畅通、城乡空间有机整合的生态型、田园式、具有现代化生态景观风貌、可持续发展的陕西关中的区域性中心城市
凤翔县	综合型	以食品酿造、历史文化和旅游服务为特色的现代化小城市，渭北台塬地区中心城市
岐山县	综合型	以发展新型工业为核心，商贸、物流、历史文化旅游业协调发展的现代化小城市
扶风县	综合型	以佛教文化和周文化旅游服务为特色，以历史文化和文化旅游产品生产为主要职能的现代化小城市
眉县	综合型	以发展装备制造、环保材料等先进制造业为重点的现代化小城市
武功县	综合型	关中西部的物质集散地

来源：《陕西省城镇体系规划（2006—2020）》《宝鸡蔡家坡总体规划（2015—2030）》《宝鸡市总体规划（2010—2020）》《咸阳市总体规划（2015—2030）》等相关规划

6.4 本章小结

对关中西部城镇密集区现状的研究主要由发展动因、发展概况及其特征总结三部分组成。首先，对关中西部城镇密集区空间发展的动力机制进行分析，探究关中西部城镇密集区的空间形成原因。研究认为关中西部地区宏观政策支持是引导作用力，自然地貌限制是基础作用力，交通辐射影响是指向作用力，产业空间集聚是直接作用力。其次，对关中西部地区的发展概况进行分析。研究认为关中西部地区城镇人口发展稳中有进上升，社会经济发展基础良好，城镇空间格局带型特征明显，产业分布格局集聚扩散并重，景观生态格局优越，道路交通条件便利。整体而言，关中西部城镇密集区建设存在空间低效蔓延，生态安全体系缺乏，产业缺乏专业分工，区域城际交通滞后，城镇各自为政等诸多问题。

第7章　基于绿色增长的关中西部城镇密集区空间整合路径

"绿色增长"与"低碳经济""循环经济""生态经济"等内核概念是一致的，都是一种经济社会与自然资源、生态环境全面协调可持续发展的理念，差别只是视角和重点不同。低碳经济强调降低温室气体排放，循环经济强调提高资源有效利用率，生态经济强调保护自然生态环境。绿色增长则强调转变经济发展方式，以绿色产业增长为标志，达到低耗能、低排碳和低污染，实现经济社会可持续发展。。

——笔者

7.1 绿色增长的城镇密集区的空间整合内涵

7.1.1 绿色增长的理论演进

世界性的绿色浪潮经历了以环保意识缺失为起点的四段式演进历程（图7-1）。第二次世界大战以后，西方发达资本主义国家迎来了发展的"黄金时代"，然而进入20世纪60年代后，世界范围内"公害"事件频发，经济复苏带来巨额财富的同时，所引发的资源浪费、环境污染等问题开始显露，经济盲目的自信和环保意识的缺乏致使环境污染问题日益严重。人们开始寻求将发展由不可持续轨道向良性轨道转变的方式，"热增长"发展下开始频现"冷思考"，著名的《寂静的春天》一书出版以及20世纪70年代美国开展的一系列环保运动，将"浅绿色"环保理念植入人心，可持续发展理论开始萌芽，环境问题走上国际舞台[①]。

进入20世纪80年代后，通过跨国组织的接力探索，"可持续发展"一词在《世界自然保护大纲》中被首次提出，环保理念开始由"浅绿"向"深绿"转变。然而直至20世纪末，长久以来粗放式生产方式发展带来的环境污染问题以及社会经济中背道而驰的非人本主义的不可持续增长，使得可持续实践并未有较大发展[②]。到了21世纪，大量发展中国家的研究显示，有限的环境承载能力已经无法支撑"先增长再治理"的发展模式，城市一方面受到如高收入、高生产力水平等集聚经济的积极影响，相反也遭受到来自交通拥堵、环

---

① 熊文强，郭孝菊. 绿色浪潮——21世纪的热点讨论与认识 [J]. 重庆大学学报：社会科学版，2000，6（2）：33-36.
② 李奇. 生态可持续发展与空分行业的责任 [J]. 杭氧科技，2004（2）：1-4.

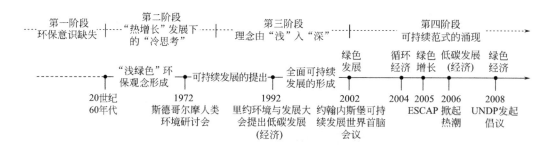

图 7-1 世界绿色浪潮四段式演进历程
来源：笔者自绘

境污染等消极集聚效应的攻击。实务界开始从片面重视生态保护的"环境可持续"过渡到以经济为切入点，经济、环境、社会三者并重的全面可持续发展阶段，亟须既能衔接可持续思想，又能指导实践的发展范式[①]。

在此框架下，2008年经济危机前后，不同的学者和组织相继提出了一系列可持续范式，如绿色发展、循环经济、低碳经济、绿色经济等，绿色理念不断深入民心，倡导绿色化发展已经成为国际社会的共识（表7-1）。绿色增长正是在此背景下应运而生，推动社会发展模式由前三次工业革命的"黑色发展模式"向全面的"绿色发展模式"转变，引导人类社会进入第四次工业革命——绿色工业革命[②]。

绿色增长相关概念辨析　　　　表7-1

名称	来源	发展背景	核心观点	创新点
循环经济	20世纪60年代美国经济学家波尔丁	环境保护思潮和运动的崛起，但直到20世纪70年代末，才得到重视和发展	通过资源循环利用使生产投入资源最少、排放废弃物最少的经济发展模式	提出"资源—产品—再生资源"的物质循环利用模式
可持续发展观	1980年《世界自然保护大纲》	环境问题的全球性和复杂性，以及各国解决社会贫困、就业困难等问题的迫切性	在满足当代人需要的同时，又不损害后代满足其自身需要的能力	强调人力资本投资、减贫，主张经济发展应当充分审慎自然资源的承载能力
"绿色"理念	20世纪70年代	经济盲目的自信和环保意识的缺乏导致环境污染问题日益凸显	包含绿色经济、绿色社会、绿色环境等要素	新增和谐、公平、包容等内容，更加清晰地阐明了经济、环境与社会三要素的具体内容
绿色发展（第二代可持续发展观）	2002年联合国开发计划署（UNDP）	国际社会对全球生态破坏和环境污染问题的重视	包含了绿色增长、绿色经济、低碳经济和循环经济的所有概念，是绿色经济发展的简称，更具包容性	对传统经济发展模式的创新，对"绿色"发展观的综合性描述，也是对旧有"黑色"发展观的反思
绿色增长	2005年ESCAP	能源危机和气候变化与全球经济增长的冲突不断加剧	强调"人"的"包容性绿色增长"理念，关注经济、环境、社会共同发展	强调在经济增长的同时兼顾增长质量，并主要依靠科技和政策创新

---

① 张旭，李伦.绿色增长内涵及实现路径研究述评[J].科研管理，2016，37（8）：85-93.
② 范和生，刘凯强.从黑色文明到绿色发展：生态环境模式的演进与实践生成[J].青海社会科学，2016（2）：46-54.

续表

名称	来源	发展背景	核心观点	创新点
低碳发展（经济）	1992年提出，2006年掀起热潮	气候变化对人类生活的影响不断增加	围绕减少碳排放和增加适应气候变化能力展开，以减排为主要手段	一种前瞻性的以低排放或气候适应增长为重点的国家经济发展计划或战略
绿色经济	1989年提出，2008年UNDP发起倡议	后金融危机时期能源危机还没有得到解决，又出现了生态环境持续恶化等一系列问题	是一种改善人类福祉和社会公平同时显著降低环境风险和生态稀缺性的经济	不但包含了循环经济和可持续发展的基本科学理论，又扩展了创新和效率最大化的内容
生态文明	2007年十七大报告	中国推动可持续发展的整体战略	可持续发展理念的中国化与升级版，提倡人与自然、社会和谐发展	与中国国情实际相结合

来源：根据相关文献资料整理绘制

7.1.2 绿色增长的综合内涵

绿色增长的研究是近年来的新兴热点领域，一直以来被视为实现可持续发展的关键战略，于2005年联合国亚太经济合作与发展（ESCAP）会议上首次正式提出，定义为"为推动低碳、惠及社会所有成员的发展而采取的环境可持续的经济过程"。此后2009年经合组织（OECD）理事会会议上签订的《绿色增长宣言》表明绿色增长思想在全球范围内开始广泛传播，成为未来实践与研究的热点[①]。另外，由于不同组织机构的研究侧重点不同，其概念界定和含义也有所差别（表7-2），国内研究更是处于起步阶段。到目前为止，国内外学术界对绿色增长的研究尚未形成集聚性的研究和一个统一、全面且普遍认可的概念，完整的理论体系也尚待构建。随着时间的推移，绿色增长被赋予的意义在不断变化，但其终极目标都是在实现环境保护的基础上实现低碳、社会包容和经济稳步增长，实现产业和环境的可持续发展。

绿色增长的内涵　　　　　　　　表7-2

时间	研究机构/人	来源	核心思想
1989年	大卫·皮尔斯	《绿色经济蓝皮书》	对资源环境产品和服务进行估价，统一经济发展与环境保护，追求可持续发展
2005年	ESCAP（首次正式提出）	《绿色增长首尔倡议》	环境可持续的绿色增长
2009年	OECD	《绿色增长宣言》	防止代价昂贵的环境污染、气候变化、生物多样化减少和以不可持续的方式使用自然资源的同时，追求经济增长和发展
2009年	GGGI（全球绿色增长研究所）	《全球绿色增长所的信息手册》	在经济增长的同时，减少碳排放，增加可持续性，增强气候的适应能力

---

① 杨立冰.森林的价值及保护战略——生态环境与可持续发展研究[J].亚太经济，2003（4）：80-83.

续表

时间	研究机构/人	来源	核心思想
2010年	韩国	《韩国低碳绿色增长基本法》	通过节约并高效利用能源资源减少人类对气候和环境造成的威胁,以清洁能源和绿色技术的研究开发创造新的增长动力并扩大就业,实现经济和环境的协调发展
2010年	OECD	《绿色增长战略中期报告》	确保经济增长和环境发展的同时,通过改变消费和生产模式完善社会福利、改善人类健康状况、增加就业并解决与此相关的资源分配问题
2011年	OECD	《迈向绿色增长》	在确保自然资产能够继续为人类幸福提供各种资源和环境服务的同时,促进经济增长和发展
2012年	世界银行	《包容性的绿色增长——可持续发展之路》	开发一种高效地、清洁地、包容性地使用自然资源的经济增长方式,最大限度地减少污染和对环境的影响
2012年	运输和海洋事务部（MLTM）	—	推动经济的增长与发展,保护自然生态系统、资源和环境服务,改善社会包容发展性的一项政策
2012年	ESCAP（联合国亚太经社会）		提出了走低碳可持续、包容性发展之路的改革,在开展经济活动时要关注环境变化
2015年	联合国环境署第一届亚太区域环境部长论坛	《资源利用指数和绿色亚太》报告	实现"绿色亚太"的关键在于提高资源利用率,实现经济的绿色增长

来源：根据相关文献资料整理

绿色增长具体的内涵特征表现在如下方面：

（1）包容性。包容性增长是绿色增长最本质的特征。在城镇密集区自然资源、生态环境受到限制的前提下，绿色增长强调区域内经济增长、生态环境改善、摆脱贫困和提升社会福祉等基本权利实现包容平衡发展。

（2）可持续性。与大量消耗自然资源且忽视生态环境影响的传统经济增长方式不同，绿色增长不以牺牲环境、破坏生态为代价，而是以改善环境和节约资源为根本，强调区域发展在增长经济的同时兼顾资源和环境，避免环境恶化与零增长的发生，是一种可持续型经济发展模式。

（3）渐进性。绿色增长并非一蹴而就，是从以末端治理和弱可持续发展为特点的"浅绿色"过渡到以经济范式变革和强可持续发展为特点的"深绿色"的一个长期、渐进的过程，并且需要一系列相关经济社会发展的制度、法律法规、政策的保障。

7.1.3 绿色增长的规划响应

我国绿色化进程起步于20世纪80年代，伴随着经济的快速发展和城镇化的快速扩张愈演愈烈，由初期20世纪80年代的"环境保护"被确立为基本国策到20世纪90年代倡导实行可持续发展战略，循环经济、西部大开发等也有力地推动了绿色化进程（图7-2）。2010年后随着中国经济发展进入新常态，区域空间发展积攒的矛盾也逐步加剧：一方面，空间规模的长期粗放增长造成土地资源浪费和生态环境承载力的急剧下降，"灰色增长""褐色增长""黑色增长"引发的问题时有发生;另一方面,人为调控区域内部空间结构的同时,往往忽视了城市功能结构失衡、社会分异等问题,区域发展成本急剧攀升。

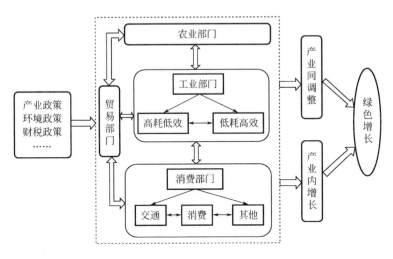

图7-2 绿色发展模式
来源:作者自绘

在生态文明和绿色化发展的今天,低碳可持续的绿色增长模式逐渐成为解决环境与发展问题的必然选择。越来越多的区域发展理念如紧凑城市、精明增长、低碳城市等,都将关注点转变到合理处理人类和自然的关系、人与人的关系,追求和倡导可持续的、资源与环境相协调的"绿色增长"[①]。在确保经济与社会长期发展的同时,更应兼顾环境与生态方面的因素,同时加强可持续的、资源节约、环境友好的城市发展方式,区域空间坚持"经济增长"与"绿色发展"并进的"绿色增长"是下一阶段的主流(表7-3)。

2014年国家出台《关于开展市县"多规合一"试点工作的通知》发改规划〔2014〕1971号),明确提出空间规划要"划定城市开发边界、永久基本农田红线和生态保护红线,形成合理的城镇、农业、生态空间布局"。其中生态保护红线是在生态空间范围内具有特殊重要生态功能、必须强制性严格保护的区域,是保障和维护国家生态安全的底线和生命线。

中国推动绿色增长的相关规划　　　　表7-3

类型	名称
空间布局	全国主体功能区划(2010)、国家新型城镇化规划(2014—2020年)(2014)
经济社会发展	"十三五"规划(2016)

---

① 党咨文,安玉兴,王胜辉,等.绿色发展、循环发展、低碳发展的困境与对策[J].当代经济,2015(31):18-22.

续表

类型	名称
资源节约与环境保护	大气污染防治行动计划（2013）、能源发展战略行动计划（2014—2020年）（2014）、水污染防治行动计划（2015）、"十三五"生态环境保护规划（2016）、土壤污染防治行动计划（2016）、"十三五"节能减排综合工作方案（2016）、工业绿色发展规划（2016—2020年）（2016）
绿色经济和产业发展	能源发展"十三五"规划（2016）、"十三五"节能环保产业发展规划（2016）、可再生能源发展"十三五"规划（2016）
生态保护	《全国生态保护"十三五"规划纲要》（2016）

来源：根据相关文献资料整理绘制

2017年5月，环境保护部、国家发展改革委联合发布《生态保护红线划定指南》，要求各地按照该指南推进生态保护红线划定工作，核心是对国土空间开展生态功能重要性和生态敏感性评估。将生态极重要和生态极敏感区域与国家级和省级的禁止开发区域进行校验，形成生态保护红线（图7-3）。

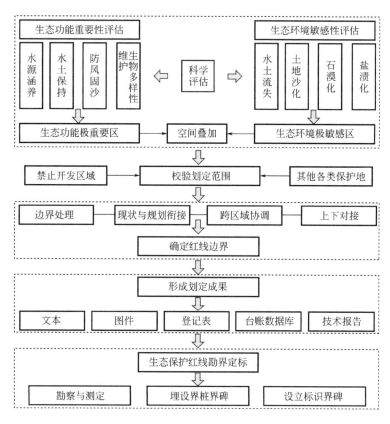

图7-3 生态保护红线划定
来源：作者自绘

7.2 绿色增长的城镇密集区空间整合框架

7.2.1 整合框架

根据绿色增长的综合内涵及其对城镇密集区空间整合的响应机制和目标原则，将其研究视为一个"提取——划分——重构"的动态反馈、修正的过程，得出其指导城镇密集区空间整合的一般思路和战略框架（图7-4）。该框架基于绿色增长的理论演进、绿色增长综合内涵、绿色增长的规划相应理论基础研究，明确目标体系并将其分级为综合维度、生态维度、经济维度、交通维度、社会维度五个方面。以目标导向为原则进行绿色空间要素的构建，包括宏观背景、资源要素、生态本底、产业布局、基础设施、政策引导，并进行空间联系强度分析。

绿色增长强调整体空间的协调拓展、生态空间的多级保护、产业结构的创新发展、交通系统的高效对接以及人地关系的统筹协调。搭建绿色增长的城镇密集区空间发展格局，保持环境友好与生态平衡的经济增长，促进区域空间功能协同优化，实现经济发展与环境保护、生态平衡和谐相融。

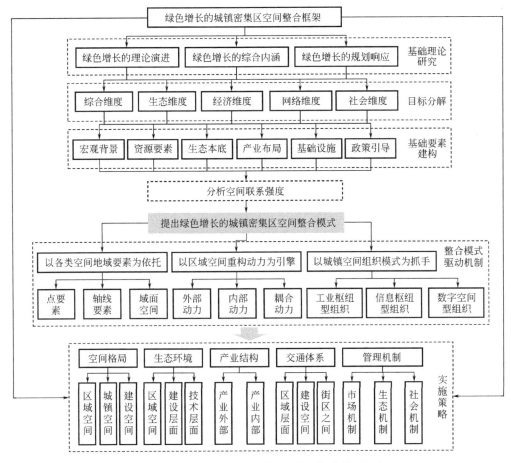

图 7-4 基于绿色增长的城镇密集区标准体系框架
来源：笔者自绘

绿色增长的城镇密集区空间整合模式需以各类空间地域要求为依托，以区域空间重构动力为引擎，以城镇空间组织模式为抓手。通过空间格局、生态环境、产业结构、交通体系、管理机制等对实施策略进行补充。

7.2.2 整合指导原则

"绿色增长"理念对城乡规划建设的指导要求体现得很多，这些原则不仅被认为是城市规划适应"绿色增长"这一理念所采取的空间统筹策略，也是推动经济增长、改善环境可持续性、促进社会包容平衡发展的引擎和动力。

（1）生态优先

人类的生存需要确保生态安全的前提下求得发展，因此在绿色增长背景下，实现城镇密集区空间的整合发展，就必须保障生态优先这一原则，具体表现为如生态健康，人人享有优美的居住生活环境；资源能源消耗少，低碳集约紧凑、精明增长的土地利用方式；以及网络体系完善，交通联系快捷，市政服务高效等。同时更应明确的是生态优先不是要忽略经济上的发展，而是为经济发展提供更为适宜的环境土壤[①]。

2020年我国即将实现全面建设小康社会时代，也是全面脱贫的时期。从全面建成小康社会目标看，生态环境是"短板"。改革开放以来我国发展取得举世瞩目的成就，经济总量跃居世界第二位，人民的获得感、幸福感明显增强。发展中积累了大量生态环境问题，如大气污染现象时有发生；一些城市河道水体发黑发臭，影响景观和城市形象甚至影响饮用水安全等。小康全面不全面，生态环境是关键。补上生态环境的"短板"，是全面建成小康社会的紧迫任务。

从历史经验看，生态兴文明兴，生态衰则文明衰。恩格斯在《自然辩证法》中写道，美索不达米亚、希腊、小亚细亚以及其他各地的居民，为了得到耕地毁灭了森林，但他们做梦也没有想到，这些地方今天竟因此而成为不毛之地。20世纪发生在西方国家的"世界八大公害事件"也对生态环境和公众生活造成巨大影响。如洛杉矶光化学烟雾事件导致近千人死亡，伦敦烟雾事件首次暴发的短短几天内致死人数4000人。

从可持续发展看，保护环境就是保护生产力，改善环境就是发展生产力。环境就是民生，青山就是美丽，蓝天也是幸福，绿水青山就是金山银山。我们一定要树立大局观、长远观、整体观，不能寅吃卯粮、急功近利。要坚持节约资源和保护环境的基本国策，像保护眼睛一样保护生态环境，推动形成绿色发展方式和生活方式，协同推进人民富裕、国家强盛、中国美丽。

从高质量发展角度看，必须生态优先。生态环境是经济发展的生产力要素，良好的植被、优美的环境是生态文明的标志，也是广大群众的时代诉求。加强生态保护和建设，既能筑牢民生之基，又能扩大就业，夯实民生之本。

（2）经济主导

绿色增长中的"绿色"指环境，"增长"强调经济，与传统经济增长方式不同，"绿色增长"不是"一刀切"式地一味追求经济效益而带来生态胁迫的增长方式，也不能仅仅用

---

① 申明锐，罗震东. 城镇密集地区后发小城镇的绿色转向与特色发展路径——以南京高淳为例[C]//中国城市规划年会. 2014.

绿色生态发展来简单概括，绿色增长的经济性是其区别于其他理念的关键[①]。在绿色发展的基础上，更加关注经济发展的速度、规模、经济结构、经济效益、机制转变，以及资源、环境成本及社会公平等，在空间发展上强调城市及区域空间以分散与平衡为主、兼顾集中，利用产业空间的调控与整合，实现土地的高效集约式发展，实现经济集聚、效益的最大化。

绿色经济是实现《2030可持续发展议程》总体目标的主要途径。形成环境保护和经济发展的一体化决策机制，尽快建立起绿色经济的统计、跟踪、评价机制，形成绿色GDP政绩考核体系。制定符合实际、操作性强的绿色经济发展战略规划。实施绿色经济领域重大专项，集中力量，加大投入，重点突破，加强自主创新，培育新兴绿色产业和新的经济增长点，推动绿色产业发展壮大，抢占未来经济竞争的制高点。建立有约束力的政策规范体系，加强制度设计，对政府、企业、公众的生产、生活、消费形成符合绿色经济要求的激励和约束机制。

（3）协同共生

协同发展以协同论、博弈论、突变论和耗散结构论等为理论基础，结合绿色增长的发展理念，表现在城镇密集区发展环境中，强调以追求经济与资源、生态、环境的协调性发展为目标，将所有城镇单元看作一个有机相连的整体，各个区域子系统间相互合作、多方博弈、相互干扰与制约，呈现出某种程度的协同规律性[②]。

以调整优化城市布局和空间结构，构建现代化交通网络系统，扩大环境容量生态空间为出发点，推进产业升级转移，推动公共服务共建共享，加快市场一体化进程，打造城市圈。同时强调区域空间的经济系统、生态系统、社会系统、资源系统、环境系统协调共生，从而实现经济增长与资源利用、生态建设、环境保护的良性互动，在实现城镇个体发展的基础上争取区域整体效益的最大化。

7.3 绿色增长的城镇密集区空间整合目标导向

7.3.1 综合维度：整体空间的协调拓展

城镇密集区是一个包含经济、社会、生态各要素构成的复杂空间系统，整个系统不是要素的简单拼贴，而是由外部动力、内部动力、耦合动力等多种空间重构动力驱动形成的有机整体。因此，绿色增长的城镇密集区空间整合的关键应强调各层面空间组织关系的协调，是实现空间整合的最高目标，重点体现在区域空间层面系统结构要素的有序生长、城镇空间的有限扩展以及建设空间集约开发，同时多方兼顾、系统考虑，从而实现整体效益的最大化。

（1）网络结构耦合联动

城乡网络化是指城乡之间多种社会经济活动主体构成一个有序化的关联互动系统和运

---

① 郭玲玲，武春友，于惊涛，等.中国绿色增长模式的动态仿真分析［J］.系统工程理论与实践，2017，37（8）：2119–2130.
② 京津冀城市群协同发展的理论基础与规律性分析［J］.地理科学进展，2017，36（1）：15–24.

行过程，由此获得一种最大化的空间组织效应，内涵反映的是城乡发展的关联性和组织性。县域内网络节点以城乡空间结构的"点要素"支撑，通过"线要素"包括交通、经济、信息、生态、文化等连接，形成区域职能分工合理，要素流转通畅，组织功能完善，构成维系城、镇、村网络系统共生共长的空间过程。在城乡网络发展过程强调网络均等发展，合理布局城、镇、村等网络支撑节点均等分布，促进城市扩散效应均等。

网络化均衡发展是一体化价值导向下城乡空间的理想形态，空间中的点、线、面要素相互交织共同形成稳定性强、可恢复性高、功能绩效优的城乡空间。关中地区城乡空间结构应从"生态—生产—生活"思维角度考虑，以"区域中心城市—次中心城市—重点镇——般镇—中心村"为依托，以生态廊道、产业廊道、城镇发展廊道、基础设施廊道为支撑，形成城镇职能体系分工明确，生态景观廊道贯穿全域，绿色创新产业纵横连接的网络化空间体系（图7-5）。

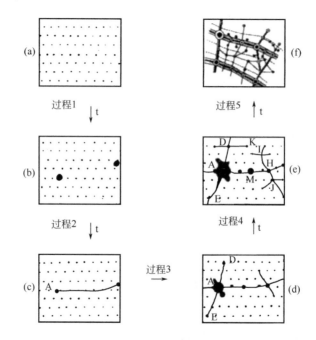

图7-5 空间网络化的叠加过程演进示意图
来源：刘晓芳. 城市群体空间网络化研究——以长株潭地区为例[D].
长沙：中南大学，2009.

（2）实现城乡融合发展

通过不同要素叠加实现城乡网络发展，实现城乡融合一体。城乡融合是实现新型城镇化和乡村振兴战略的重要载体，从发展过程看，主要是指生产要素的合理匹配、城乡要素的双向自由流动。城乡共同发展，需要控制资本、人才、技术向城市聚集的速度，加快资本下乡、技术下乡、人才下乡。从发展结果看，主要是指"人民日益增长的美好生活需要和不平衡不充分的发展之间的矛盾"不断消解，对于城市促进不同等级城市功能趋于完善，促进小城镇城市功能趋于专业，促进中心村、社区功能基本实现均等，构建乡村公共服务设施基本单元。

从空间角度看,城乡融合发展是指各类城市、城镇职能、等级、规模与乡村在地域空间中有序分布并有机协同。城、镇、村之间规模等级分明、数量呈等差递增、职能分工互补,在城乡发展上新增建设用地指标分配合理匹配,城乡扩展速度与生态环境保护匹配。促进乡村振兴,推进乡村治理体系,加快农业现代化发展。

7.3.2 生态维度:生态空间的多级保护

从空间角度分析,由于城镇密集区空间发展在根本上对自然空间具有"寄生性",自然空间对城镇发展的承受能力敏感性极高,作为多层式的复合生态系统,应遵循其多层级发展的基本过程和规律,构筑区域的绿色生态安全格局,协调好建设空间与非建设空间的发展关系,在各级系统内提倡生态化的发展方式。从而维护自然环境基本要素容纳缓冲能力、再生能力、净化还原能力等生态调控和服务功能,保障生态系统的结构稳定性和功能持续性,达到"社会—经济—环境"的最大整体效益平衡(图7-6),这是绿色增长的城镇密集区空间整合的重要内容与前提。

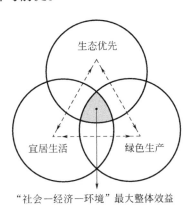

图7-6 生态维度的目标导向
来源:笔者自绘

(1)划定并严守生态红线,分类管控生态功能分区

根据关中各县域特征,将生态功能分为水源涵养保护区、综合防灾减灾控制区、自然生态保护区、带状廊道生态保护区、县域城乡生产协调区、城镇建设区、乡村建设区。在渭河、黄河、秦巴山地、陇东黄土高原等生态功能重要或生态环境敏感、脆弱的区域划定生态保护红线,涵盖国家级和省级禁止开发区域和严格保护的其他各类保护地,明确关中各县在生态功能区分布(表7-4)。森林植被覆盖率较高的区域,包括富平、白水、澄城、宜君、淳化、旬邑县域北部的北山山系自然保护区,凤翔、岐山、凤县、蓝田、周至、户县县域南部的秦岭生态保护区。综合防灾减灾控制区是指易发灾害的区域,包括洪水、泥石流等自然灾害、塌方、滑坡、沉陷等。自然灾害频发区主要集中在台塬与山地区域,塌方主要频发在台塬区,涉及白水、澄城、旬邑、淳化、长武县域台塬边缘区域。沉陷主要是指因煤炭资源开采过度造成沉陷,包括白水、彬县、旬邑。生态保护红线划定后,只增不减,确需调整的要严格履行报批程序。依托国家生态保护红线监管平台,实施综合监测、落实管控要求,做好勘界定标,维护好关中平原城市群可持续发展生命线。

关中城镇密集区城乡生态功能划分一览表　　　　　表 7-4

水源涵养保护区	自然生态保护区	综合防灾减灾控制区	带状廊道生态区	县域城乡生产区
黄河、渭河、浐河、灞河、千阳河、石川河、顺阳河、白水河、泾河	包括富平、白水、澄城、宜君、淳化、旬邑县域北部的北山山系自然保护区，凤翔、岐山、凤县、蓝田、周至、户县县域南部的秦岭生态保护区	塌方主要频发在台塬区，主要包括：白水、澄城、旬邑、淳化、长武县域台塬的边缘区域；沉陷区主要包括白水、彬县、旬邑	生态廊道、县域基础设施廊道、县域历史文化廊道	农产品与畜牧养殖产品供给区

来源：作者自绘

（2）实施生态修复工程，共建区域生态安全格局

实施生态修复工程，坚持"关中平原城市群—县域空间—城乡空间"的思路，构建整体区域生态安全格局。关中县域城乡生态空间保护必须要放在经济社会发展之上，打造绿色生态廊道，筑牢生态安全屏障，为可持续发展提供重要的生态保障。以秦巴山地及渭北、天水等黄土高原丘陵沟壑区为重点，科学实施山水林田湖草生态保护修复工程。系统整治并修复湖泊、湿地、蓄滞洪区等生态功能重要区域。同时依据发展目标，建立生态补偿机制，推进经济收益与生态保护之间平衡。

坚持区域生态一体化建设，推动城市群内外生态建设联动，确保城市群生态安全。加强秦岭、黄河生态环境保护治理。构建南部秦巴山地生态屏障和北部黄土高原生态屏障，贯通中部渭河沿岸生态带，建设区域生态安全格局的主骨架。以黄河、渭河、洛河、泾河、白水河、石川河等为重点，划分自然保护区、水产种质资源保护区、湿地滩涂等重要生态斑块，强化各级自然保护区、地质公园、森林公园、湿地公园等管控和保护，建设好关中城镇群生态节点。

（3）共谋区域环境治理，提高生态承载能力

坚持生态优先的绿色发展，必须加大环境污染防治力度，在水、大气、土壤污染防治中率先垂范，将关中地区建设成为环境友好型示范区。密切跟踪规划实施对区域、流域生态系统和环境以及人民健康产生的影响，重点对资源开发、城市建设、产业发展等方面可能产生的不良生态环境影响进行监测评估。对纳入规划的重大基础设施建设项目依法履行环评程序，严格执行水土保持方案制度，严格土地、环保准入，合理开展项目选址或线路走向设计。建立统一、高效的环境监测体系以及环境污染联合防治协调机制、环境联合执法监督机制、规划环评会商机制，实行最严格的环境保护制度。把环境影响问题作为规划评估重要内容，将评估结果作为规划相关内容完善重要依据。

从城乡空间的角度考虑关中地区生态承载力问题，首先必须打破行政壁垒，对内促进空间流动，加强内部资源的优化和重组，对外拓展空间结构，不断提升关中平原城市群吸引外部资源的能力，构建"关中地区城乡一体化空间"，打造"生态—生产—生活"多维要素流动空间体系，形成关中县域乡空间转型发展所需要的信息网络体系、综合交通网络体系、生态网络体系、公共服务设施网络体系、经济网络体系、文化网络体系等，实现交通同网、能源同体、信息同享、生态同建、环境同治，使得区域等级空间结构呈现扁平网络化的特征，保障空间要素的最优配置，促进各要素科学合理地流动，提高城乡生态承载力。

7.3.3 经济维度：产业结构的创新发展

从经济维度来看，绿色增长导向下的经济必须是增长的，并且强调增长内涵包括有巨大潜力的、数量与质量并重、可持续健康的增长，经济的高效发展应在促进经济发展的同时更注重经济发展的质量和持续性。产业结构是经济活动的重要组成，其发展效率决定了整个城镇密集区在经济上的发展效率，因此产业结构的创新发展是绿色增长理念在空间发展上的重要体现。其中包含打破条块分割，加强区域产业联动，在保护自然环境的同时建立高质量的环保系统、高效能的运转系统和发达的生态型产业体系，协调生态经济与开发建设规模等[①]。

（1）深化区域产业协同发展，优化产业结构体系

随着新型城镇化深入，城乡发展空间需要更大"异地"发展空间，主要指随着区域之间、城乡之间开放合作水平的全面提升，依托地区资源优势与产业发展基础，引导区域内优势企业、人才、劳动力、资源等实现跨区域流通，建立合作发展机制、收益分享机制、共建共管运行机制、要素交流平台和流通机制，形成优势互补、错位发展、分工协作、协调有序、布局合理的产业发展新格局，促进产业协调区的发展。不仅提升整体发展速度与水平，也可打破现状独自发展的困局，强化合作关系构建发展共同体，对冲发展过程中存在的风险。

顺应关中县域城乡经济发展中三产联动、产城融合的发展趋势，结合宏观产业发展带定位，理清关中各县产业发展脉络及现状基础，梳理县域优势与特色产业，合理分配"城—乡"产业发展所承担的主要职能，培育龙头企业，促进产业向园区聚集，加快产业要素流通，提高产业分工合作效率，整体推进关中地区产业体系优化。合理布局产业类建设用地，促进县域内实现空间集约化、联动区域化布局。推进生态农业的专业化生产，以建制镇、县级农业产业定位，明确乡村农业转型方向，改变现状"一村一品"种植导向。推进乡村服务业网络化，形成城乡分工合理、区域特色鲜明、生产要素和自然资源禀赋优势发挥的空间布局。

（2）培育产业发展引擎，促进产业空间合理布局

培育关中县域特色产业品牌，壮大加工龙头企业，发挥农业产业关联效应，打造县域特色单品聚合集团。通过农业拓展到二产"接二"，提升农产品精深加工水平，推动加工副产物综合利用。拓展到三产"连三"，借助互联网发展电子商务、休闲农业和乡村旅游。依托杨凌示范区为载体推进农业供给侧结构性改革，促进农业科技研究院培育新品种技术，强化关中县域"粮食种植—果业种植—蔬菜种植—畜牧业养殖"的农业产业。

依托产业基础"围绕转化做规模、围绕规模做深加工"，发展战略性新兴产业，最终实现工业向不同区域、不同规模、不同类型园区集中。走高端化、特色化、集群化的发展道路，培植循环经济。将各级经济技术开发区、工业园区、科教园区纳入县级城市总体规划，实行集中统一空间规划部署。

以产城融合理念引导产业与城镇共同发展，促进"新型工业化、人口城镇化、土地城

---

① 沈玉芳.产业结构演进与城镇空间结构的对应关系和影响要素[C]//全国经济地理研究会学术年会暨"全球化与中国区域发展"研讨会.2008.

镇化"协同发展，打造产业规模与城镇规模相匹配的"产—城"共同体。现代服务业向城镇集中，以现代服务业发展推动产业融合、实现产业的联动发展。以创新园区发展为切入点打造产业协作平台，以经济技术开发区、工业园区、科教园区等为依托，促进农业现代化、工业集群化和现代服务业规模化的整体协同升级。

7.3.4 网络维度：交通系统的高效对接

城镇密集区的交通系统是一个全方位的系统工程，在绿色增长的空间整合过程中应重点关注空间发展与各类型交通网络间的关系，加强区域层面的城际相连水平，提倡城区内部空间的公交优先以及鼓励邻里街区间的慢行出行方式，达到人流、物流、各种各样的信息流以及各层面交通系统的高效对接，要注重研究城市轨道交通与城市总体规划、与城市公关汽车网等外部网络的关系，进一步优化网络结构，发挥出网络效益，提高网路系统性能。从而改变滞后拥堵的交通发展现状、改善人们的出行方式及交通运输的消费模式等。

随着"一带一路"倡议提出，西安作为古丝绸之路起点，再次迎来加快发展的机遇。完善的公路和铁路网正成为西安区域整合发展的助推器。加速构建"陆空联动"立体通道，依托西安形成的国道、铁路、高速公路、高铁四重米字形交通骨架，加快构建多网融合的轨道交通网，形成以西安为中心，连通渭南、铜川、宝鸡、汉中的"一小时通勤圈"。

不断优化快速道路网，西安将重点加快建设西安外环高速南段、京昆高速西安段改扩建、鄂周眉高速等工程，实施一批枢纽间道路提升改造工程，到2022年大西安高速公路通车里程突破800km，形成覆盖全市、连通全省、辐射全国的高速公路网；做强智慧信息网，推进"云、网、端"信息基础设施发展，打造"光网西安""无线西安""物联西安"，建设国家"一带一路"大数据中心西北分中心、多式联运大数据运营中心，统筹推进政府投资数据中心和超算中心建设。通过大西安增长极带动整个片区的发展。

7.3.5 社会维度：人地关系的统筹协调

社会维度的核心是人地关系的统筹协调，也是绿色增长的城镇密集区空间整合的终极目标和社会效益的体现，存在于空间整合的各个层面与研究阶段。表现在物质层面上，进行城镇建设空间宜居性的创造，构建高效的城市运行系统、低碳的经济发展模式、高水平的城市管理方式，建立健全生态保障等机制[①]；并以此为基础，提倡高度的社会文明、生态价值观，加强对城镇多元文化特性的保护，积极培育生态意识和环境保护意识。最终在城镇密集区空间整合过程中，通过物质与精神层面的综合协调，引导人地关系由矛盾冲突转向以人为本的统筹增长。

（1）培育县级增长极，预留城乡增长空间

截至2017年关中县域中所有建制镇的平均人口规模为不足7000人，人口超1万的建制镇不足10%，超3万的建制镇仅15个。小城镇人口与用地规模较小，影响大城市与乡村的纽带与传输作用。培育发展特色乡镇成为拉动关中县域乃至关中地区重点。加快县域中心城市产业转型升级，提高参与全球产业分工的层次，延伸面向腹地的产业和服务链，健全以先进制造业、战略性新型产业、现代服务业为主的产业体系，提升要素集聚、科技

---

① 许继芳.建设环境友好型社会中的政府环境责任研究[D].苏州：苏州大学，2010.

创新、高端服务能力。特色乡镇是关中县域城乡发展的重点区域，发展具有资源特色与区位优势的小城镇。通过引导培育文化旅游、商贸物流、资源加工、交通枢纽等发展专业化特色镇。距离县域中心城市较远的建制镇，完善基础设施和公共服务，发展成为服务乡村、带动周边的综合性小城镇。推动建制镇发展与疏解大城市功能相结合。农村社区是城乡空间结构基本单元，是聚集乡村人口、配置公共服务设施，带动乡村发展的节点。对经济条件好、人口规模较大的村，实行社区建设管理模式，建设社区综合服务中心。针对规模较小的行政村，采取将地域相近、产业相近的几个行政村联合起来开展社区建设。把多个乡村的服务、管理、人力资源整合起来，形成一个区域化的社会生活共同体。

在培育增长极的同时，预留城乡发展空间。当前中国城市空间增长进入转型发展阶段，将城乡看作一个有机的生命体，要充分考虑满足生长空间。从城市群、都市区、城乡区域、城市、乡村等角度综合考虑县域中心城区与建制镇镇区的规模，遵从城乡"此消彼长"空间发展规律。划定城乡空间开发边界，避免因追求生长造成城镇空间过大。城市增长边界作为空间增长管理的政策工具之一，通过刚性边界划定，遏制城市无序扩大，盘活城镇内部闲置与低效空间、整合乡村闲散建设用地，引导城乡发展方向合理，形成有机疏散、稳定永续的城乡空间。

（2）合理分配土地开发权，均衡布置公共服务设施及基础设施

空间正义是从"正义论"角度强调空间均等、发展机会均等，包括承载空间上土地开发权均等、公共服务设施均等、基础设施均等。目前关中县域内具有开发权建设用地只占县域总用地15%，其他空间是水域保护区、生态绿地保护区、地质灾害区、基本农田区、历史遗址与文物保护区等，因此应合理配置城乡土地开发权，提高土地集约效率，促使县域整体发展的效益最大化。

构建城乡一体化全覆盖的基本公共服务设施网络，缓解城乡差距，促使乡村地区享有与城镇地区同等的教育、医疗、文化、社会福利等公共服务资源，提升乡村居民生活质量，特别是要改善师资力量不均衡、医疗设施与医护人员匮乏等局面。特色小城镇参照城市社区标准，配置学校、卫生院、敬老院、文化站、运动健身场地等公共服务设施，提高优质公共服务覆盖率，构建建制镇镇区基本生活圈。中心村、社区构建保障型生活圈，配置幼儿园、公共活动中心、卫生所、养老院、公共文化站、休闲小广场，大幅提高村镇公共交通通达率，实现校车、公交等绿色便捷出行。

（3）推动城乡综合治理，促进城乡要素流动

探索土地、劳动力等要素合理配置，坚持18亿亩耕地保护红线和节约用地制度，各类用地使用必须符合国土规划、土地利用规划，推进关中城市群整体土地市场建设平台。以改革试点的方式，完善城乡建设用地增减挂钩政策，支持西安市高陵区深化农村土地三项制度改革试点，通过试点改革，全面推广居住证制度，加强统一的就业服务平台建设，推行各类专业标准的城市间统一认证认可，促进城市群内劳动力自由迁徙和流动。

公共政策学者约翰·伦尼·肖特（John Rennie Short）认为"城市本质属性就在于优质公共服务的高度集聚特征"，城乡在公共服务设施的配置与公共服务的提供方式应当有所区别。同样城乡治理在这两方面有所差异，政府既要保障农村地区的基本公共服务需求，也要满足城市地区更高水平的公共服务需求。确立并完善平等赋权、底线标准、转移支付、空间规划、协商民主的制度安排。

7.4 本章小结

本章以绿色增长的城镇密集区空间整合目标为导向,以区域空间、城镇空间、建设空间等为对象,提出实现绿色增长的关中西部城镇密集区空间整合的对策。结合空间因素形成科学合理的时间结构,确定空间发展的时序,建立各生长要素的协同关系,达到城镇密集区空间的有序生长,实施紧凑、城市性和绿色聚落战略,构建资源节约型、高密度高效型的紧凑型城镇密集区。

第8章　基于绿色增长的关中西部城镇密集区空间整合模式建构

> 根据经合组织（OECD）绿色增长分析框架和测度指标，对中国在全球绿色增长中的相对进程进行了系统评估。研究表明：近年来中国在提升资源环境生产率方面取得积极进展，但仍需深入挖潜；现行政策尚不足以应对日益严峻的资源环境挑战，尤其是"挤压式"发展背景下所累积形成的高污染负荷，必须充分依靠政策工具；未来中国更进一步的发展，在很大程度上取决于其能否将环境因素真正融入不同层面的政府决策和不同领域的政策制定中，并确保产业与环境的政策目标和措施能够协调统一、相辅相成；从长远看，加快提升绿色全要素生产率，对于实现中国经济可持续发展和环境持续改善双重目标至关重要。
>
> ——国务院发展研究中心"中国产业升级背景下的绿色增长"课题组

8.1 绿色增长的城镇密集区空间整合模式研究

8.1.1 城镇密集区空间整合目标

城镇密集区的空间结构一直处在演化及整合过程之中，这种整合过程其目标与研究重点也在不断变化和发展，需要空间体系各部分的密切配合及系统支撑。具体来看，社会经济发展不同时期城镇密集区空间整合经历了4次重大变革[①]：

（1）初期极化式整合：在农业社会向工业社会转变的过程中，原生空间城乡二元结构明显，以打破封闭、实现生产力要素的跨区域流动为目标整合形成"地方空间"，从而推动工业化进程的加快。

（2）中期扩散式整合：工业化初期到中期的发展过程中，城镇多处于低水平的多级结构，通过促进节点长期积累的生产力优势向周边辐射，形成多极、点群、点轴、走廊型、T形的空间整合模式，引导区域二三产业快速发展，实现地方空间向"承转空间"过渡。

（3）后期均衡式整合：普遍发生于工业化中后期阶段，区域空间发展已呈高水平多级结构，从而促进边缘区域协调发展，产业结构向三二一增长形式转变，向"流动

---

① 丁志伟．河南省城市—区域系统空间结构分析与优化研究［D］．开封：河南大学，2011．

性空间"转变,出现了扁担形、成长三角形、雁形、扇形等为代表的地域空间整合模式。

(4)信息化时期高级极化式整合:为了实现全球城镇体系格局,整合重点为以形成"地方空间—承转空间—流动性空间"的多层等级结构为目的,以高级第三产业为主(如信息、金融、研发等),带动极核网络式、多级多圈层型等空间整合的发展。

8.1.2 城镇密集区空间整合类型

由于社会、经济等发展基础条件的差别,不同地域的城镇密集区经历着不同的发展阶段,因此形成了多种多样的空间结构形式,其空间发展机制和整合模式也不尽相同。理论界主要归结为"雁行""星座式""双核""成长三角"等模式,其主要特征与发展重点见表8-1。

区域空间整合模式 表8-1

模式	代表地区	特征	整合重点	图示
单极(据点)整合	太原城市圈、关中地区西咸一体化	以大都市及周边众多要素为单一核心	通过增长极自身发展及其对周边城镇空间的辐射带动作用推动区域空间的全面发展	
双核型整合	成都—重庆、长春—吉林、济南—青岛	两个核心城市相邻近且具有相似的自然及社会文化基础	打破条块分割,促进城市互补,改变两市孤立发展状态	
多极(点群)整合	环鄱阳湖城市群	区域城镇空间系统中往往不止一个增长极,存在多个增长极	发扬各级城镇之间的互补性、关联性,避免近距离重复建设,防止同类型空间之间恶性竞争	
点轴(走廊型、T形)整合	珠三角地区(初期)、兰州—西宁区域、辽中南城市群	基于区域内轴线发展的交通干线网络,利用核心城市经济力量沿交通干线向外辐射和扩散来增强区域内城镇间的联动效应	以交通干线串联区域内部各节点,从而带动产业、人口等发展	
"扁担"形整合	中原城市群	空间结构上有3个城市呈直线分布,以中间一个城市为主,两端城市为副,在区域空间结构中处于核心地位	利用相邻优势,促进城市互补	

续表

模式	代表地区	特征	整合重点	图示
成长三角形（雁形、扇形）整合	长三角、皖江城市带、长株潭城市群	由一个经济实力和城市规模都较强的主中心城市带动另外两个次中心城市，所形成的类似"三角形"的稳定空间结构	以区域共有文化底蕴、城市间的文化认同和经济协作及城市所承担的作用为发展重点	
星座型整合	京津冀、珠三角城市群	若干个规模不等、地域邻近，具有一定区际分工协作水平的城市群体组成的地域组织	协调构建区域发展共同体，促进升级创新	
核心—外围圈层（极核网络）型整合	武汉城市圈、大伦敦城市圈	城市及周边大中小城市和地域表现出紧密的一体化网络联系	加强城市间的紧密联系，提高中心城市的地位和辐射范围	
多极多圈层型整合	日本东京城市群	多中心的自主独立、优势互补、相互联系并发挥集聚优势的网络型城市群	区域发展建立在每个城市对自身基础和特色的充分研究上	

来源：根据相关论文资料整理

8.2　绿色增长的城镇密集区空间整合逻辑

通过分析城镇密集区空间整合的目标演进与一般模式，笔者认为建构绿色增长的城镇密集区空间整合模式应从解析宏观背景入手，对资源要素、生态本底、产业布局、基础设施、政策引导进行重点关注，分析空间整合的作用机制，结合前文所述的目标导向，以建构要素为支点引导绿色增长的城镇密集区空间整合，实现城镇密集区发展的良性循环。

8.2.1　宏观背景：空间整合的动力

经济全球化驱动城镇密集区与国际接轨，通过资本流动、对外贸易等实现区域内节点等级的提高和节点联系的加强；新型工业化从产业、企业、市场、环境等多方面推动区域联系和城市功能结构的稳定，驱动密集区成为制造业基地；信息化整合信息资源并驱动其在城镇密集区内快速流动，表现在信息基础建设和通信技术水平的提高。宏观经济环境对区域空间整合起着引领的作用（图8-1），同时也为关中西部这样的内陆欠发达地区在脆弱的生态环境下的区域空间发展提供了新的思路。

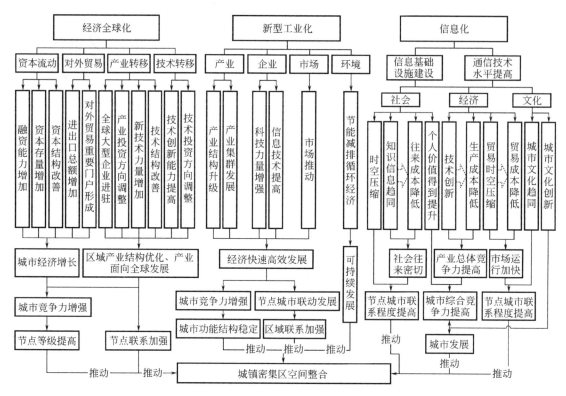

图 8-1　宏观经济环境对城镇密集区空间发展作用机制
来源：笔者自绘

8.2.2　资源要素：空间整合的基础

资源要素的配置是城镇密集区空间整合过程中必不可少的重要内容。在区域空间发展的初级阶段，通过对人力资源、信息资源、历史文化资源、科技资源等的共建共享，优势资源的提取和强化，改善发展初期资源的空间依附性和较强的区域属性，利用人流、物流、信息流等引导形成城镇密集区资源竞争力，同时借助政府推动、企业驱动、市场拉动等外在力量，降低区域交易成本，提高资源流动性，实现区域资源要素的高效整合（图8-2）。

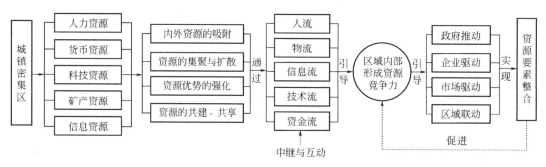

图 8-2　资源要素对城镇密集区空间整合的作用机理
来源：笔者自绘

8.2.3 生态本底：空间整合的载体

一般来说，自然条件优越、地势平坦开阔、工程地质水文条件较好、不受灾害威胁、水、矿产资源禀赋雄厚的地带是城镇空间密集区未来发展优先选择的地方。然而，随着区域产业人口的持续聚集，资源需求增长的同时引发了对生态本底的破坏、干扰与污染。优良的生态本底是实现城镇密集区空间整合的重要载体，影响着区域内资源流动的时间效率与资本效率，也吸引着区域资源要素的聚集。因此，应加强区域内生态环境的保护与重建（图8-3），防止区域空间拓展突破生态系统底线，构建生态本底为载体的空间整合模式。

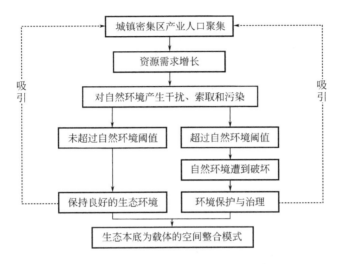

图 8-3 生态本底为载体的城镇密集区空间整合
来源：笔者自绘

8.2.4 产业布局：空间整合的核心

区域空间整合的核心动力实际上来源于产业结构的持续优化与升级，产业功能整合作为耦合动力、产业空间整合充当内部动力、产业结构的优化调整作为核心动力，构建地区高级产业链和产业集群发展基地，共同合力推进区域产业布局和结构的优化调整，从而有助于城镇密集区的空间整合。表现在空间上，将产业资源等各种经济要素在地域空间内重新整合，达到优化城镇功能地域结构、调整城镇密集区空间布局的效果（图8-4）。

8.2.5 基础设施：空间整合的骨架

基础设施是区域经济发展的重要廊道，城际相连、高效安全的交通基础设施体系为城镇密集区空间整合提供支撑骨架。因此应从三个层面大力加强基础设施的协调有序发展：大型基础设施建设等点状基础设施整合；交通线路、能源供给线、通信线路等线状基础设施的整合；以及小到片区，大至区域的面状基础设施网络集群整合。从而显著提高和改善基础设施规模、技术等级和服务水平，形成统一的网络化基础设施体系（图8-5）。

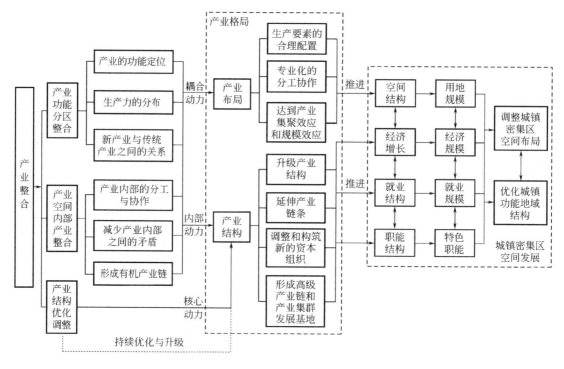

图 8-4 产业整合的作用机理
来源：笔者自绘

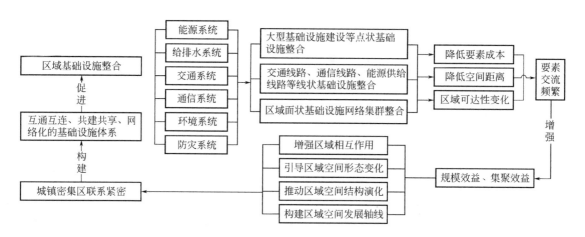

图 8-5 区域基础设施对城镇密集区空间整合的作用机理
来源：笔者自绘

8.2.6 政策引导：空间整合的催化剂

城镇密集区的空间政策一般从区域经济社会的整体利益、环境保护与可持续发展诉求、维护公众利益、实现以人为本等理念出发，催化引导城镇密集区实现空间整合。然而经济欠发达地区在区域发展政策制度上，往往不具备经济发达地区完善的机制体系，缺少国家或地方政府相关政策和发展规划的控制引导，致使发展积极性不足。因此应加强国家战略、地方政策、发展规划的制定，增强政府的区域服务功能、平衡地方发展权，从而引导调控城镇密集区空间的健康发展（图8-6）。

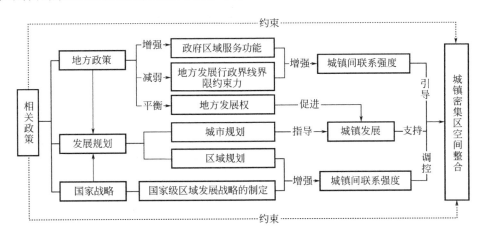

图 8-6　相关政策对城镇密集区空间整合的作用机理
来源：笔者自绘

8.3　绿色增长的关中西部城镇密集区空间整合模式选择

8.3.1　关中西部城镇密集区空间联系强度分析

关中西部地区城镇空间发展受周边山体、台塬及河流等自然因素的影响较多，在城镇体系、经济水平、运行机制、空间格局上还处于发展初期阶段，现阶段发展与东部沿海发展成熟的城镇密集区相比还有着较为显著的差距。因此，关中西部城镇密集区的这一形成发展特征决定了其空间发展的模式不能照抄东部沿海的密集区，本书认为绿色增长的关中西部城镇密集区空间整合模式选择应因地制宜、有所侧重，基于区域现有发展基础，提出符合地域特征的空间发展模式。

本书采用各城市之间的相互作用强度来进一步分析关中西部城镇密集区各市（区、县）间的相互作用程度。其计算模型如下：

$$F_{ij}=(P_i \times P_j)/d_{ij} \qquad (8-1)$$

式中，F_{ij} 为城市 i、j 的相互作用强度；P_i、P_j 分别表示城市 i、j 的综合发展水平；d_{ij} 为两城市间的距离，本书采用高速公路里程作为两城市间的距离。

具体计算过程如下：

（1）选取GDP、人均GDP、城镇人口规模、地方财政收入、城镇居民人均可支配收入、规模以上工业总产值、全社会固定资产投资额、社会消费品零售总额、非农产业比重共9项指标，城市综合实力评估指标体系。同时为消除指标体系中不同量纲带来的影响，需对原始数据进行标准化处理，运用极差标准化法进行计算（表8-2）：

$$z_{ij}=x_{ij}/x_{j\max} \qquad (8-2)$$

式中，z_{ij} 为标准化值，x_{ij} 为 i 城市 j 项指标的原始值，$x_{j\max}$ 为 j 项指标的最大值。

标准化值（z_{ij}）　　　　表 8-2

市（区、县）	GDP	人均GDP	城镇人口规模	地方财政收入	城镇居民人均可支配收入	规模以上工业总产值	全社会固定资产投资	社会消费品零售总额	非农产业比重
宝鸡市	1.00	0.76	1.00	0.74	0.90	0.93	0.77	1.00	1.00
咸阳市	0.86	1.00	0.73	1.00	0.98	1.00	1.00	0.53	1.00
杨凌示范区	0.12	0.65	0.12	0.52	1.00	0.10	0.11	0.04	0.97
兴平市	0.22	0.44	0.31	0.22	0.92	0.18	0.18	0.13	0.90
凤翔县	0.20	0.46	0.19	0.25	0.89	0.17	0.17	0.10	0.90
岐山县	0.16	0.37	0.20	0.21	0.89	0.16	0.14	0.11	0.87
扶风县	0.11	0.28	0.12	0.15	0.82	0.09	0.18	0.07	0.82
眉县	0.12	0.42	0.10	0.17	0.91	0.14	0.11	0.07	0.84
武功县	0.12	0.33	0.14	0.06	0.81	0.10	0.05	0.09	0.84

（2）利用均方差法求出每一指标单因素方差，并对每个子系统内的方差做归一化处理，得出指标 x_{ij} 的单因素方差 $\delta(x_{ij})$ 和权重系数 w_j（表 8-3）：

$$\delta(x_{ij}) = \sqrt{\frac{1}{n}\sum_{i=1}^{n}(z_{ij}-\bar{z}_j)^2} \qquad (8-3)$$

$$w_j = \frac{\delta(x_{ij})}{\sum_{j=1}^{m}\delta(x_{ij})} \qquad (8-4)$$

关中西部城镇密集各市（区、县）指标单因素方差和权重系数值　　　　表 8-3

市（区、县）	宝鸡市	咸阳市	杨凌示范区	兴平市	凤翔县	岐山县	扶风县	眉县	武功县
$\delta(x_{ij})$	0.329	0.221	0.303	0.298	0.059	0.345	0.319	0.304	0.065
w_j	0.147	0.099	0.135	0.133	0.026	0.154	0.142	0.136	0.029

（3）计算 i 城市的综合实力评价值，公式如下：

$$P_j = 100 \times \sum_{j}^{n} z_{ij} w_j \qquad (8-5)$$

计算得出关中西部城镇密集区内各市（区、县）的综合实力评价值，见表 8-4。

利用城市综合实力评价体系指标值及城市间公路里程距离，由式（8-1）计算出城市空间相互作用强度矩阵（表 8-5）。从表中可以看出，咸阳市与其他城市之间相互作用强

第8章 基于绿色增长的关中西部城镇密集区空间整合模式建构

关中西部城镇密集区各市（区、县）综合实力评价值（P_i）　　表8-4

市（区、县）	宝鸡市	咸阳市	杨凌示范区	兴平市	凤翔县	岐山县	扶风县	眉县	武功县
P_i	89.639	87.974	25.765	27.928	24.604	22.162	17.579	18.866	15.753

度之和为267.72，稍高于宝鸡市，明显高于其他几个城市；作用强度之和较小的有扶风县、眉县和武功县等。同咸阳联系强度最大的为兴平市（90.66），其次为宝鸡市（52.02）、杨凌示范区（36.15）等，最小为凤翔县（14.33）。而同宝鸡市联系强度最大的除咸阳外还有凤翔县（52.64），其次为岐山县（33.84）、眉县（28.52）。城市之间作用强度最大的是咸阳市与兴平市（90.66），远高于其他城市。综上所述，宝鸡、咸阳两市对区域内其他城市的作用强度较大，表明这两座城市在关中西部地区有着较大的影响力，在城镇密集区发展中发挥着重要的带头作用。

关中西部城镇密集区各市（区、县）空间相互作用强度矩阵（2016）　　表8-5

市（区、县）	宝鸡市	咸阳市	杨凌示范区	兴平市	凤翔县	岐山县	扶风县	眉县	武功县
宝鸡市	—	52.02	24.70	18.75	52.64	33.84	18.05	28.52	13.51
咸阳市	52.02	—	36.15	90.66	14.33	15.49	16.98	16.15	25.95
杨凌示范区	24.70	36.15	—	15.81	6.80	8.40	13.64	10.83	37.24
兴平市	18.75	90.66	15.81	—	5.14	5.70	6.65	6.16	12.22
凤翔县	52.64	14.33	6.80	5.14	—	24.13	8.41	7.89	3.72
岐山县	33.84	15.49	8.40	5.70	24.13	—	13.48	13.66	4.86
扶风县	18.05	16.98	13.64	6.65	8.41	13.48	—	11.48	6.11
眉县	28.52	16.15	10.83	6.16	7.89	13.66	11.48	—	5.25
武功县	13.51	25.95	37.24	12.22	3.72	4.86	6.11	5.25	—

在此基础上，选取各个城市最大的作用强度F_i^{max}和相互作用强度排在前十位的F_{ij}^n，对关中西部城镇密集区内各市（区、县）（i）的空间相互作用情况及城市相互作用强度的空间趋向展开进一步研究，即：

$$F_i^{max}=(F_{i1},F_{i2}...F_{ij}...F_{i(n-1)},F_{in})$$

$$F_{ij}^n=(F_{ij}^1,F_{ij}^2...F_{ij}^{10})$$

把每个城市（C_i）与其最大引力城市（C_i'）用直线两两连接，得到关中西部城镇密集区城镇之间"最大引力连接线（L^{max}）"分布图（图8-7），选取其中相互作用强度最高的前十组城市分别连接起来，如图8-8所示，得到城市相互作用强度空间分布线型图。

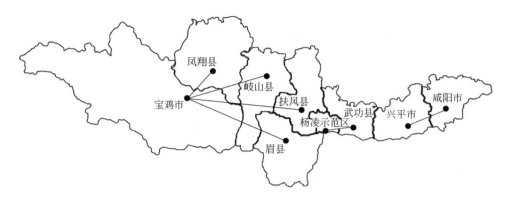

图 8-7　关中西部城镇密集区各市（区、县）最大引力连接线分布图
来源：笔者自绘

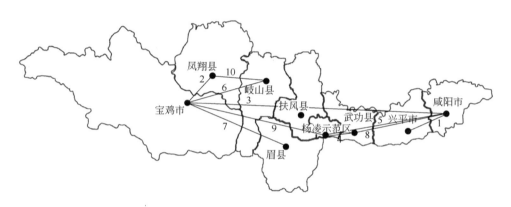

图 8-8　关中西部城镇密集区市（区、县）相互作用强度空间分布图
来源：笔者自绘

从图 8-8 可以直观地看出，在相互作用强度前十位的连接线中，宝鸡市所占比重最大，共 5 条，其最大相互作用城市为凤翔县、咸阳市等，总作用强度为 242.03；其次是咸阳市，有 4 条连接线，主要连接兴平市、宝鸡市和杨凌示范区，总作用强度为 267.73。这两座城市之间的连接线数量最多、总作用强度值最大，说明其在城镇密集区中的吸引力最强，具有较高的空间支配地位。然而相比之下，扶风县、眉县与其余地区相互作用强度较小，还不能担当重要节点的角色。因此，通过以上分析可以发现凤翔县、岐山县的主要作用强度空间分布在与宝鸡所共同构成的等边三角形区域中，杨凌区与武功县之间、兴平市与咸阳市之间相互作用密切，咸阳市、宝鸡市是关中西部城镇密集区中最为重要的两个节点。

8.3.2　绿色增长的关中西部城镇密集区空间整合模式构建

通过对关中西部城镇密集区的空间联系强度分析，本书认为绿色增长导向下的关中西部城镇密集区空间整合模式的选择应在充分考虑区域现有发展基础上，提出针对不同阶段的空间整合模式构想：近期采取"交通轴"型与"串珠式"型相结合的轴向牵引发展模式，远期加入"网络化"状发展模式，逐步融入地域生态网络，最终形成"交通轴+串珠

第8章 基于绿色增长的关中西部城镇密集区空间整合模式建构

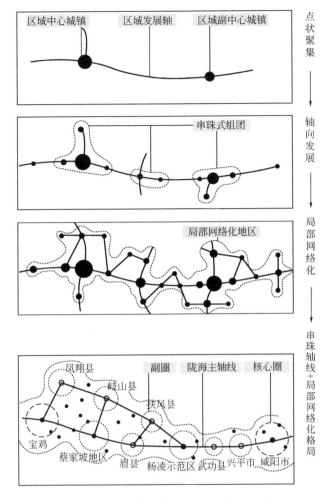

图8-9 关中西部城镇密集区空间整合过程
图片来源：笔者改绘

式+部分网络化+生态廊道"的空间结构，优化绿色健康的城镇密集区空间发展格局（图8-9）。重点发展内容如下：

（1）近期：结合陇海铁路等交通轴和渭河川道，依托区域两端重要城市——宝鸡和咸阳，在其之间依轴布置"串珠"式的城镇走廊，形成"宝咸——二级城市（蔡家坡、杨凌）——三级城市（兴平和凤翔）——一般县城（扶风县、眉县、武功县）——重点镇——一般乡镇"的六级城镇体系，通过发展轴线贯通各个城镇，增加交通干线与区域的接触面，构筑轴向强化、产业链为核心、山水连城的城镇发展走廊，空间上形成"点——轴——面"联动发展的区域网络结构。

（2）远期：结合关中西部的地理特点和产业分布趋势，将交通轴、串珠式、局部网络化的空间结构融入区域生态环境中，各串珠之间通过生态绿廊实现一定程度的隔离。不仅可以有效控制城镇规模，使城镇在空间发展上富有弹性，并且通过自然环境与城镇的有机联系营造区域人居环境的新形态，有利于区域生态环境和城镇发展的良性互动，为形成生态环境良好、城镇规模合理以及人与自然和谐共生的发展构架奠定了良好的基础。

同时，这种拉大城镇密集区空间骨架的手法，是对绿色增长三项基本原则的空间响应，符合关中西部城镇发展战略和区域经济社会总体发展目标，有利于引导资源在空间中的高效配置，从而推动区域空间向更加集约健康、绿色生态的方向发展，达到关中西部产业的错位发展和城镇空间格局的协调、有序，实现效率最大化的城镇结构在区域中的逻辑充填（图8-10）。

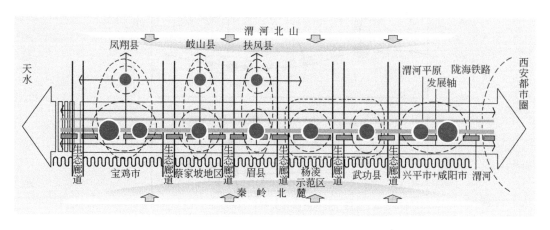

图8-10　绿色增长的关中西部城镇密集区空间整合模式示意图
来源：笔者自绘

8.4　绿色增长的城镇密集区空间整合驱动机制

8.4.1　以地方政策相关政策为导向

（1）以政策引导促进城乡空间结构转型

政府职能之一是通过引导手段对战略部署、经济发展、资源利用做出合理有度的规划，引导实现治理的效果。关中各县级政府借助行政手段引导县域经济发展，要将其纳入关中城镇群的整体发展中。随着《关中平原城市群发展规划》2018年得到正式批复，西安成为全国新一线城市，借助西安作为西部地区重要的经济中心、对外交往中心、丝路科创中心、丝路文化高地、国家综合交通枢纽的定位，借助宝鸡、铜川、咸阳、渭南的城市综合服务与综合承载能力，增强对城市群发展的支撑作用，形成以西安、宝鸡、铜川、咸阳、渭南五市带县域中心城市、以县域中心城市带一般建制镇、以镇带村的协调发展模式，建立大中小城市并举，城镇空间结构、职能结构和规模等级结构协调有序的城镇体系。

（2）重视地方政府宏观调控作用

关中县域是关中发展乃至西北经济发展的重要腹地，宏观调控是关中县域城乡空间结构转型的前提，为关中县域转型提供更多有利的外部条件。重视地方政府尤其是县级政府的调控能力，推进基础设施互联互通与交通网络搭建，推进单中心放射状公路网格局向多节点网络化格局转变，推动富平—阎良、武功—周至、彬县—旬邑—长武、泾阳—三原、蒲城—澄县—合阳、华县—潼关等产业经济协调带动发展，为城乡生产要素流动加快，为城乡人口分布、区域空间结构的演变提供动力，使关中县域城乡空间结构优化得到政策支撑。

8.4.2 以各类空间地域要素为依托

城镇密集区在地域结构上由点、轴线、圈层、域面等核心要素构成，具体到关中西部城镇密集区的空间组成中，分为"点状""线状（轴线）""面状（域面）"三种要素类型，并以这些地域要素为依托实现空间整合，具体要素组织方式如下：

（1）点要素组织

城镇密集区内的点要素指各级经济中心城镇（空间节点），通常分为核心节点和一般节点两种。区域空间内的点要素首先以拥有较为良好区位的节点优先发展，率先形成区域副中心；此后，随着与同级相邻节点间的不断分工与协作，加强内部产业重构与空间重组，节点逐渐形成辐射周边低级节点成长的带动作用；随着节点要素相互作用关系的协调及形成平衡状态，带动了区域城市化的水平的提高，对培育高层次的城镇密集区具有推动作用，同时也促进自身竞争力的提升，承担更高层次区域的核心节点的作用。

（2）轴线要素组织

城镇密集区的轴线要素由城镇间的多联系通道（支持网络）构成，如地理空间上由城镇分布形成的带状轴线空间，区域经济产业聚集而成的经济轴线，渭河沿线生态景观轴线，分布于整个区域的高速公路、铁路、公路、供电、供水等基础设施支持轴线（图8-11），以及一些较为抽象的流通轴线，如交通流、人流、物流、信息流、资金流等，另外，还有公共生活的人际关系网所组成的社会文化联系。这些轴线要素通过密切协作，以及与上一层次空间的有机耦合，共同促进城镇密集区的空间整合。

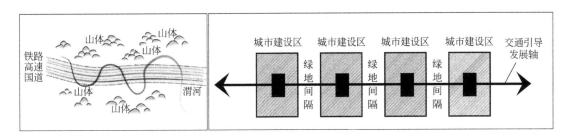

图 8-11 关中西部城镇密集区交通基础设施廊道示意图
来源：笔者改绘

（3）域面空间组织

域面空间起初通过生产要素的流动构成单节点域面网络；随着生产力的自由流动，生产要素在地域空间中逐渐分异，较为高级的要素趋向高级城镇内部，形成多节点、多重域面网络；伴随着生产力流的专业化累积和提升，可以实现低成本的高效转移，城镇密集区的非物质性域面网络逐步显现；最终构建出以价值流和物质流为基础将实现更广大范围内的域面网络。

笔者将城镇密集区的域面空间以宏观区域空间、中观城镇空间和微观建设空间三层次为标准进行对象分解，只有实现各个层面要素空间上的协同调控，才能实现城镇密集区的整体空间整合（图8-12）。具体来讲，宏观层面区域空间以城镇空间节点为核心，以环境

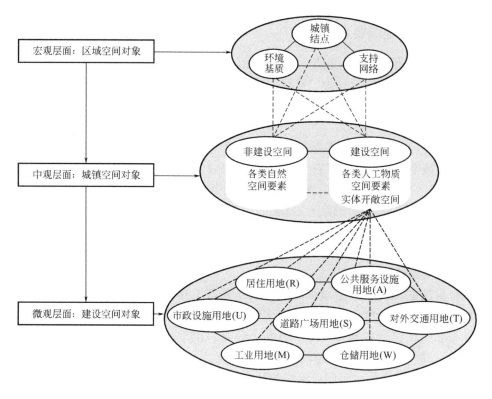

图 8-12 城镇密集区域面空间分层示意图
来源：笔者自绘

基质为基础，涵盖城镇密集区内的支持网络；中观层面城镇空间以各类自然空间要素所构成的非建设空间和以各类人工物质空间要素等构成的建设空间为主，是上一层面空间的重要支持；微观层面上，主要由上一层面的建设空间中的各类用地作为主要要素构成。

8.4.3 以区域空间重构动力为引擎

（1）重构"合力"，推动城镇密集区的空间整合发展

城镇密集区空间整合以来自外部、内部、相互间耦合的三方面重构动力为引擎。具体来看，外部动力常来自全球化的经济环境压力、地缘一体化的推动力以及宏观政策导向下的整合力；内部动力依靠地域间的实体产业合作产生，主要源于相关产业的正向集聚力与负向竞争压力、地域生产的梯度力，以及产业升级与创新带来的动力，是未来城镇密集区发展的源泉力量；在耦合动力方面，区域内部主要产生了三方面的作用力，分别是纵向的区域空间生长力、横向的区域空间协作力以及空间相互间的作用力。彼此之间的作用伴随着负向摩擦和正向促进，从而达到重构"合力"，推动城镇密集区的空间整合发展。

（2）整合城镇空间

随着当今世界发展潮流的演变，城镇密集区的发展支撑要素正逐渐由工业化要素转向信息化、数字化要素（表8-6）。表现在空间上，关中西部地区的中心城镇大多还处在工业枢纽的组织模式阶段，未来应逐渐向信息枢纽型或数字空间型模式转变，并成为城镇密集区空间整合的重要抓手。

城镇空间组织模式类型　　　　　　　　　　　　　　　　表 8-6

模式类型	工业枢纽型组织模式	信息枢纽型组织模式	数字空间型组织模式
特征	区域内各部门要素按照产业部门的区域成本分工协作要求进行空间结构组织	区域内部各个产业按照全球性市场信息服务资源地域分工要求进行空间组织	区域内各个空间单元间的相互作用通过数字化进行而形成的一种产业空间结构类型
分类	专业性和综合性	全球性、次合作区域性、全国性、跨区域性	—
组成	工业点→工业区→工业枢纽	各个生产装配组装基地（工业枢纽型大都市区或一般城市）→综合性枢纽（数字信息枢纽）	以数字空间为基本构成要素
演变阶段	初级阶段	成长阶段	成熟阶段
空间作用方式	集聚作用为主导近域扩散地方空间型	集聚作用和扩散作用并重，邻域扩散、跨区域空间型	扩散作用为主导广域扩散数字空间型
空间形态分布	点扩展型	点扩展型、点轴辐射型	网络组团型为主，点扩展型、点轴辐射型并存
空间节点组合形式	单核集成型	单核集成型、双核集成型	单核集成型、双核集成型、多核群落型并存
空间组织模式	（图示）	（图示）	（图示）

来源：根据相关论文资料整理

8.5 重点地区实证演绎

8.5.1 轴线延展模式

轴线延展模式是指围绕原有城镇增长极、发展轴带而形成的空间集聚布局，是内涵集约式发展与适度外延扩张的结合。强调通过中心城市与相邻城镇增长极间的资源优势互补，相邻城镇应主动承担中心城市的专业化外溢产业或部分城市功能。在发展中通过交通线路与产业集聚轴带开展资源要素等的交流，实现廊道式辐射（图8-13）。

如宝鸡应整合自身优势资源，实现其内部"内生"式发展，以"东扩南移北上"为重点，推进城市向东扩展，加快秦岭北麓保护性开发，带动渭河南岸建设。同时对外以空间布局呈现出明显的沿主要交通干线布局、向产业轴带集聚发展的城镇为基础，如蔡家坡、眉县等，通过交通干道等区域性基础设施连接，并对沿线地区给予统一的政策支持或发展引导。使中心城市的经济、市场效益通过轴线逐步渗透到周边区域，增强轴线资源要素流的流通，最大限度地深化轴线延伸地区城镇间的交流与联系，分享资源实现优势互补，形成绵延外扩、互补互促的城镇空间关系。

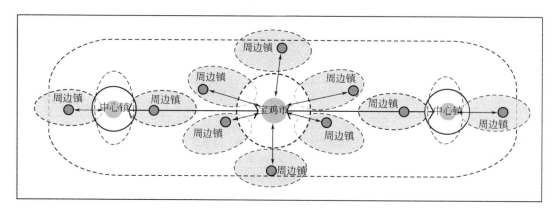

图 8-13　宝鸡市轴线延展模式示意图
来源：笔者自绘

8.5.2　互动共生模式

互动共生模式是一种跨域合作结构模式，遵循"共时态共生互惠型"的共生合作理念。这种模式以共享资源要素、基础设施、政策等为前提，以一体化共同发展为重点，使物质、信息和能量的交换、互动交流机制等更加稳定和更有效率，从而使共生单元之间的互动发展更加和谐（图 8-14）。

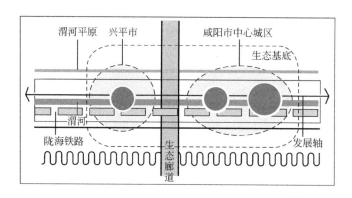

图 8-14　咸兴互动共生模式示意图
来源：笔者自绘

以咸阳—兴平地区为例，在区域环境的影响下，利用咸阳中心城区"合理西连"的空间发展态势，基于咸兴之间平坦的地理优势，咸阳受西安辐射的区位条件及产业复合化程度较高的特点，以及兴平顺接咸阳主城、西临杨凌、武功的便利交通优势，坚持产业一体化、城乡一体化、开发组团化，产业项目作为触媒点，打通咸兴发展通道，从而优化咸阳主城结构,向空间一体化共生转变。在新版的咸阳市城市总体规划中,也明确了兴平市融入参与咸阳发展所扮演的重要角色,并将兴平市全域与咸阳主城区一并纳入规划区范围内(图8-15),与武功相配合发展装备制造产业集聚带。同时,由新兴纺织工业园、食品工业园、装备制造产业园等多个产业园区连接成的规模化工业走廊为基础承接大西安建设的部分产业项目,带动了地区整体产业经济发展,是呼应西安主城区辐射的"产城纽带",也是咸阳对接宝鸡产业、沟通关中西部与中部地区经济带和空间拓展的重要载体。

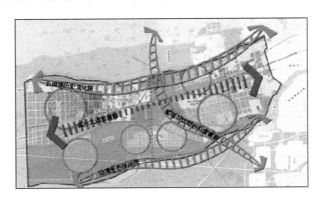

图8-15 咸兴空间结构布局图
来源:咸阳市住房和城乡建设局咸兴产业空间布局战略规划[R].2012.

8.5.3 飞地带动模式

空间发展是一个扩散——集聚——再扩散的过程,因此在关中西部城镇密集区的空间整合过程中,选择邻近中心城市的、具有一定经济基础和空间发展潜力、具备丰富或独特的资源、可"跳跃"发展的增长极支撑点就显得十分重要。杨凌示范区和蔡家坡地区的建设就是遵循这个规律,作为西安和宝鸡的"飞地",杨凌、蔡家坡承担着往来西安、宝鸡的重要桥梁作用,促进了西咸都市圈与关中西部地区的经济联系。同时,杨凌、蔡家坡具有带动周边城镇发展的作用,蔡家坡通过整合资源,密切了宝鸡中心城区与周边小城镇的经济联系,弥补轴线节点发展的"空白"(图8-16、图8-17)。

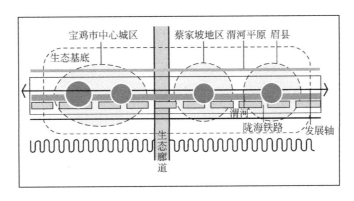

图8-16 蔡家坡地区飞地跃迁带动模式
来源:笔者自绘

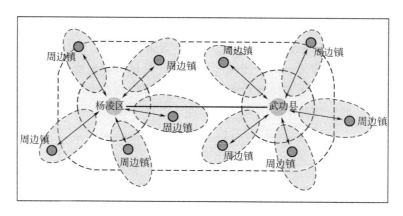

图 8-17 杨凌飞地跃迁带动模式
来源：笔者自绘

杨凌作为宝鸡与咸阳的地理连线中心，起到重要的承接转折作用，带动武功等一批传统的农业小城镇发展，以其自身科研院所密集的优势，以及武功东临兴平市、距西北最大的空港——西安咸阳国际机场仅40min车程的交通优势为基础，坚持"依托杨凌，发展武功"的思路，加强产学研和"政府—专家—农户"等多方协同发展模式，促进广大农村地区产业的发展和整合，加速推进杨凌—武功经济一体化战略。

8.5.4 产城联动模式

产城联动模式主要强调在技术不断进步的基础上，通过更大范围内的产业分工来克服空间阻力，以人员、要素的流动为手段，增强区域产业相互依存发展，使区域呈现出不同规模等级的产业空间联系，最终实现空间布局效益的最大化。

对于凤翔县和扶风县等空间上相对来说"偏离"关中西部主要发展轴线的小城镇，因自然地貌的限制，不要求其空间形态上的过分整合，重点应强调其城镇总体发展定位与区域产业布局的紧密联系，在产业选择上避免同质化竞争，强调与周边邻近地区产业的错位互补协同式发展。例如凤翔县"科技生态新城——柳林工业园——长青工业园——川口河工业园"作为县域经济增长极，其产业布局模式结构为凤翔县提供了明确的空间发展方向——对接宝鸡市中心城区，主要体现为与宝鸡高新技术产业开发区、蟠龙新区的产业对接与整合，如凤翔高新区应整合其自身优势，将其特色的工业机器人产业与宝鸡高新区的装备制造业和汽车零部件产业充分合作，延伸相关产业链条，达到产业空间带动城镇发展的合作与共生。

8.6 本章小结

本章从城镇密集区空间整合的阶段研究重点与整合模式类型分析入手，解析绿色增长的城镇密集区空间整合模式的建构要素，提出基于绿色增长的城镇密集区空间整合模式，结合关中西部城镇密集区实际情况作了研究，对重点地区进行应用模式分析。在绿色增长导向下提出关中西部城镇密集区空间整合模式的选择,近期采取"交通轴"型与"串珠式"相结合的轴向牵引发展模式,远期局部加入"网络化"发展模式,逐步融入地域生态网络,最终形成"交通轴+串珠式+部分网络化+生态廊道"的空间结构,实现绿色健康的城镇密集区空间发展格局。

第9章 实现绿色增长的关中西部城镇密集区空间整合途径

9.1 空间系统整合:"拼凑成群"到"精明增长"

在关中西部地区的空间格局发展现状下,城镇大多由于自发组织而密集成区、拼凑成群,绿色增长导向下的城镇密集区空间增长摒弃外延式的低效扩张,倡导集约高效的精明增长,从而引导城镇密集区空间发展由关联度低下的建设空间、低密度无序蔓延造成的无节制土地消耗,转型为整体空间适度、有序的协调拓展。

9.1.1 区域空间有序生长

在山、塬、水等现状自然地形条件的制约下,为了实现关中西部城镇密集区整体空间的紧凑拓展,区域空间管制是地域控制管理中重要的内容与手段。其目标是维护大局利益、保障城乡空间协调、有效维护区域生态环境,从而实现生态建设、城市建设与乡村建设的同步发展以及促进区域的可持续性发展。应将区域空间增长融入整体生态体系和人与社会的和谐发展中,促进城乡协调发展和人们生活质量的提高,实现区域城镇空间的精明增长。同时,区域空间整合处于一个持续建设、不断完善的过程中,因此应结合空间因素形成科学合理的时间结构,确定空间发展的时序,建立各生长要素的协同关系,达到城镇密集区空间的有序生长,实施紧凑、城市性和绿色聚落战略,构建资源节约型、高密度高效型的紧凑型城镇密集区。

9.1.2 城镇空间有限扩展

关中西部多数城镇依靠川道发展,应立足于自身的客观条件,形成独具特色的城镇扩展模式,从而改变在区域空间发展中土地资源稀缺的被动局面。城镇的有限扩展具体可以表现为通过对城镇用地的适用性分析,科学划定城市空间发展时序、设置增长边界、增长节点、划分不同的控制保护区、分类引导城镇的绿色化建设等多个方面,引导适度集中的城镇空间规模(图9-1)。其内涵强调的不是将土地保护与发展对立起来,而是充分考虑土地开发、城镇增长以及市政基础设施的需求,提供一个保护与开发并重的框架。在城镇建设中应尊重场地的地形地貌和水文地质特征,充分保留建设区内的山体和水体的完整性同时保障山水之间及水资源与城市建成区之间的连续;城市整体布局中应符合地区气象条件,确保城市主风道区域的通畅,推动集约紧凑的空间总体结构;城区建设中应尊重现状,充分利用现状建成条件,减少重复建设,节约城市资源,实现高密度化发展、宗地再利用的"内向集聚"。

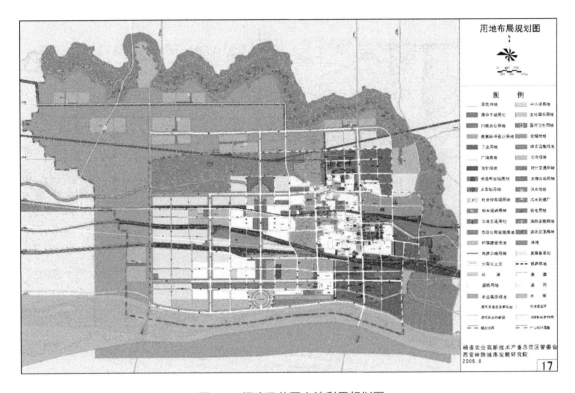

图 9-1 杨凌示范区土地利用规划图
来源：杨凌农业高新技术产业示范区管委会杨凌城乡总体规划（2010—2020 年）［R］. 2017.

9.1.3 建设空间集约开发

绿色增长导向下的城镇空间整合应按照节约土地、集约发展、合理布局的原则，从节约集约利用土地资源出发，合理控制城市用地规模，积极拓展建设用地新空间，实现土地利用方式由粗放低效向集约高效转变，促进"精明增长"。同时依托大运量公共交通引导复合型土地开发模式，引导交通规划与土地规划从平面式到三维立体式的有机结合，科学设置开发强度，加强住房、工作、休憩和购物多元功能构成的土地有效混合使用，提升土地集约利用效率，在此基础上控制城市蔓延扩展、引导集约紧凑的空间组织布局与建设模式。同时促进城市立体空间的利用，合理制定地下交通、停车、市政设施、人防设施、室内公共活动空间和商业服务设施建设的具体措施，节约建设用地。

9.2 生态环境整合："空间胁迫"到"理性增长"

城镇密集区是多层式的复合生态系统（图 9-2），绿色增长导向下的关中西部城镇密集区生态空间整合策略的提出应建立在剖析多层次、多组分间互动关系的基础上，对系统中繁多的组成部分进行细致的解构分析，使各层面的人工空间拓展符合区域生态环境发展的客观规律，最大限度地减少人工空间拓展过程中对区域自然生态环境的破坏，保障整个区域由空间胁迫向完整性、稳定性和高效性的生态系统转变。

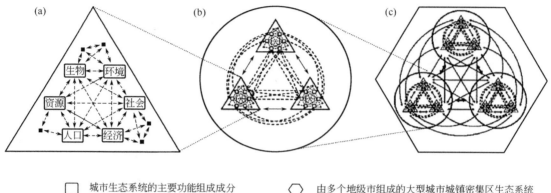

□ 城市生态系统的主要功能组成成分　　⬡ 由多个地级市组成的大型城市城镇密集区生态系统
■ 城市生态系统的其他成分　　↔ 城市生态系统组分之间的互动
△ 以区县为基本单元的城市生态系统　　↔ 区县级城市生态系统之间的互动
○ 由多个区县组成的城市城镇密集区生态系统　　↔ 城市城镇密集区生态系统之间的互动

图 9-2　多层式的城镇密集区复合生态系统
来源：笔者改绘

9.2.1　构筑区域绿色生态安全格局

基于关中西部城镇密集区空间与土地生态敏感性分析，根据关中西部地区自然生态体系目前存在的主要问题，以生态功能区保护和区域生态系统健康为长远目标，结合主体功能区划要求，分级划定生态功能分区及生态控制线，保育以周边山体为骨架的区域生态屏障和基质，保留河道水系、绿道网、生态景观林带等区域生态廊道，保护大型水体、郊野公园、基本农田集中区等区域生态斑块，构建并维护保障城镇化健康发展的区域生态安全格局，打造优美人居环境的生态基础（图9-3）。

参考景观生态学斑块—廊道—基质的景观设计模式和群落设计方法，充分利用关中西部地区的大型山地、自然绿地系统和河流、绿道、道路廊道，以及覆盖区域的生态隔离带，以山脉、水系为骨架，以山、林、江、田、湖等生态基础设施为要素，综合自然、历史人文等的空间分布，形成"一带、三区、多廊道、多斑块"的区域网络状生态安全结构。所谓"一带"指的是东西横穿关中西部地区的渭河生态保育带；"三区"分为西南部靠近秦岭山区的秦岭北麓生态屏障区、北部的渭北山地生态屏障区以及中部占据大部分范围的渭河谷地农业生态区；"多廊道"指的是石头河、漆水河、千河等多条水系生态廊道；而区域内的多个重要生态斑块，如陕西太白山国家森林公园、陕西天台山国家森林公园、陕西省吴山森林公园、陕西野河省级自然保护区、宝鸡天台山风景名胜区、千渭之会

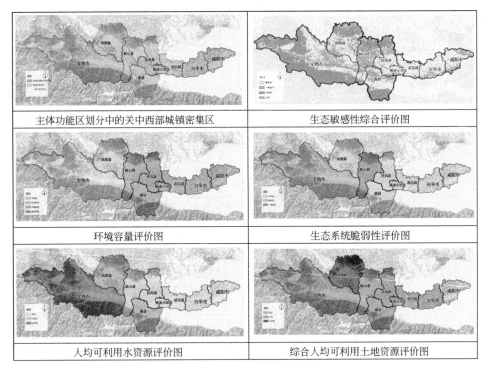

图 9-3　关中西部密集区生态评价
来源：笔者自绘

国家湿地公园、陕西渭河湿地等国家级和省级自然保护区、风景名胜区、森林公园、湿地公园等所组成了"多斑块"系统（图9-4、表9-1）。

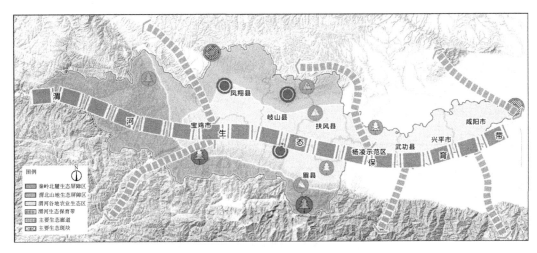

图 9-4　关中西部城镇密集区生态空间格局图
来源：笔者自绘

关中西部城镇密集区生态安全格局体系组成表　　　表 9-1

景观范畴	生态安全格局组成	生态要素	生态功能	代表地区
基质	生态控制区	大型山地	①生态环境质量的重要支撑和生态安全格局的骨架 ②森林生态系统的主体和生物多样性的宝库 ③城市生命支持系统中的生态基质和"绿肺"功能	区域西南部的秦岭北麓、北部的渭北山地
		大型水库	①自然生态基质的组成部分，城市生命支持系统的保障 ②水源涵养、调节气候、河川径流等功能 ③工农业生产和生活中供水的"心脏"功能	冯家山水库、宝鸡石头河水库、扶风县冯务水库、凤翔县白狄沟水库等
廊道	生态廊道	河岸生态廊道	①水生生态系统和陆地生态系统之间的生态过渡带 ②为植物生长和动物繁衍栖息提供充足空间 ③陆源非点源污染的缓冲带	以渭河所构建的东西向、其支流所构建的南北向河流生态廊道及沿岸开放空间、邻接湿地为主
		生态源连接廊道	①区域生态安全格局的重要补充 ②生态控制点之间物质和能量流动的通道 ③发挥"伸展轴""踏脚石"的节点功能	—
		道路绿廊	①人工或自然景观的连接通道 ②重要的物质传递和能量流通功能 ③减少城市交通系统的大气、噪声污染	沿陇海铁路、西宝高速等重要交通干道建设一定宽度的防护林带
		山地生态防护带	①河谷地区绿色屏障，重要生态功能区 ②保障川道城市生态安全、工农业生产、生活安全	山体、川道防护带
	生态隔离带	区域生态隔离带	发挥区域生态安全格局网络效应的重要元素	城镇之间隔离带
		城区生态隔离带	①点—线—面网络格局中的重要点状填充 ②城区无序蔓延的生态阻隔要素 ③居民户外活动和日常休憩的主要场所	城区组团之间隔离带
		村镇生态隔离带	①生态效益与经济效益统一的复合生态系统 ②城乡一体、统筹发展的基本空间载体 ③村镇生态环境质量改善的保障	水网、农田、农林隔离带
斑块	生态斑块	自然保护区、风景名胜区、森林公园、湿地公园、水源地等	调节区域生态过程	陕西太白山国家森林公园、陕西天台山国家森林公园、陕西省吴山森林公园、陕西野河省级自然保护区、宝鸡天台山风景名胜区、千渭之会国家湿地公园、陕西渭河湿地等

来源：笔者自绘

利用区域内高速公路、铁路、山体及丘陵串联城镇绿化隔离带、农田等，在保证生态系统稳定和良性循环的原则上，通过对自然"斑块"的保护、抚育及恢复，有限度地为市民提供公共游憩康乐设施，串联历史人文空间、自然风景要素、传统农耕文化资源等，形成网络状、开敞式的生态廊道，促进森林、水体、农田等生态斑块的联系。形成以川道为基、渭河连城、绿网连通的多层次、多功能、复合型的区域生态网络结构，实现关中西部城镇密集区"绿屏蓝带、廊道链接"的生态空间发展格局,促使绿色空间从"单一自然生态系统保护"向"复合生态系统保护与发展"转变(图9-5)。

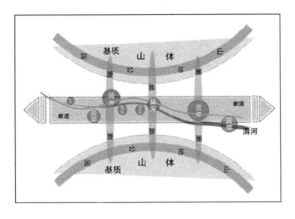

图9-5 "绿屏蓝带、廊道链接"示意图
来源:笔者自绘

在关中西部地区生态空间格局中,河流水系无疑是影响区域空间发展的主导因素,渭河作为连接城镇体系最主要的廊道,串联着各城镇中残遗的自然生态成分,起着平衡山水格局、保护原生境空间的重要作用。因此应大力推动区域内城镇间生态治理的"无地界合作",增强区域横向协作力。涵养水源,加强渭河流域的生态保护与共建,合理分配与保护渭河水资源;划定沿河生态保护红线,构建渭河中游地区生态屏障,探索建立流域地区生态补偿机制,优化渭河等流域主要干流和支流上、下游的产业、景观和城镇布局,最终把渭河中游经济带建设成为生态环保共同体(图9-6~图9-9)。

图9-6 陕西省渭河生态区规划总体布局图
来源:陕西省发展改革委,等.陕西省渭河生态区建设总体规划[R].2016.

图9-7 咸阳湖水景观图

图9-8 渭河宝鸡城区段综合治理图

图 9-9 渭河眉县段千亩荷塘景观鸟瞰图
来源：http://www.sxmwr.gov.cn/sxmwr-whzl-dfkj-index

9.2.2 协调建设空间与非建设空间关系

（1）城镇景观生态网络组织

关中西部地区城镇应依托河流滨水绿带、两侧山体间绿化、农田等，协调建设空间与生态环境之间的矛盾，构筑与自然相融合的城镇景观生态网络，为城镇的可持续发展提供保障。在城镇与自然环境的交会处，一方面，通过大范围绿化缓冲，最大限度减轻人类活动对周边环境的破坏；另一方面，通过不规则的空间形态，拉宽与外界生态环境的接触面，提供多样化的生态接触，营造开放式、生长型、网络化的景观生态空间结构，形成良好的城镇、郊野共存局面（图 9-10）。

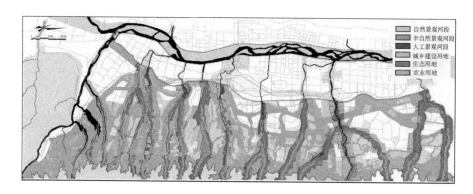

图 9-10 河流景观分区及水陆交错带土地使用引导
来源：黄光宇，邢忠，等.宝鸡南部台塬区生态建设规划［R］.重庆大学城市规划与设计研究院，2006.

（2）城镇生态网络分级分区管控

针对生态网络中不同区位上斑块、廊道的价值不一、功能各异的特点，区域生态网络管控方式不应均质化，而应根据它们在生态结构中的功能重要性、生态敏感程度和人类使用需求针对性管理，采取差异化的发展、控制与引导策略。整合近域人居区域功能，促进城市外延区域的生态转型，对脆弱敏感区域进行封闭保育，分级分区管控河流、湿地、林带、草坪等自然开放空间和生态缓冲带，培育城市功能区隔离体系（图 9-11）。

（3）城镇绿地生态系统建设

协调关中西部城镇密集区城镇建设空间与生态环境之间的矛盾、构建一体化的城乡生态环境，还应以生态宜居为目标进行绿地生态系统建设。根据城市用地性质与结构，以分

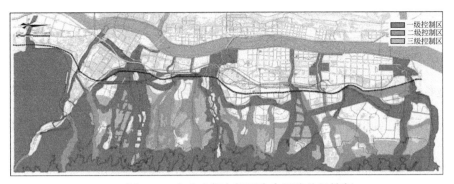

图 9-11　宝鸡南部台塬区生态网络分级控制
来源：黄光宇，邢忠，等.宝鸡市南部台塬区生态建设规划［R］.重庆大学城市规划与设计研究院，2006.

级为原则，充分考虑合理的服务半径，优化公园绿地系统布局，实现覆盖面广、关联性强、大中小型分布均衡的目标，提高人均公园绿地指数，并在城镇及周边大力发展农业公园、观光农园、市民农园、教育农园和休闲农场的建设。结合城市的水系、道路、高压走廊等市政管线的布局，优化防护绿地系统。同时，完善城市公共空间体系，提升公共开放空间品质，打造开放式街道邻里空间。优化社区生态系统结构，促进人居微观集合体的生态转型（图 9-12、图 9-13）。

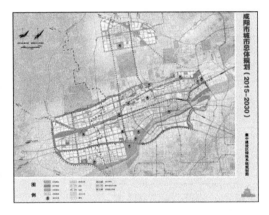

图 9-12　咸阳市集中建设区绿地系统规划图
来源：咸阳市人民政府.咸阳市城市总体规划（2015—2030）［R］.2017

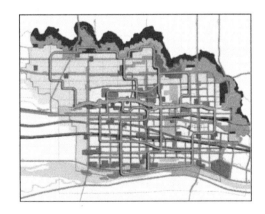

图 9-13　杨凌示范区生态景观概念规划图
来源：杨凌示范区生态景观概念规划

（4）城镇绿色廊道网络组织

关中西部城镇密集区城镇空间范围内最普遍、最具代表性的绿色廊道有以下 4 种类型：①与城市空间拓展轴重叠或平行、贯穿城市的河流绿色廊道；②与城市各个片区中心相连接、与城市级的集中公园绿地衔接的片区级城市绿色廊道；③连接每个地块的道路和功能区及绿色廊道；④地块内部以景观塑造和交通功能为主灵活布置的绿色廊道。应着眼于城市整体的环境和生态改善，充分利用上述 4 类廊道建立城市建设空间与非建设空间之间通畅、稳定、高效的通道联系，最大限度地发挥绿色空间的价值，具体城市内绿色廊道网络的整合可按 4 类模式进行，如图 9-14 所示。

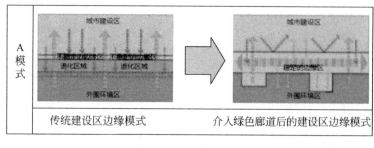
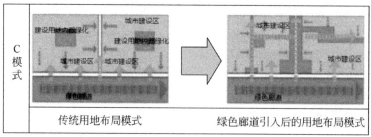
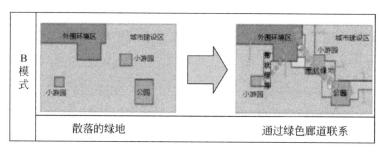
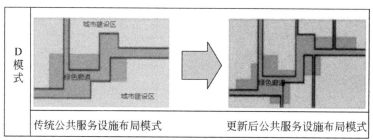

图 9-14　绿色廊道网络空间整合模式
来源：笔者改绘

9.2.3　提倡生态化的发展方式

（1）生态基础设施建设

以整体生态格局为基础，以生态服务功能为指导，加强滨水岸带、湿地公园、道路防护林带、生态农业、生态村庄等生态基础设施建设。促进区域性市政设施建设，建立完善的跨区域城市基础设施建设协调机制，促进区域性基础设施建设成本共担和利益共享。

（2）生态修复策略

城镇建设应体现生态化和低冲击原则，积极推广低影响开发模式，建设具有西北地区特色的"海绵城市"。在尊重现状自然资源条件和地方生态环境的前提下，加强重要自然生境之间的廊道建设，对人工破坏的保护地开展植被生态修复、土壤生态修复、水体生态修复、生物多样性修复等一系列生态修复，对纳入保护地的水岸及湿地、动物迁徙通道及水、气流通廊道等进行维护和恢复，从而保护区域内的自然环境和生态系统。

（3）绿色能源的使用

关中西部属于我国缺水地区，应大力推广再生水、废弃雨洪等非常规水资源利用，提高水资源供应和应急保障能力。减少对资源、能源的消耗，提倡废物资源化、无害化及绿色能源的使用，鼓励城市自我产能。根据关中西部的资源现状来看，应重视使用清洁能源和可再生能源，如太阳能、风能、生物能、潮汐能、地热等，还应加强分质供水、废水回收利用、垃圾处理等，通过设计和新技术减少基础设施的能耗和运营维护成本等。建设社区再生资源回收利用系统，鼓励再生建材在公共建筑、道路、公园等公益性项目中的使用。

9.3 产业结构整合："条块分割"到"创新增长"

9.3.1 加强区域产业联动

产业作为关中西部地区空间的生长点与活力点，是实现绿色增长的区域空间整合的核心。关中西部地区应根据现有的交通条件、未来交通线路的发展趋势和产业布局状况，针对地区尚未形成互补的职能分工体系、同质化竞争大于合作的现实，打破条块分割，推动产业由要素驱动向创新驱动转变。在空间组织形式上，通过产业的分工与协调（图9-15、图9-16），采取以重点城镇、重点园区及交通干道相整合的"点—轴—网"空间模式，引导城镇密集区有机生长，以产业集群为动力推动空间整合（图9-17）。

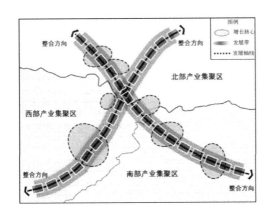

图 9-15 产业发展轴线优化整合示意图

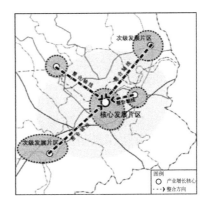

图 9-16 产业片区优化整合示意图

来源：笔者自绘

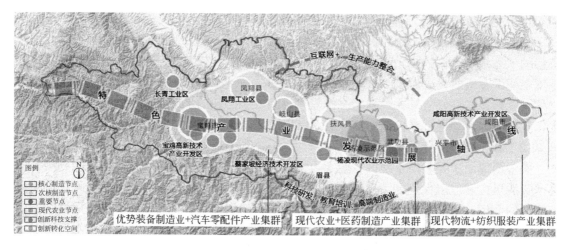

图 9-17 基于绿色增长的关中西部产业空间整合
来源：笔者自绘

整合发展关中西部地区特色产业轴线——依托陇海铁路和西宝高速共同组成的由宝鸡市、蔡家坡、眉县、杨凌区、兴平市至咸阳市的产业带，在先进技术和高新技术的特色基础上促进沿线重要城镇的产业和人口集聚，以装备制造业、食品加工业为主，农业产业化和生态型产业为辅，加强沿线乡镇工业集中区的建设，形成链式联动的产业升级体系、产业梯度转移体系、物流产业体系等，推动"协同合作、上下联动、产城联动、链式联动"的产业发展。将关中西部地区打造成关中发展的重要产业支撑区、对接西安都市圈的核心产业集中带，推动"产业链城"的产城一体化发展。

应在地区传统工业基础上打造新兴产业孵化基地，依托区内国家级及省级高新技术产业开发区和经济技术开发区，实现高能耗向低碳产业转变；充分利用高等学校和科研院所密集的优势，实现教育产业向文化创意产业转变、电子信息产业向智能信息产业转变；加强产学研的结合，实现生物制药向生命科学转变，逐步形成装备制造业产业密集带、石油化工产业密集带、纺织服装产业密集带、食品制造产业密集带、果品种植产业密集带、医药制造产业密集带等特色产业密集带，构建"支柱产业+新兴产业+特色产业"较为完备的产业体系和完全产业链发展模式的新格局和"大融合+小集聚"态势。

具体来讲，第一，坚持环西安城市主动对接西安市外迁企业，强化对外迁企业改造升级。第二，坚持宝鸡市、蔡家坡地区沿线城镇之间主导产业的梯度对接与错位对接，依据产业的前向、后向和旁侧关联效应发展相关配套产业，针对区域同构产业有所侧重打造特色产品。第三，加强武功与杨凌的跨区域合作，实行政府、农户、专家、行业等多方协调模式。坚持咸阳、兴平两地的合作对接，进一步扩大产业规模，提高区域产业集群的聚集化程度，并依托咸阳国际机场、陇海铁路等区域交通干线，加快发展现代物流业，联手建立和完善电子信息、新材料、现代物流配送、食品加工、医药产业、环保产业等体系。

9.3.2 构建绿色产业体系

产业是区域空间整合的核心动力，要实现关中西部城镇密集区产业结构的创新发展必须要以绿色产业体系为依托，变以往"高消耗、高排放、高污染"的传统增长方式为"低消耗、低排放、低污染"的绿色增长方式。增强产业结构的绿色演化能力，在资源能源供给领域、资源能源消费领域与资源能源消费再利用领域分别实现源头控制、过程管理和末端治理，遵循绿色增长的原则，积极推进现代能源结构的绿色优化（图9-18）。

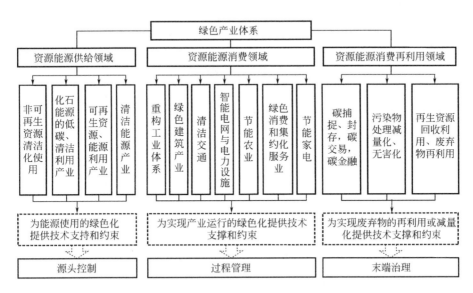

图 9-18　绿色产业体系
来源：笔者自绘

关中西部城镇密集区应形成的新型生态产业结构布局形态有如下特征：以生态农业为第一产业基础维育环境，以追求高质、高效为发展目标的生态工业为第二产业支撑促进区域生态建设；以生态思维导向的生态旅游业等第三产业来协调生态发展。应用先进信息技术、清洁生产技术、资源节约技术等对传统产业实行升级和向绿色生态的转型，是实现"被动生态保护"到"主动生态利用"转型的有效手段（图9-19）。

（1）生态农业。根据不同的区域自然资源条件和经济发展基础，遵照循环再生的生态学原理，制定以绿色食品、绿色种植、绿色养殖为主导的、符合本地实情的都市农业和生态农业发展规划，实现生态农业的效益最大化。

（2）生态工业。建立关中西部地区生态工业体系：①区域经济方面，加快产业结构调整和发展方式转变，发展低能耗、低排放、高附加值的低碳经济、绿色经济和循环经济，坚持外部协作和内部联合相结合的原则，建设关中西部地区先进制造业基地；②企业方面，由技术型产业向绿色型产业转化，大力推进减量化、资源化、无害化的清洁生产工艺，坚持科技创新和机制创新相结合的增长方式；③工业园区方面，以生态工业园区为载体，以生态优先和经济主导相结合为原则，建立生态工业"孵化器"，注重园区生态环境的宜居性和生活舒适性，推进生态化改造，引入便捷的公共服务设施及生活配套，实现"绿色+生产"及"就业+生活"的共融（图9-20）。

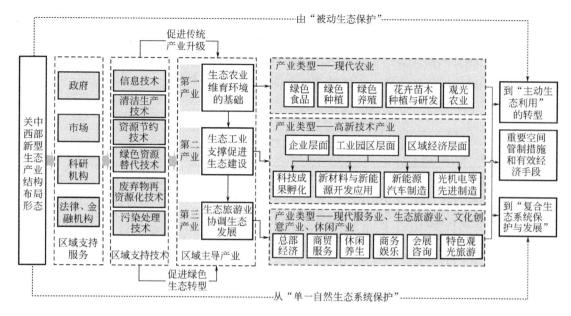

图 9-19 关中西部新型生态产业结构布局构成示意图
来源：笔者自绘

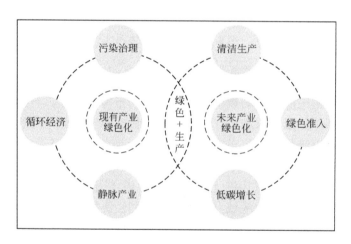

图 9-20 现代工业产业发展方向
来源：笔者改绘

（3）生态旅游业。以生态旅游业为主，连同现代服务业、文化创意产业、休闲产业等，将关中西部第三产业发展与环境保护、经济建设相融合，适度、适时、适当地实现当地旅游业的可持续发展，包含总部经济、商贸服务、休闲养生、商务娱乐、会展咨询等。

9.4 交通体系整合："滞后拥堵"到"高效增长"

山地、河流、沟壑等自然约束瓶颈使得关中西部城镇密集区交通发展上具有地域差异，表现在东西方向的交通资源相对充足，但南北方向的区域交通联系则较为滞后薄弱，区域内交通需求量与供给不平衡，导致区域空间要素流通成本的提高，影响和阻碍了密集区的空间协调发展。区域内亟须构建更加开放式的、安全便捷的运输通道，培育城际绿色交通网络、引导密集区内部建立强吸引力的交通走廊，为沿线城镇提供快捷、通畅的交通运输服务，推动关中西部城镇密集区的轴向发展和城镇间有秩序的出行状态。

9.4.1 区域层面：加强区域城际相连

（1）基于城镇密集区空间形态的交通模式选择

为了满足和适应关中西部地区区域内部不断增长的运输需求，应以面向未来的可持续道路网体系发展为目标，优先选择发展以轨道交通或高速公路交通为长距离的客运交通，构建服务于城镇密集区的"高效、快速、准时"的城际综合交通系统，提高地区来往物质流、信息流、人口流和资金流的空间移动数量与频率，促进关中西部地区南北向的城际交通发展。对外融入上一层级区域交通网络，创造便捷的区域交通条件，提高对外交通可达性和有效服务范围，实现区域功能布局与区域交通系统的合理衔接。内部打通与周边城镇的通道，包括凤翔县、扶风县与宝鸡市、眉县、岐山县等地交通的无缝对接，强化带形城镇密集区的南北向空间联系，实现土地高效集约利用（图9-21）。

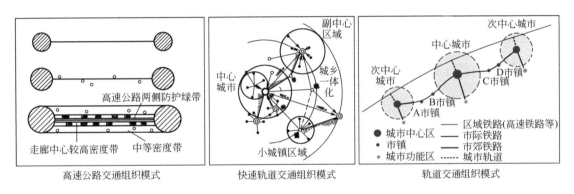

图 9-21　关中西部城镇密集区综合交通整合模式
来源：笔者改绘

（2）枢纽与交通走廊结合发展

根据城镇密集区的空间拓展方向，结合对区域内外主要客流走廊的交通量的预测，进行枢纽与走廊带相结合的发展。按照"零距离换乘、无缝化衔接"要求，加快建设宝鸡、咸阳两个地区级综合交通枢纽，提高综合交通运输体系的运行效率，增强对产业布局的引导和城镇发展的支撑作用。规划宝鸡市的城市综合航空运输港，形成关中西部地区的航空运输中心，以促进地区和城际经济发展及资源利用，引导城镇密集区空间沿高效率的交通轴线呈带状模式扩展（图9-22）。

综上所述，关中西部城镇密集区交通整合重点应基于区域空间的发展形态，以铁路、公路等多种运输方式协同发展的综合交通一体化为主轴，将密集区内的大中小城镇、产业园区等不同空间尺度的城市节点有机连成一体。同时，将关中西部地区东西向的区域经济流与南北向的经济流有机结合起来，改变一些城镇局限于川道地带、南北向城镇联系不便

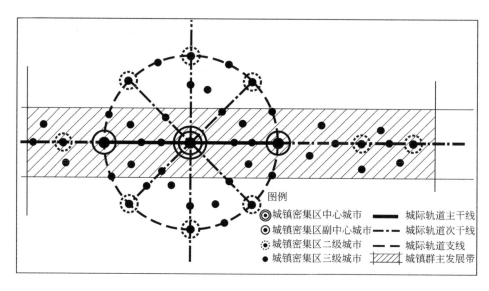

图 9-22 枢纽与交通走廊结合发展示意图
来源：笔者改绘

的局面，强调区域交通网络与区域空间布局模式的相互适应，构建交通枢纽与交通走廊相结合的以轴串点、以点托轴的"陆轴连城"交通一体化整合模式。

9.4.2 城区内部：提倡城区公交优先

关中西部一些城镇受到用地等条件的限制，交通压力较为集中，在绿色增长的发展背景下，应利用交通与土地间密切的互动反馈关系，借助公共交通有高效率、能耗少、路权公平等优势，倡导公交优先的城市交通发展基本战略（图 9-23），形成城市各组团间"通畅、便达、雅致"且功能明确、级配合理、相对完善的城市公共交通体系，引导城市多组团、多中心的城市空间布局模式，减少了城市资源的消耗。

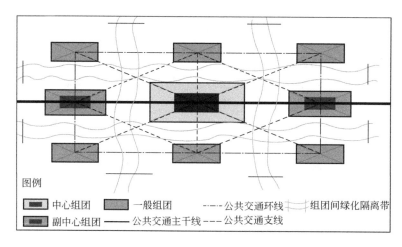

图 9-23 城镇空间公交优先模式示意图
来源：笔者改绘

老城区应调整和优化公共交通供给，引导土地利用性质与城市交通功能的高效耦合，完善已有道路系统和交通设施，对交通流进行精细化管理和高效组织，形成集中式的公交网络，以加强各分散城区之间的联系。新区建设应预留公共交通专用土地并提高混合型土地利用的密度，形成公交优先的道路用地形式，坚持公共交通走廊和机动化走廊建设并重的原则，打造高密度、小街区、窄道路的街道系统（图9-24）。

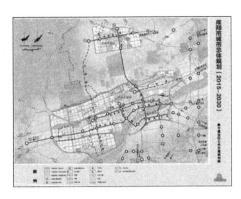

图 9-24　咸阳市集中建设区公共交通规划图
来源：咸阳市人民政府 . 咸阳市城市总体规划（2015—2030）[R] .2017

9.4.3　街巷之间：鼓励慢行交通出行

以人为本的慢行交通要求在宏观上划分慢行区和规划慢行交通廊道，微观上对慢行交通与城市公交换乘系统、行人过街设施等作出具体设计引导，建设街区步行和自行车慢行的"快慢有秩"交通系统，达到提高慢行交通分担比例、改善居民步行环境的目标。强调慢行交通过程中的精神享受，将良好的山水、绿化景观融入城市慢行交通系统中，构建"安全、宜人、方便"的城市慢行交通体系。促进低碳交通工具的运用，鼓励新能源汽车的研发与利用，构建低碳交通管理系统，引导城市居民采用绿色低碳的出行方式。

9.5　制度管理协调："矛盾冲突"到"统筹增长"

关中西部城镇密集区包括不同的经济实体，在一些跨区域性重大建设项目上难免会出现矛盾和冲突。因此，应促进区域内重大基础设施建设、重大战略资源开发、跨区生产要素流动和生态恢复重建等在制度管理上的统筹协调，减小内耗、加强整合，实现城镇密集区空间整合的整体利益最大化。

9.5.1　完善市场保障机制

市场机制通过价格杠杆来调节城镇密集区内多方利益主体之间的关系，以效率优先为原则，通过引导人才、资源、技术和资金等要素在密集区内的自由流动，使资源配置实现最优化，是城镇密集区形成和发展的根本推动力。因此，应消除条块分割的市场壁垒，完善市场保障机制，确保公平的市场竞争环境和格局，保障市场经济的调节机制正常发挥作用，形成统一的经济运行和市场监管制度体系。大力推进监管方式创新，健全以"双随机、一公开"为基本手段的新型监管机制，完善基于信用治理理念的信息公示、风险分类、随机联查、结果告知、联合奖惩"五环相扣"链条式监管体系，全面加强重点领域风险监管、智慧监管的顶层设计和配套制度建设，实现城镇密集区的制度管理上的统筹协调发展。

9.5.2 建立生态保障机制

（1）建立绿色生态保护机制

注重划定并严守生态红线，确保生态环境脆弱、敏感区域不受破坏，优化生态安全格局，强化生态保护与修复，共谋区域环境治理，引领关中绿色发展。关中西部地区山同脉、水同源，需共同建立城镇密集区环境质量监测互动制度和环保协调联系制度，探索加快建立资源环境价值评价体系、生态环境保护标准体系、自然资源和生物环境统计监测指标体系以及"绿色GDP"核算体系。在环境安全隐患的预警和环境安全重大事故的应急方面实现区域合作互动，推动城镇密集区经济社会的协调发展。

（2）完善生态补偿机制

落实新时期环保工作任务的要求，探索建立生态补偿标准体系，以及生态补偿的资金来源、补偿渠道、补偿方式和保障体系，为全面建立生态补偿机制提供方法和经验。

包括：完善自然保护区的生态补偿，拓宽自然保护区投入渠道，提高自然保护区规范化建设水平；引导保护区及周边社区居民转变生产生活方式，降低周边社区对自然保护区的压力；全面评价周边地区各类建设项目对自然保护区生态环境破坏或功能区划调整、范围调整带来的生态损失，研究建立自然保护区生态补偿标准体系。

完善流域水环境保护的生态补偿。各地应当确保出界水质达到考核目标，根据出入境水质状况确定横向补偿标准；搭建有助于建立流域生态补偿机制的政府管理平台，推动建立流域生态保护共建共享机制；加强与有关各方协调，推动建立促进跨行政区的流域水环境保护的专项资金。

推动建立健全重要生态功能区的协调管理与投入机制，建立和完善重要生态功能区的生态环境质量监测、评价体系，加大重要生态功能区内的城乡环境综合整治力度；开展重要生态功能区生态补偿标准核算研究，研究建立重要生态功能区生态补偿标准体系。设立生态效益补偿基金，并完善陕西生态补偿的法律制度，使生态补偿步入正规化、制度化、法治化轨道。建立领导带头攻坚机制，定期调度疑难问题攻坚进度，强化突出环境问题整改。通过建立领导领办督办制度，定期开展环保督察反馈问题的督查督办专项行动。建立综合评估考核制度，开展满意度测评，增强群众生态环境获得感。建立公众参与程序，积极引导社会各方参与环境保护与生态建设。

9.5.3 健全管理保障机制

（1）优化管理构架关系

城乡发展需要通过体系化、规范化的规划制度协调城镇村各级政府之间的利益关系，形成有效区域协调机制，统筹公共设施及交通网络，促进地区经济稳健发展。推行合力制衡模式、城际联盟模式、统分结合模式相结合的方式，打破行政壁垒，促进管理发展（表9-2）。

世界推行的城镇协调管治模式　　　　　　　　　　　　　　表9-2

实施区域		经济模式	管理机制	管理模式
合力制衡模式	北美	经济平稳发展	联邦政府、州政府与地方政府间的权力保持相互牵制和平衡	垂直管理与水平协调相结合
城际联盟模式	欧洲	经济平稳发展	促进城市积极结盟与合作，推进国家与社会、政府与公众相互联系的转变，进而达到区域城镇协调、合作与互补	水平协作为主
统分结合模式	亚洲	追求经济高速增长	中央和省级政府的主导，协调、平衡地方政府之间合作	垂直管理为主

来源：夏显力．陕西关中城镇体系协调发展研究［D］．咸阳：西北农林科技大学，2004．

（2）建立协作合作机制

城镇密集区在进行区域空间整合时，应建立管理区域整体协调布局及经济协调度的区域性管理机构。不仅要考虑每个城市的建设规模、协调各行业的发展，还应在同等规模城市之间打破行政分割，使相邻城市、周围地区间充分发挥各自的优势创造特色，避免互相盲目竞争抵消力量，使分工、协作、联合向纵深发展。

健全规划传导体系，依托国土空间规划体系进行传导，强化自上而下的传导机制以及对专项规划的传导机制。重点明确规划约束性指标和刚性管控要求的向下传导，加强规划传导的强制性。使城镇密集区和城镇的建设统一于区域协调发展的目标体系之下，实现城镇群密集区的融合发展。

建立部门横向协作机制，明确权责范围与运作程序，根据职能划分，建立部门之间的监督机制，保障规划实施的有序推进。从而在城镇密集区空间整合过程中保障区域内城镇的综合协调，统筹规划，共同发展。

注重政府与市场结合，打破行政和行业垄断格局。利用多种措施鼓励和吸引私人资本投入到由政府包揽的基础设施和公共服务设施项目。运用扶贫安置、土地流转、户籍改革、产业转型、就业转化等政策导向和发展趋势，促进城乡空间结构转型发展。

9.5.4 引入社会保障机制

（1）统一建立社会保障体系

社会机制是一种非行政、非市场的调整机制，区域经济发展之间社会机制是相互影响、相互促进的，既影响着社会机制的变化和调整，同时又受制于社会机制。因此，在城镇密集区空间整合过程中，为了保证区域整体利益的实现，社会机制不可或缺。主要表现在对类似重大基础设施项目、产业项目等区域经济发展重大项目的规划，区域重大政策和经济发展规划的制定、执行和修改等。通过全程引入社会机制的参与监督，妥善解决和协调城镇密集区空间整合过程中的一系列矛盾和摩擦。

（2）促进保障体系全域覆盖

加快农业产业化与土地整合，建立关中城镇密集区城乡统一的社会保障体系。针对关中失地农民与进城务工的农民工纳入城镇社会保障范围，提供保障住房、子女上学等范围。提供就业岗前培训，注重农民在身份转换过程中重视与社会保障制度的衔接，实现关中地区保障体系全覆盖，通过保障体系降低人口外流的数量。

9.6 本章小结

本章以绿色增长的城镇密集区空间整合目标为导向，以区域空间、城镇空间、建设空间等为对象，提出了实现绿色增长的关中西部城镇密集区空间整合的对策。结合空间因素形成科学合理的时间结构，确定空间发展的时序，建立各生长要素的协同关系，达到城镇密集区空间的有序生长，实施紧凑、城市性和绿色聚落战略，构建资源节约型、高密度高效型的紧凑型城镇密集区。

第10章 结论与展望

10.1 研究结论

本书以西北地区城镇密集区为研究对象，从城镇密集区空间发展过程中动力机制与现状特征出发，梳理了西北地区所具备的空间整合条件基础，深入研究了城镇密集区空间整合发展的内涵，并结合绿色增长理论的空间指导原则、目标导向，提出了促进城镇密集区空间整合的理论方法体系，得出如下结论：

（1）对绿色增长的综合内涵从多角度原则、分维度目标方面进行解构，提出了城镇密集区空间整合的总体思路。"多角度原则"是指在空间整合过程中应严格遵循的基本原则，追求区域发展过程中经济、社会和生态等综合效益的最大化。城镇密集区空间整合的"多维度目标"聚焦于整体空间的协调拓展、生态空间的多级保护、产业结构的创新发展、交通系统的高效对接和人地关系的统筹协调五个方面，以实现区域空间的"绿色增长"。

（2）结合西北地区城镇密集区的实际发展，提出具有指导性意义的空间整合模式构想——"交通轴+串珠式+部分网络化+生态廊道"空间结构。在研究城镇密集区空间整合的目标演进与模式类型的基础上，尝试对空间整合模式的建构要素进行剖析，并进一步从各类空间地域要素、区域空间演化过程、城镇空间组织模式三方面分析，在此基础上，以4个重点地区的空间整合为例，对轴线延展模式、互动共生模式、飞地跃迁带动模式以及产城联动模式进行深入解读。

（3）提出了关于空间系统、生态环境、产业布局、交通体系、制度管理五方面的策略：①从区域空间的有序生长、城镇空间的有限扩展、建设空间的集约开发三方面入手，由"拼凑成群"向区域整体空间的协调拓展转变；②强调构建区域绿色生态安全格局、协调建设空间与非建设空间的关系、倡导生态化的发展方式，从而引导区域生态环境由"生态胁迫"向生态空间的多级保护转变；③加强区域产业联动，并构建绿色产业体系，实现产业结构的创新发展；④由区域层面、城区内部、街巷之间三方面出发，实现区域交通系统的高效对接；⑤为了实现区域人地关系的统筹协调，应当建立健全市场、生态等多方面的保障机制。

10.2 创新点

（1）西北地区城镇密集区属欠发达、生态脆弱地区，处于城镇密集区网络化、连绵化发展的初期阶段，是西安都市圈以西、关中平原城市群和关天经济区内具有一定影响力的次区域城镇密集区，也是关中经济发展的重要支撑。然而现有研究主要集中于关中区域和"两市一区"西咸一体化的发展，针对西北地区次区域空间发展的研究还十分稀缺。本书深入研究了西北地区城镇密集地区的发展动因、发展概况，对空间发展的相关特征进行了梳理，并在发展、建设、规划、调控及管理等方面提供了针对性的借鉴参考，填补了这一地区理论方面的不足。

（2）关于城镇密集区的相关研究一直是学科内的热点，本书将城镇密集区空间整合研究视为一个"提取——划分——重构"的动态反馈、修正的过程，尝试将相对抽象的绿色增长理念总结凝练为具体的空间发展原则与目标，归纳出实现区域空间整合的一般方法路径。对于从不同角度认知和引导次区域城镇密集区的发展具有积极意义，为其空间的整合发展提供了抓手，弥补绿色增长理论在区域管理及城乡规划领域应用的不足。

10.3 不足及展望

对科学研究需要经过实践反复的检验与后续的证实。然而由于知识水平、分析能力的局限性及部分资料的缺乏等多方面原因，本书存在一定的不足，希望在以下方面进行更深入的探讨：

（1）由于研究对象的地域范围较大，研究工作主要依靠资料整理、文献阅读和实证研究，在现状考察方面，受到交通、时间和个人因素等方面的限制，并不能保证对现状全方位细致的踏勘，因此在研究分析上可能难以完全到位，有所欠缺和片面，导致命题的论证过程显得相对抽象、晦涩和空泛，这些都有待于笔者在今后的研究工作中进一步加以完善。

（2）"基于绿色增长理念的城镇密集区空间整合研究"这一论题，既有传统的城市空间规划研究的内容，又包含现代城市地理学研究的新领域；既涉及经济和社会关系，又与生态环境、城乡统筹、基础设施、公共政策、制度创新等社会现实有密切关系。显然，本书研究领域宽泛，涉及内容庞杂，使命题论证跨度增大，难度增加。笔者深知，本书虽然已试图将绿色增长的城镇密集区空间整合问题进行聚焦，但文中若干问题如重点地区的空间整合模式研究依然是浅尝辄止，其中的每一部分内容都可以进行更有针对性、更加深入的研究，深度上尚需继续挖掘。